斯特恩曾經寫道：「**痛苦與歡樂就像光明與黑暗互相交替，只有知道怎樣使自己適應它們，跟它們和平共處的人，才懂得怎樣生活。**」
的確，現實的環境或許不是我們可以改變的，但是我們可以決定用什麼心境去面對自己的人生，讓苦日子過得更幸福。
日子再怎麼難過，還是得想辦法過，與其愁眉苦臉，倒不如設法讓自己過得快樂。
人要用積極樂觀的心態面對自己的未來，無論遇到什麼讓不如意的事，只要把臉孔朝向陽光，自然就不會生出陰暗、負面的念頭。

楚映天──編著

換個思路，就能找到出路

感到痛苦的時候，
設法找出通往幸福的道路

出版序

設法找出通往幸福的道路

生活是可以靠自己創造出來的，一切只在於心態的轉變。對生活不滿時，或許可以仔細思考，誰才是真正沒有善待自己的人！

●楚映天

作家斯特恩曾經寫道：「痛苦與歡樂就像光明與黑暗互相交替，只有知道怎樣使自己適應它們，跟它們和平共處的人，才懂得怎樣生活。」

的確，現實的環境或許不是我們可以改變的，但是我們可以決定用什麼心境去面對自己的人生，讓苦日子過得更幸福。

人要用積極樂觀的心態面對自己的未來，無論遇到什麼讓不如意的事，只要把臉孔朝向陽光，自然就不會生出陰暗、負面的念頭。

許多人無法用心享受生命的喜悅與驚奇，甚至罹患憂鬱症等心理疾病，原因就在於他們常常將自己困在某個不快樂的回憶，即使過得再久也不肯放下，執著於過去，而無法看到現在與未來。

❖

露西一生都痛恨自己的父母。露西還小的時候，父親常常不在家，一出門就是好幾個月，一回來，全家就陷入恐懼之中。他不斷喝酒，還拿露西出氣，當母親想阻止他的行爲時，他還會拿起皮帶鞭打母親，母女倆常常怕得躲在牆角不敢出聲。

終於有一天，母親再也受不了了，留下露西離家出走。

母親離開不久後，父親也消失無蹤，把露西留給祖母照顧。從小露西就過著沒有雙親關懷的生活，慶幸的是，祖母對她的愛一點也沒有減少。但是，父親的暴力和母親拋棄她的行爲，仍給露西的心靈造成很大的傷害。露西常會因爲一點小差錯而大發雷霆，讓大家受不了。

露西唸大學時，臥病在床的祖母過世了，露西受到了很大的打擊，就在此時，她的父親出現了。

那時，父親與同居人住在一棟小公寓，希望露西可以搬去一同居住。

雖然接受了父親伸出的雙手，但露西卻無法完全接納這個新的家庭。儘管新阿姨對露西釋出很多的善意，父親對她好言相勸，都無法改善露西表現出來的攻擊性和不滿。

畢業後，露西進入一個不錯的研究機關工作。或許是長期對家庭不滿，當她看到同事們擁有正常家庭和快樂生活時，就會無意中流露出羨慕和嫉妒的神情。不知不覺中，露西的個性越來越怪異，對同事常常語帶諷刺，對晚輩也越來越苛求，宛如全世界的人都辜負了她。

她常對別人說：「你真的好幸福喔！你可以擁有正常的家庭跟雙親，爲什麼你可以這麼幸運，而我卻那麼辛苦？」

漸漸的，露西對每一個人和每一件事都看不順眼，總是大聲或者以挖苦似的諷刺來責罵晚輩，總是抱怨同事爲何做的事情比自己少，表現得不滿意自己

的生活和工作。

長期下來，露西就像一叢帶刺的荊棘，沒有人願意接近她。到後來，露西因爲情緒不穩而導致胃病，整個人骨瘦如材，臉色蒼白，原本清秀的臉蛋也成了晚娘面孔，找不出一絲笑容。

❖

從艱困環境中脫穎而出的露西，有這麼好的成就，原本是件值得欽佩的事。只可惜露西無法解開自己的心結，將自己困在幼時的陰影中，無法像祖母對她付出的愛那般，學習原諒她的父親。

她只記住父親的暴行，不願去接受悔過後的父親所做的補償。因此她將自己困在時間的洪流中，一次又一次的用記憶折磨自己。

當她抱怨著父親過往的錯誤時，自己也在不知不覺中重蹈覆轍。露西認爲她是個受害者，每個人都對不起她。她用嚴厲的眼光來要求每一個人、每一件事，不放過別人，也不放過自己。

她看不到環境帶給她的考驗，反而成就了她對生命的韌性。當她抱怨著別人如何對待她時，卻忘了自己才是最大的加害者，不僅把痛苦帶給別人，更加倍回報在自己身上。

人生最糟糕的狀況就是滿腦子灰暗、偏執的念頭，陷溺在負面思維中無法自拔。心境決定一個人的處境，當我們哀怨自己不幸的時候，何不試著調整自己的心境，把這些苦日子過得更幸福？

人生是快樂的或痛苦的，未來是璀璨的或是黯淡的，關鍵就在於看待生活的態度，只要學會積極、正面地對待，就可以讓自己的人生更加精采。生命中的那些失敗、挫折，都只是一時的，只要願意微笑以對，適時換個思路，就能替自己創造更開闊的道路。

日子再苦，也要設法找出通往幸福的道路。一切只在於心態的轉變，當你對生活不滿時，或許可以仔細思考，誰才是真正沒有善待自己的人！

2 幸福沒有鑰匙，只有梯子

愛惜自己的生命，珍惜身邊的人。幸福沒有鑰匙，只有梯子，當你找到爬上去的方法，你就能擁有它。

3 不要因為競爭而輸掉人生

爭一口氣的代價實在太大了，或許起先是為了自尊和面子，但最後付出的代價卻是你的人生。

4 你可以選擇讓自己幸福快樂

總是想著壞事即將發生，凡事都會出問題，甚至沒問題還要在心裡製造問題，將自己導向悲劇的角色，你的人生將永遠悲慘。

5 讓陽光照進你的心窗

孩子可以毫無保留的付出，他們的愛可以包容一切。身為成人的我們反而應該向孩子學習寬容地對待周遭的人事物。

6 快樂就是用心品味生活

快樂一直藏在我們心田，外物加持的快樂並不真切，只有心中懷有的快樂，快樂笑容才能長長久久！

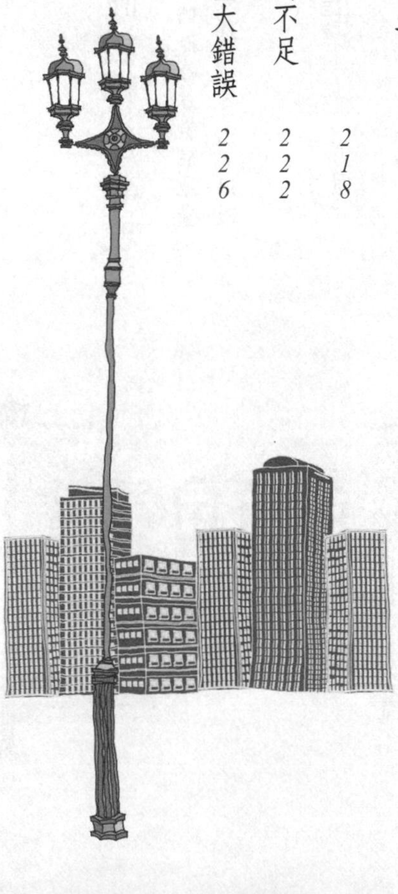

7 無法改變環境，就設法轉換心境

所謂學習忍耐生活，是要我們從心靈徹底地覺悟，當我們無法改變環境時，就改變自己，用微笑來轉換心境。

8 多用一點心，就多一點機運

只要多一點留意，就能免除掉很多的麻煩，更可能為自己帶來好處。一個小小的細節，都有可能造成大大的影響。

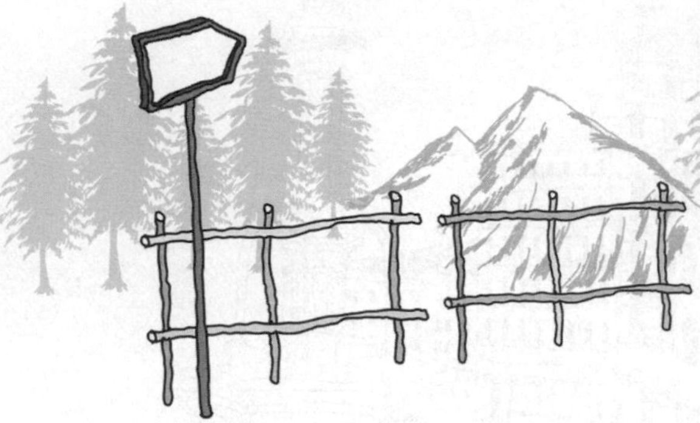

9

打開心，就無處不開心

少了「真實的感情」，人與人之間便很容易出現裂縫，也很容易造成不必要的緊張關係，而讓人失去了生存的自信。

10 自以為是，只會做出錯誤的事

當我們以為自己才是標準時，就不會有寬容的心胸，因為一個裝滿水的杯子，是無法再接受任何液體的。

1.

日子再苦，也要過得幸福

潛意識的心靈操控我們的健康狀況，

信念和期望能改變我們的生命。

重要的是，要能接納自己、鍾愛自己。

日子再苦，也要過得幸福

潛意識的心靈操控我們的健康狀況，信念和期望能改變我們的生命。
重要的是，要能接納自己、鍾愛自己。

不論眼前的日子再怎麼困苦難過，與其愁眉苦臉，倒不如設法讓自己過得快樂。得失與成敗都只是暫時的，即使身在逆境之中，我們也要設法讓自己活得幸福。

人生中總會遇到幾個低潮，可能會讓你感到萬念俱灰，前途一片黯淡。可是，一旦走出陰霾，後續的衝勁與成果會讓人無法想像。這就是爲什麼許多成功者，往往有一段苦難的過去。

在肢體障礙者、與病魔對抗的勇士臉上，我們常常可以看到陽光與希望。雖然他們的身體不便，但是他們的心理卻比任何人都健康。他們相信，生命能找到出路，被關上的門背後，會有一扇窗爲他們打開。

最可怕的疾病，不在生理上，而在心靈上。如果你好手好腳，但心卻很悲觀，覺得人生無望，那你就是眞正的殘廢了。

❖

瓊斯在美國西部有一個小小的農場，每天努力工作著，但即使如此賣力，仍然過著捉襟見肘的苦日子。由於家中人口頗多，孩子還小，全家的重擔全落在瓊斯身上。

幾年辛苦的工作下來，家中的經濟還是沒有改善，瓊斯的身體狀況卻越來越差。有一天，瓊斯病倒了，患了一種罕見的疾病，全身痲痺，整日躺在床上不能動彈。所有的親人都認爲，瓊斯將永遠喪失生活能力。

但突如其來的病痛，並沒有將瓊斯打敗，他沒有因此對人生失去希望，相

信一定有辦法改善情況。他不想成爲家庭的負擔，於是不斷思索著其他維持生計的方式。他回想過去的人生，發現只靠著辛勤工作，是無法致富的，必須找出更有效率的工作方法。

經過一段時間思考和計劃，有一天他將家人全叫到床邊，鄭重其事的告訴他們：「我知道我這輩子是不可能再站起來，用我的雙手工作了。但是，如果你們願意，每一個人都可以成爲我的雙手，都可以代替我的雙腿。我希望將農場的每一吋可耕種的土地都拿來種玉米，接著我們養豬，用收成的玉米當飼料。我們不必等到豬隻長大，趁牠們還幼小肉嫩的時候，就把牠們宰掉做成香腸。我們的香腸可以做成一口的大小，讓人們把它當成日常生活中的點心。接著，我們自創一種品牌，將它們賣到世界各地去。」

他眼睛充滿希望的說著：「這些香腸將會像糕點一樣出售。」

幾年後，瓊斯自創的「瓊斯小豬豬肉香腸」果然在各地受到民衆歡迎，成了日常生活必備的食物之一。瓊斯不僅沒讓自己成爲一個廢人，還在有生之年過著富裕的生活，成爲當地傳頌的奇蹟。

根據科學實驗報告，人類負面情緒產生的毒素足以殺死一隻天竺鼠，當然也能殺死我們。潛意識的心靈操控我們的健康狀況，信念和期望，能改變我們的生命。良好的健康是我們每個人都能把握的，不僅僅在身體上，只要能精神充沛、充滿活力，就是擁有健康。

重要的是，要能接納自己、鍾愛自己。瓊斯雖然終生都得躺在床上，但是並不把自己當成一個廢人，他努力突破問題，找出解決之道，雖然身體無法勞動，但是他的心靈是健康的，可以思考，可以決策。

許多和瓊斯有著類似狀況的人，常常因爲放棄自己而認定了別人也放棄了他，因此造成情緒上的不穩定，導致待人處事不夠圓融，每每增加照顧者的負擔。不論眼前的遭遇如何，我們每個人都要寬容地對待自己和別人，把生命中的每一個試煉當成一種轉機。

畫地自限只會離成功越來越遠

早點將銬在身上的枷鎖解去，發現自己的長處，並好好的發揮，才能邁向另一個新的開始。

如果我們只想保持原狀，就無法變成我們想要變成的人。唯一能限制我們前進的，就是認爲自己不可能也做不到的想法。

一個人如果老是說：「我就是沒辦法，永遠也出不了頭。」那他就會停止學習，不再嘗試任何機會，因爲「反正也不會有用」的念頭已經深植心裡。到最後，他的預言將會成眞。

相反的，一個人如果鼓勵自己說：「無論如何，我就是要做到。我要盡全

力來完成這件事。」這樣一來，即使是延長工作時間、花功夫學習、做任何改變，他也願意。結果，當然是他成功了。

在激烈競爭的社會中畫地自限，是最可怕的一件事，因爲你連嘗試的動作都沒有，就將自己定位成失敗的人。

❖

安德魯是美國一位很有名氣的不動產經紀人，有輝煌的成就，但誰也沒想到，過去他只是一個賣葡萄酒的小小推銷員。

推銷是他入門的第一份工作，當時他認爲，自己這一輩子大概就只能賣葡萄酒了，並沒有設立其他的目標。

起初他爲一位朋友工作，後來又進了另一家葡萄酒貿易公司，接著又和另外兩個人合夥做起進口代理商。不過，安德魯所做的一切並不是出自於熱情，只是出自於一種本分。

不管安德魯多麼努力，他的葡萄酒生意仍然不見起色，而且每況愈下。雖

然他試圖挽救，最後還是倒閉了。

即使如此，安德魯仍然不願意改行，他不知道自己還能做什麼，也沒有別的專長。於是，他加入一門教人如何創業與謀生的課程。

在課程中，他從同學間的互相回饋中得知，沒有人認爲他是個「只會賣葡萄酒的人」。大家都覺得他的能力不錯，而且是個應變能力很好的人。

這些看法給了安德魯很大的衝擊，他拋開了舊有的想法，開始仔細思考與分析是否有從事其他行業的可能性。

他審慎探討自己的興趣和能力，試著找出最適合自己也最想做的行業。最後，他選擇了和太太一起從事不動產業務。經過幾年的努力，安德魯夫婦在不動產界打下了很好的基礎，也闖出了名號。

❖

選擇安於現狀的人，不用面對挑戰新事物帶來的壓力，也逃掉了許多責任。這樣的人往往會說說：「這個太難了，我做不到。你來幫我吧！」

雖然這也是另一種聰明的生存方式，但是相對的，積極進取的人收穫絕對比較多，因爲他們不僅僅是得到魚，還學會了釣魚的方法。

機會出現在我們眼前之時，經常巧妙地僞裝成無法解決的難題，它不願讓人太過輕易得到它。

對安德魯而言，葡萄酒生意的失敗，是把他推向巨大成功的開始。沒有這個打擊，他一輩子只能做個不高不低、不上不下的葡萄酒推銷員。

我們爲自己設下的任何界限，都會成爲日後的障礙。因此，早點將銬在身上的枷鎖解去，發現自己的長處並好好發揮，才能邁向另一個新的開始。

經驗是一種無形的財富

工作不只是做完，更要做好，不要抱著得過且過的態度。用更多的熱心和熱情投入你的工作，才能讓你累積工作和人脈的經驗。

每年到了鳳凰花開，必定吹起一股求職潮。各大企業負責人、媒體工作者等等，紛紛探討年輕人的工作態度，給予的評價也一年比一年差。眞的一代不如一代嗎？新世紀的青年比起早年苦做實幹的前輩而言，不僅接觸層面廣，創意也十足。或許在生活環境改善下，他們得到比以往更多的資源和照顧，但這不代表經不起挫折、吃不了苦。

其實，他們眞正欠缺的是工作的經驗和社會的磨練。

經驗是一種金錢買不到、別人搶不走的財富。經驗的獲取不僅僅是從他人身上，也必須靠自身累積。前人所給予的只是讓你少走點冤枉路，最重要的一點就是，想要得到就必須有所付出。

❖

曾經有個年輕人，跑到美國西部希望能在那兒的報社找到一份好工作。但是，他到處碰壁不得其門而入，於是就寫了一封信給當時在報界很活躍的名人馬克．吐溫。

馬克．吐溫認爲這個年輕人很誠懇，問清楚他嚮往的報社跟職位後，就給了他一些忠告，信件中有幾段話這麼說：

「無論你到任何一家報社，只要你願意暫時不支薪，不管他們是否缺人，總不好意思一口回絕你。你只要向他們表示，自己不工作就沒有實在感，希望能做點事來充實自己，因此不計較報酬。」

「若得到工作機會，接下來最重要的就是主動做事，自動幫忙。慢慢的，

讓同事適應且確實需要你。這時候，你就可以開始採訪一些新聞，把它寫成稿件交給編輯部。若他們覺得你的稿件可以用，自然會陸續發表你的新聞稿。這樣一來，你就有機會外派去當記者，接著晉升編輯職位，獲得大家的尊重。同事們也會將你的名字和成績傳出去。到了這一步，你就不用擔心薪水的問題了。那時，會有其他報社爭相來聘請你，你可以拿那些聘書給主編看，告訴主編，若這裡也能給同樣的月薪，你願意留下來繼續努力。或許，會有其他報社開更高的薪資，若所差不多，你最好還是留在原地。」

雖然這個年輕人對馬克·吐溫的建議有些懷疑，但他還是照著去做。不久之後，他果然進了一間大報社，不到一個月就接到另一家報社的聘書。原報社爲了留下他，給他加倍的薪水。他在那家報社四年間接到兩次聘書，也調了兩次薪水，最後成爲那家報社的主編。

同樣的方法，馬克·吐溫也傳授給另外向他請教的五個年輕人。他們五個都因此順利找到好工作，其中一個還成爲美國一家知名報社的主編。

❖

面對生活中的逆境和困頓，如果我們願意樂觀積極地面對，那麼眼前的日子再苦，照樣可以過得快樂幸福。

或許馬克．吐溫的時代跟現今不同，但是他教導年輕人的工作精神卻是值得學習的。熱愛自己的工作，儘量利用各種機會充實自己，也許投資與報酬率無法平衡，但是經驗的累積是一種無形的財富。

別害怕吃苦，想要收穫就必須有所付出。

機會是自己創造的，當它來臨時，不僅要好好把握，更要用主動且積極的態度妥善運用它。

工作不只是做完，更要做到最好，不要抱著得過且過的態度，用更多的熱心和熱情投入你的工作，它能讓你累積工作和人脈的經驗。

能力不足就容易打退堂鼓

一直將自己沉浸在挫折的恥辱中，並不會改善情況，唯有認清事實，不怕失敗的挫折感，努力改善自己的弱點，才可能成功。

狄更斯曾說過：「頑強的毅力可以征服世界上任何一座高峰。」

永不放棄，是成功者的特性，因爲他們知道，每一個挑戰就如同一場球賽，一旦放棄了，比賽就結束了。成功並非偶然，得付出相當的代價，再偉大的科學家，在新科技發明前，也得嘗遍無數次的失敗。

每個人都知道，只要肯努力，多試幾次，一定會有成功的一天，但是能做到的又有幾個？朝著同一個目標，接受一次又一次的考驗，要面對的是外來的

壓力？還是自己的毅力呢？

❖

一個年輕人走進一家微軟分公司，跟櫃檯接待小姐表示自己是前來面試的。接待小姐聽了覺得很奇怪，因爲公司目前並無職缺，也沒有刊登徵才廣告，當然沒有面試的安排。

年輕人告訴接待人員，自己是路過微軟公司而臨時起意，想進來試試看有沒有面試機會。接待小姐當然無法安排這件事，因此客氣的拒絕了年輕人的要求。但是，年輕人並不放棄，仍然一再拜託，希望能跟負責的人見上一面。正當接待小姐感到爲難，不知該如何處理時，經理剛好走了過來。問明原由後，經理覺得這個年輕人很特別，就答應了他的要求，破例幫他面試。

在面試的過程，經理用英文問年輕人一些問題，但是他答得很糟糕，英文也說得不太流利。年輕人向經理說明，自己是因爲事先沒有準備，才表現得不好。經理認爲年輕人只不過是找個藉口推託罷了，就隨口告訴他：「等你準備

好再來試吧。」

一個禮拜過後，年輕人再次走進微軟公司，但是他還是沒有通過，不過表現得比第一次好多了。經理依然給年輕人同樣的回答：「等你準備好再來試吧。」就這樣經過了幾次的面試，到了第五次，年輕人再度踏進微軟公司，終於通過了面試被錄取了。

進入公司後，年輕人也因爲自己鍥而不捨、不斷精進的精神備受重視，成爲公司大力栽培的人。

❖

作家萊辛曾經寫道：「我們之所以徬徨和無助，多半是因為我們遭遇困難的時候，不知道改變觀看事情的角度。」

每個人的生活都難免遭遇困境，然而所謂的困境，很多時候並不是無法跨越的絕境，而是我們一味誇大問題的嚴重性，不願意試著從不同的角度思考，自然找不到出路。

經理願意給年輕人機會嘗試，是因爲他不放棄的精神，但這並不是他最後能順利進入公司的主因。對年輕人來說，最大的挑戰來自於自己，那就是面對「失敗」之時的勇氣。

一次的失敗，不代表永久的失敗，可是許多人卻因此一蹶不振。因爲，失敗會導致痛苦，讓人心生恐懼，對人對事的恐懼則會造成一道無法跨越的障礙，阻止自己繼續往前。

無法面對自己創造出的恐懼，才是人無法成功的主因。

許多新鮮人，剛進入社會時都會有深深的挫折感。在學校風光的自己，出了校園卻什麼也不是，面對的是最現實的一面。老闆會問你可以給公司帶來什麼利益，老闆不會給你多一次的機會，他要的是你能立即上手，處理好事情。許多人在面對最初的挑戰——求職這一關，就已打了退堂鼓。無法接受的不是老闆所出的難題，而是不願面對自己能力不足的事實。

一直將自己沉浸在挫折的恥辱中，並不會改善情況，唯有認清事實，不怕失敗的挫折感，努力改善自己的弱點，才可能獲得成功。

別讓你的理想成為空想

把每一個嘗試，都當成經驗的累積，接受挫折成為進步的一部分，
才能增添自己的信心，別讓恐懼成為生命的絆腳石。

如果你一直想做某件事情，卻總有外在因素讓你裹足不前，而遲遲不能成行，請你仔細的思考，那些理由眞的足以成爲阻擋你的原因嗎？

學步中的孩子，不會因爲跌倒的疼痛就放棄再次以雙腳站立，反觀，許多成年人卻不想變化，拒絕嘗試新的事物，不願面對全新的人際關係，將自己困在熟悉而安全的環境中，不想做任何的改變。

這一切都是源於對人對事的恐懼。

❖

席寧先生是一個事事要求完美又小心翼翼的人，沒有十足的把握與萬全的準備，不會輕易嘗試任何的改變。不管要下什麼決定，他都要經過再三思考、評估，也因此常常錯失良機。

第二次世界大戰結束後，席寧先生進入了隸屬美國郵政總局的海關部工作。剛開始，他很喜歡自己的工作，一切都井然有序，按照規定執行作業，不需擔心突發狀況。

這樣周而復始的日子一天一天的過去，轉眼間已經邁入了第五年，席寧先生開始感到不安與不耐。

一方面是工作上的限制越來越多，複雜的流程與作業讓席寧先生覺得自己快喘不過氣。另一方面也因工作死板，不管在薪資上或人事上的升遷都毫無希望。這些原因使得席寧先生對工作越來越不滿。

有一天，當他在崗位上查驗新進的貨品時，突然一個念頭閃進他的腦中。

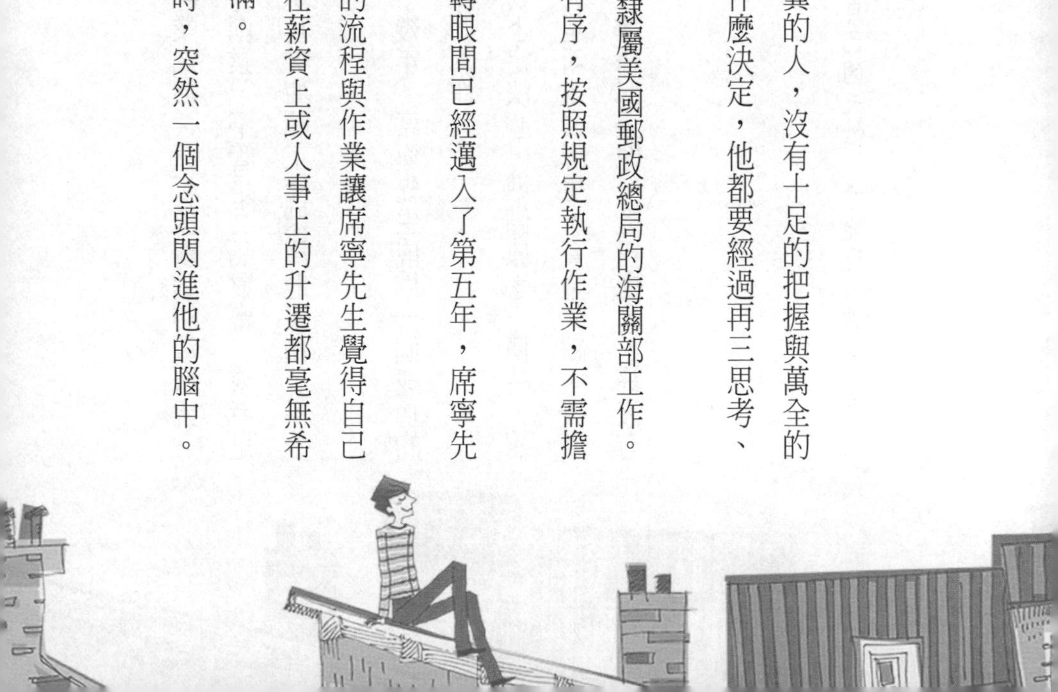

他在海關的工作，讓他學習到貿易商應有的專業知識，甚至接觸到的領域比一般貿易商更廣更多。這些優勢都足以讓他自行創業，不管是食品買賣，或者是服飾、玩具經銷……等，他都有辦法勝任。況且，海關工作還爲他累積了不少的人脈。

從他有創業的念頭開始，不知不覺過了十幾年。席寧先生成爲一個成功的貿易商了嗎？不，他仍然在海關做著一成不變的工作。

爲什麼呢？原來每次當席寧先生好不容易下定決心，準備放手一搏時，總會有許多事情跟理由，使他打消了念頭。不管是新生命誕生、資金欠缺、景氣不好、貿易條例修改、上司挽留……等等，種種藉口讓他一拖再拖，始終沒有跨出第一步。

❖

蘇格拉底認爲：「藉由發問來檢驗自己、自己的天性，才能進入靈魂深處，超越自我，為自己規劃出一條道路。」

只可惜，很多人寧願待在自己量身訂做的監牢裡，不願意走出來。

面對恐懼是一件困難的事，選擇忽視與逃避的大有人在。這些人放任這些負面的情緒結成一張大網圈住自己，進而影響人生。

許多人都有偉大的夢想，卻總在生命結束時才發現自己的夢想淪爲空想。是眞的遙不可及，還是不願去實現呢？

沒有跨出第一步，就不可能有成功的機會。把每一個嘗試，都當成經驗的累積，接受挫折成爲進步的一部分，才能增添自己的信心。

別讓恐懼成爲生命的絆腳石，全心全力朝目標努力，相信自己走在成功的路上，最後就一定能成功。

換個角度，把話說得恰到好處

一句好話，不僅可以讓聽者心情愉悅，也可以為自己帶來收穫，不管是實質上或感覺上，讚美的話人人愛聽。

與不同人溝通是個變化萬千的過程，絕對無法像印表機般完全複製出來，也無法照本宣科。

在談話過程中，自己與他人的認知也一直在改變，即使是很細微的點，都會造成很大的影響。

你傳出的訊息就像一條橡皮筋，給予適度力量，才能達到最大的拉力。過度與不及都會造成反效果，不是雙方都被彈傷，就是雞同鴨講。

在一家賣清粥小菜的餐廳裡，凡是點小菜就送一碗清粥。這天，有兩個人點餐時，都向老闆要求粥要多盛一點。

第一位客人看見碗裡的粥只比平常份量多一點，皺著眉頭對老闆說：「老闆，你怎麼那麼小氣。才多那麼一點粥，怎麼夠吃呢？」

老闆聽完，不悅的回答說：「我們的米也是要成本的。」並在結帳時，多算了一些小菜錢。

第二位客人則告訴老闆：「我最喜歡你們的粥了，每次經過，聞到粥的香味，都會忍不住想要吃上幾碗。能不能給我大碗一點的粥呢？」

老闆眉開眼笑的回答他：「當然沒問題，如果你吃完了就再來盛吧。另外，這盤小菜是我們最近推出的新口味，請你試吃看看味道如何，再給我一些建議吧！」於是，第二個客人不僅得到一碗又大又香的粥，還吃到了老闆免費贈送的小菜。

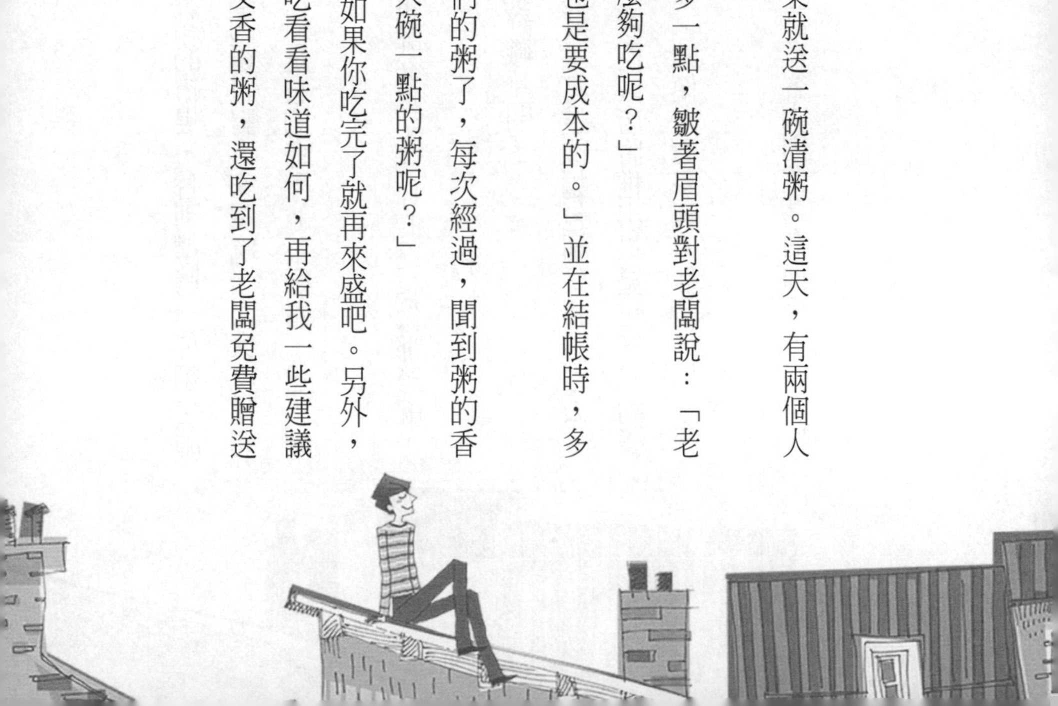

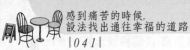

一家知名的大飯店爲了和同業競爭下午茶點的市場，替別禮聘一位麵包師父。這個師父烤了一些口味獨特、又香又好吃的麵包請大家試吃，大家吃得連連稱好、意猶未盡。不過，雖然麵包很好吃，但是它的造型並不好看，達不到飯店所要求的美觀條件。

老闆試吃完後，當著很多人的面大聲對麵包師父說：「你的麵包做那麼醜，擺上桌能看嗎？我找個人來幫忙你好了。」

麵包師父聽完覺得面子掛不住，第二天就辭職離開了。

對手飯店一聽到這個消息，馬上以更高的薪水將這位麵包師父請了過去，並告訴麵包師父：「你的麵包實在好吃極了。我們飯店將推出以麵包爲主的餐點，屆時怕你忙不過來，我想請個人來幫忙你，順便向你學習。你們可以一起研究麵包的造型，不知你意下如何？」

就這樣，這間飯店以美味麵包打開市場，許多客人因此慕名而來。

❖

語言是活的，同樣的一句話從不同人口中說出來，會有不同的感受，那是因爲裡面已經注了一個人的情感。所以，說話被認爲是一門大學問，不論說話時的眼神、表情、口氣、肢體動作，甚至是內容，都屬這門學問的範疇。

一句好話，不僅可以讓聽者心情愉悅，也可以爲自己帶來收穫，不管是實質上或感覺上，讚美的話人人愛聽，批評指責大家都不喜歡。因此，有技巧的將批評、指責化爲「良善的建議」或「換個角度的讚美」，不僅能達到目的，也能讓溝通的雙方都滿意。

懂得說話藝術的人，只需要幾句圓融的話，就可以爲自己帶來益處；相反的，看似在語言上佔上風的人，不但達不到想要的目的，還白白浪費了大好的機會，損失可大了。

在忙碌的社會裡，耐心已經變成一種考驗。當對方所做的達不到自己的標準時，我們常會有責罵他的衝動。雖然在話出口之時，可以短暫的宣洩自己的脾氣，可是帶來的傷害卻是加倍的。多站在對方的立場考量，將嘴邊的話思索一遍再問口，就可以省掉許多麻煩。

學會寬容，行事才會圓融

璞玉要經過琢磨才展現光彩；一座花園，要經過四季的洗禮，才能展現風采。去蕪存菁之前，得先寬容地給予空間。

時間可以帶出事物的本質，等待是爲了做好充分的準備。

做任何的決斷都需要事前收集資訊，不能憑空臆測，才不會做出錯誤決策，行事低調不代表軟弱、沒有作爲。因此，做每一個動作之前都應該沉寂一段時間，等待時機的來臨。

一個成功的決策者，不是只要具備魄力就好，還必須擁有過人的嗅覺和敏銳度，輔以識人的技巧，在不同的狀況，以不同的方式處理事情。

❖

某個單位來了一個新主管，是老闆特地請來整頓公司風紀的。據說，他的能力很強，讓他帶領過的部門，都會有很好的成績。一開始，大家小心翼翼，就怕一個不小心被新主管盯上。

日子一天一天過去，新主管卻沒有任何動作，一到公司就躲進辦公室裡，逢人便有禮貌的打招呼。漸漸的，員工認爲新主管只是一個爛好人，根本無法改善辦公室的風氣，甚至比之前的主管更好應付。

一些平時氣焰囂張、無所作爲的員工放下了戒心，開始恢復本性，甚至變本加厲，絲毫不把新主管放在眼裡。

四個月過後，當大家對新主管完全不抱希望時，新主管卻發威了。他大刀闊斧將所有的惡質員工統統開除，有才能的人則獲得升遷。下手之快，判斷之準，與先前判若兩人。

年終聚餐，主管在大家吃得差不多時，站起來敬酒並且致詞道：「大家一

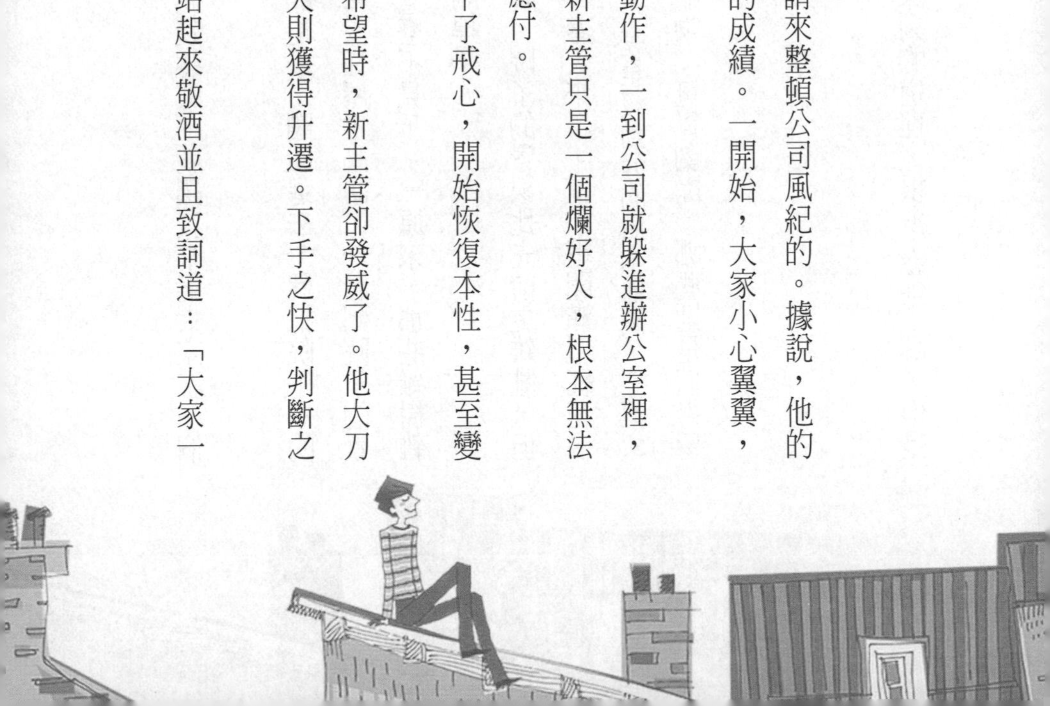

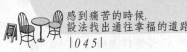

定對我先前的保守行爲和後來的快速整頓感到疑惑吧!就讓我來爲大家說一個故事,就能了解爲什麼我要這樣做了。」

「我有一個朋友,買下了一間有大庭院的房子。剛搬進去,就把院子裡的雜草雜樹全部剷除,改種其他花卉。某一天,前任屋主來訪,一看到院子的景象,驚訝的問:『我原先種的那些名貴牡丹怎麼不見了?』原來,那些雜樹雜草都是名貴的植物,只是被不知情的朋友給剷掉了。」

「後來,我這個朋友又買了另一間大宅院,院子的景象比先前更雜亂,但是他連動也沒動,完全不去整理。冬天過後,春天來了,院子裡開滿了紅花。夏天到後,原本的雜草竟成了錦簇。過了夏季,完全沒動靜的樹木佈滿了紅葉。一直到了暮秋,他才眞正認清哪些是無用的植物,可以剷除,哪些則是値得留下來的珍貴植物。」

❖

的確,「日久見人心」這個雖然簡單卻深刻的道理,很多人都了解,但是

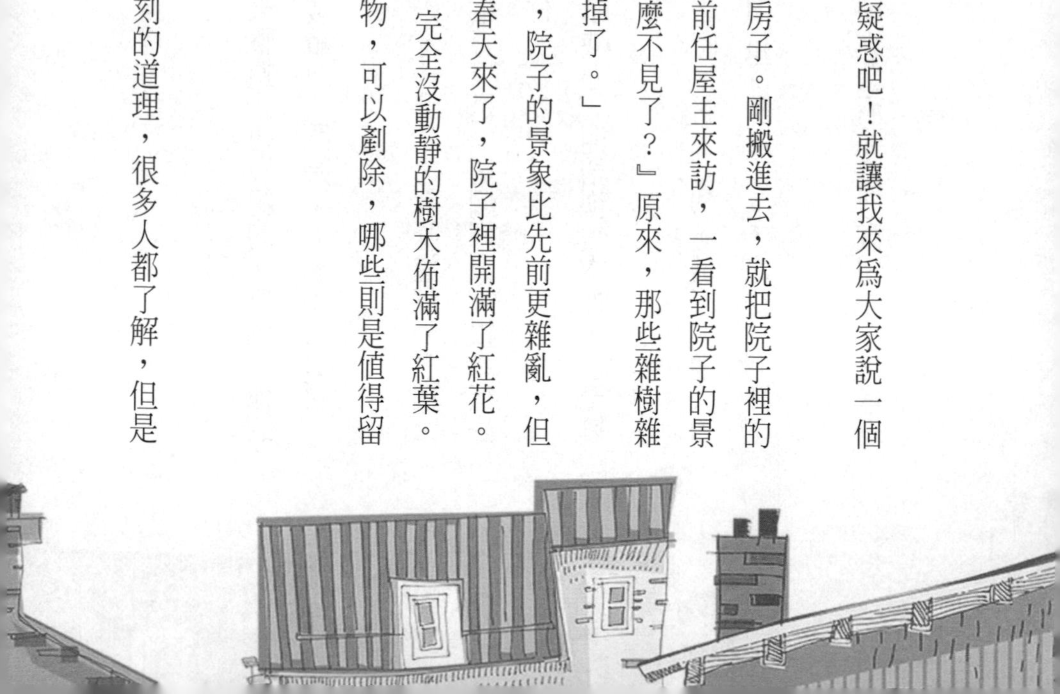

常沒有足夠的耐心等待。

更糟糕的是，很容易以先入爲主的觀念來斷定事情，往往只能看到表面，不能看透隱藏在表面下的本質。尤其是在現代的社會裡，人人爲了自保，常常爲自己戴上一層甚至多層面具，更讓人看不清眞面目。

璞玉要經過琢磨才展現光彩；一座花園，要經過四季的洗禮，才能展現風采。在開花之前，牡丹只是一株看似普通的雜草，相對的，虛僞的事物被拆穿之前，也總是善於包裝自己，就像裹著糖衣的毒藥。

因此，想要去蕪存菁之前，得先寬容地給予空間自由發展，在自然的狀態下慢慢觀察，才能做出最聰明、最圓融的決斷。

動手做，才會有收穫

有些人善用小智慧偷懶，指揮別人代替自己的雙手。雖然事情同樣能辦好，但是過程中的收穫卻是一輩子也無法體會的。

你是否發現，身邊有許多人靠著張「嘴」過生活？這些人中，只有少數屬於眞正的領導階層，絕大部分則只有一張嘴巴，空無實力。因爲，光張口、不動手無法眞正學到東西，只會破壞自己的人際關係。

台塑集團董事長王永慶有句名言：「勤勞、勤儉、嘴巴不要碎碎唸。」而懶人們卻總是說：「可以推給別人的事，自己何必做？」

從兩種不同的態度，你大概可以判斷誰會成功，誰只能在原地踏步，而且

讓周遭的人感到厭惡。

❖

在一個小鄉村有個叫做巧嘴兒的少婦，每天和弟媳一起整理家務。當弟媳切菜時，巧嘴兒就會站在旁邊說：「那個蘿蔔要切成丁，不能切成塊。要不然炒起來火候不均勻，就不好吃了。」

弟媳準備倒油進鍋中時，巧嘴兒又開口了：「油要等到鍋熱才能放進去，別倒得太多，會膩嘴的。」

弟媳打掃庭院時，巧嘴兒看了看，忍不住又開了口：「掃把不能這樣拿啊，塵土都飛起來了。妳應該沿著牆角順著掃過來……」

當弟媳將洗好的衣服晾到竿子上時，巧嘴兒馬上又說：「衣服不能這樣晾，要反折過來，才不容易縐巴巴。」

不管巧嘴兒說什麼，弟媳什麼話也不說，馬上照她的話去做。每天就看到弟媳一個人忙進忙出，巧嘴兒就像個少奶奶似的，只是站在旁邊看，出聲指導

她該如何去做。

有一天，住在隔壁鄉鎮的一位長輩來家中拜訪，巧嘴兒請他上座後，就呼喚著弟媳倒茶來。等到茶端上來後，巧嘴兒一看，不滿意的告訴弟媳：「茶泡得太過了，這樣味道會苦澀的，下次茶葉要早點拿出來。」接著，又要弟媳去廚房準備點心。

長輩看在眼裡只是笑笑，問巧嘴兒：「妳這樣持家一定很辛苦吧！」

「可不是嗎？我每天忙東忙西的，一會兒要交代這個，一會兒又要交代那個。弟媳不懂的地方還要花時間教她，忙得很呢！」巧嘴兒一聽，馬上劈哩啪啦的說了起來。

長輩瞧了瞧巧嘴兒，嘆了一口氣說：「妳的面相很好，本來應該很好命的，只可惜……」

看到長輩欲言又止，巧嘴兒耐不住性子追問了起來。

停了許久，長輩再度開口：「如果妳要好命的話，必須做到一件事。那就是一個月不能開口說話，只要做到，保證妳以後可以過好日子。」

巧嘴兒謝過長輩後，就眞的開始閉上嘴，一句話也不說。

當她看到弟媳做的家事，不如己意想開口糾正時，想到長輩的叮嚀，只好閉上嘴。巧嘴兒比手畫腳老半天後，弟媳還是搞不清楚她的意思，她受不了，只好自己動手做了起來。

這時，她才發現，原來不開口也能將事情做好。

一個月後，巧嘴兒家事越做越順手，甚至比弟媳做得還好，同時也改掉了愛說話的毛病。後來，大家都知道著村裡有一位賢慧的婦人，手巧人又美，那就是巧嘴兒。

❖

在〈認眞的女人最美麗〉這首曾流行一時的歌中，有幾句歌詞是這樣說的：

「認真的態度是一種過程，付出的不會是犧牲，認真的堅持迎向妳人生，妳就是最美的女人。」

當一個人認眞的去做一件事時，散發出來的，是一種發自內心努力不懈的

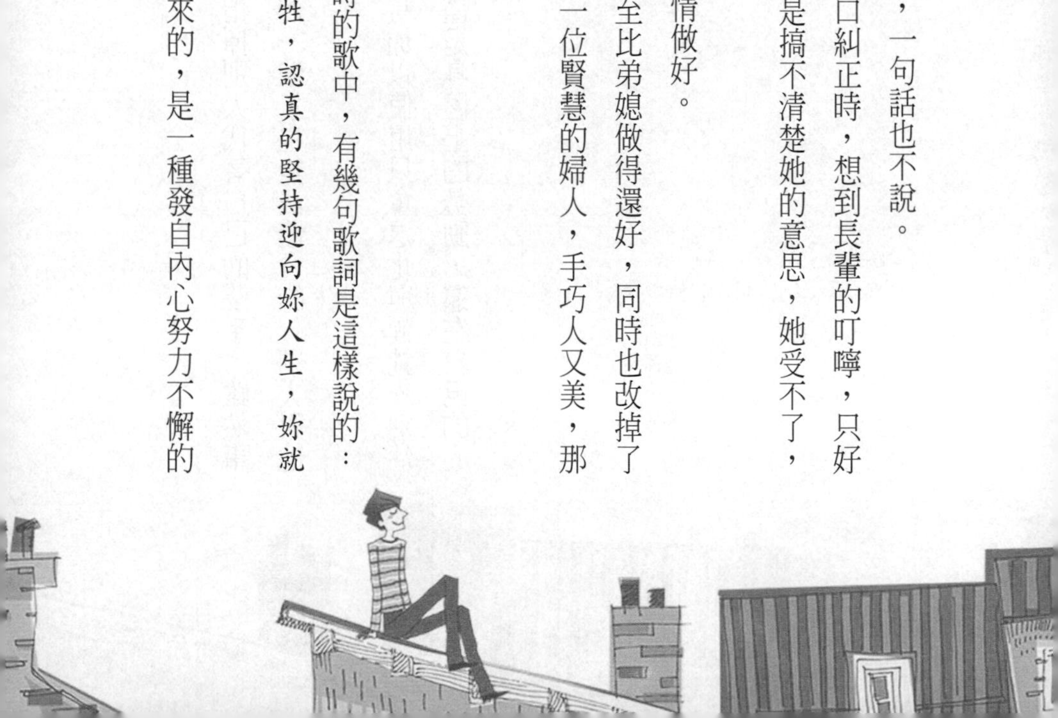

精神，因此流下的汗水也特別動人。

或許生活中，有些人善用小智慧偷懶，指揮別人代替自己的雙手，雖然事情同樣都能辦好，但是過程中的收穫卻是他們一輩子也無法體會的，別人對他們只會發號施令也容易反感。

人的身體是一個十分細緻的構造，不時常加以使用只會退化與遲鈍。別沾沾自喜於又能少做某件事，因爲你少的不僅僅是身體上的勞動，還在自己的心裡弄出一個大窟窿，成了不受歡迎的人。

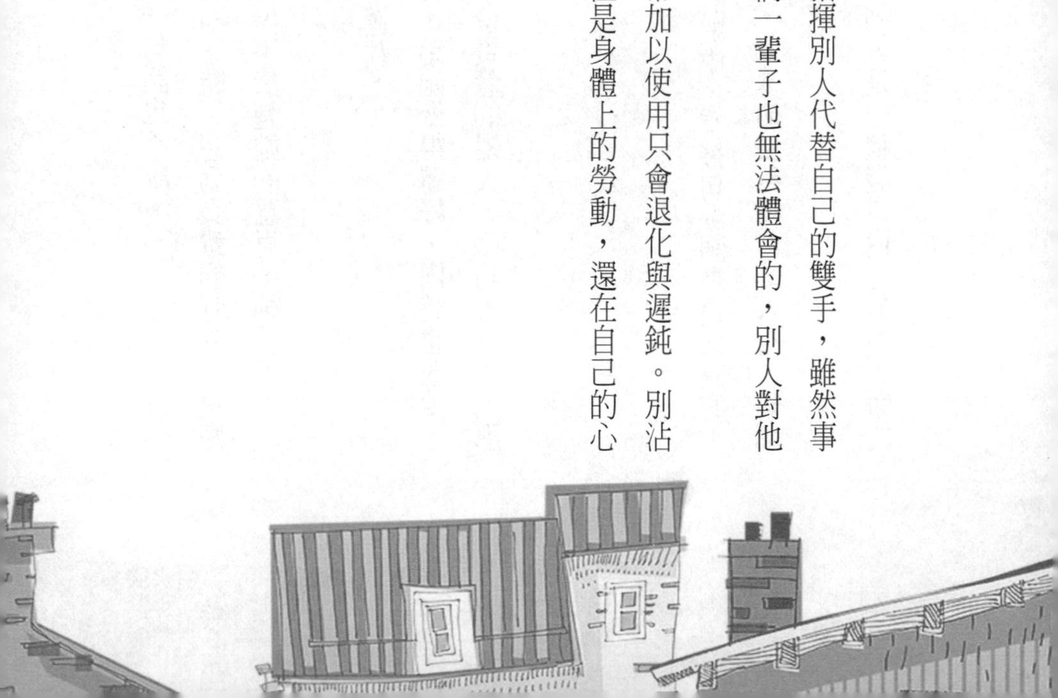

2.

幸福沒有鑰匙，只有梯子

愛惜自己的生命，珍惜身邊的人。

幸福沒有鑰匙，只有梯子，

當你找到爬上去的方法，你就能擁有它。

學會放下，才能活在當下

人的心往往比腿還累，是因為不懂得放下多餘的行李。提著這些過重的情緒旅行，只會造成旅途的負擔。

每個人都有過這樣的經驗，不管提多輕、多重的東西，只要時間一久，一定會覺得手臂酸痛，恨不得下一秒就能將手中的東西放下。

實質的東西有重量的限制，會讓你立即感到疲憊、體能無法負荷，基於自我保護的本能，身體會提醒你趕快停止並且休息。

但是，那些都是外在的重量，至於內在的重量又是什麼？人的心靈所能負擔的又有多少呢？

❖

有一個人脾氣不好，常常與人發生衝突。他認爲自己會這樣是天生的，無法控制，所以前往一間寺院，希望師父能幫助他改掉壞毛病。

師父聽完他的請求後笑著告訴他：「你生下來就有這種脾氣，眞是有趣啊！那你把『脾氣暴躁』這種東西帶來了嗎？拿出來給我瞧瞧，我看看有沒有辦法可以幫你醫治。」

那個人回答：「我沒帶它來。通常要在事情發生時，它才會跑出來。」

師父說：「你沒有把它帶來？可見『脾氣暴躁』不是生來就有的，要遇到事情你才會發作出來。那不就表示這是你自己可以控制的，若你不想讓它發生，那麼脾氣暴躁這個東西就不會出現，這樣還有脾氣暴躁這種東西嗎？你不控制自己，卻將脾氣暴躁推說是父母生給你的，這樣豈不是陷父母於不義？眞是太不孝了。」

聽完了師父的回答，那個人摸摸頭不好意思的回家。

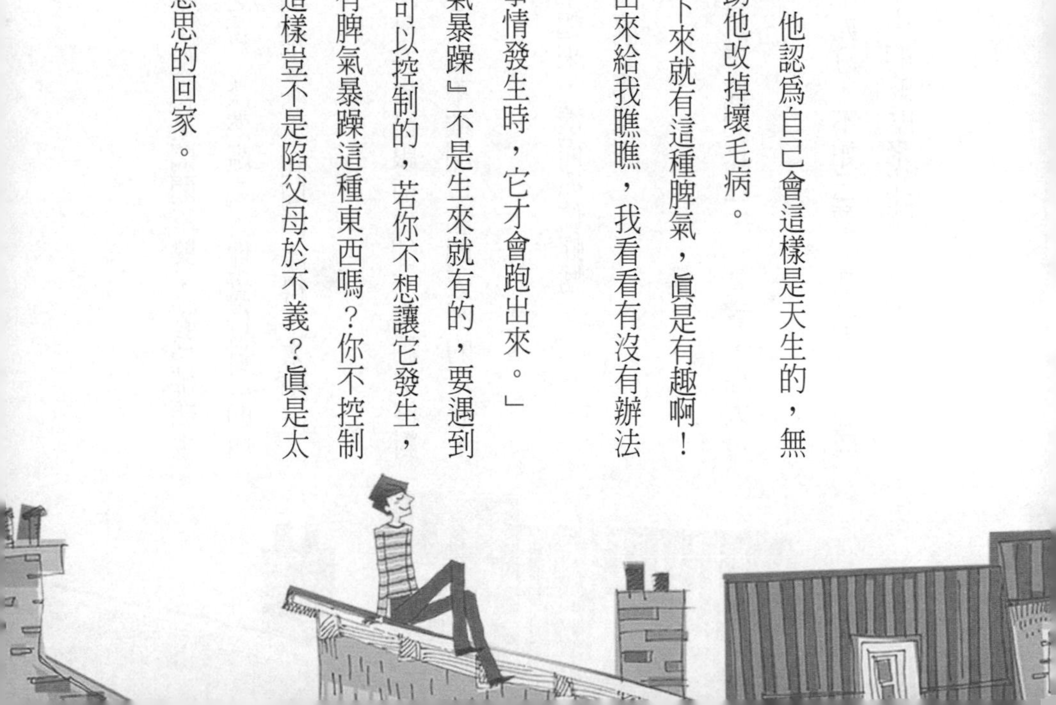

一位年輕的比丘在道光大師的門下許久了，但總是悶悶不樂，認爲佛門生活和俗世差不多，並不會因此讓人了卻心中之苦，淡然處之。他覺得自己的內心徬徨無助，找尋不到生活的意義，同時因爲個性多愁，和同門處得不太融洽，心情更加鬱悶了。

有一天，道光大師要這位年輕比丘前來，坐在自己跟前，卻一句話也沒對他說。就這樣過了許久，比丘心裡感到很疑惑，又不敢開口詢問大師的用意，開始有點坐立不安。

突然，一隻蚱蜢跳上比丘的衣服，他跳了起來，憤而抓住蚱蜢。

道光大師開口問他：「你打算把這隻蚱蜢放到哪裡？」

年輕的比丘回答：「放到瓶子裡。」

道光大師輕輕嘆了一口氣，意有所指地告訴年輕的比丘：「其實，你大可把牠放掉的。」

那一瞬間，比丘頓悟了，了解了世事的不如意，不如己願，都是自己造成的，只要肯放下就能解脫。原來，師父是用瓶中的蚱蜢來比喻自己。

❖

讓我們來做個小實驗，舉起你的雙手，這是人體很自然的動作。舉個一分鐘還算簡單，如果十分鐘、二十分鐘、半小時過去，久了一定會受不了。然而，雙手負擔的僅僅是自己的重量，若將人的七情六慾換算成實質的東西，這重量必定不容小覷，若再將這些重量壓在我們的心上，一年、兩年，甚至一輩子，肯定會造成很大的傷害。不僅是心靈，連身體健康也會受影響，久了甚至牽連到身邊的人。

各式各樣的文明病充斥於社會中，憂鬱症、躁鬱症等患者若不接受藥物控制，可能會做出自殘或傷害他人的舉動。很多的調查顯示，這些疾病最初是來自於心病，經過長期的壓抑累積成疾。

人的心往往比腿還累，是因爲不懂得放下多餘的行李。提著這些過重的情緒旅行，只會造成旅途的負擔。壞脾氣、鬱悶都是自己造成的，一個念頭的轉換，就可以放下這些無形的重量，這是我們所能選擇的。

用微笑面對，才會擁有更多機會

我們不斷地被灌輸要有一顆寬容的心，被告誡心胸要寬大點，卻忽略了，寬容的背後是需要智慧輔佐的。

幸福不在於物質生活的富足，而在於心靈喜悅與豐盛。只要能時時保持積極樂觀的心情，就算眼前荊棘遍佈，也能找出一條通往幸福的道路。

生命中的失敗、挫折，人際間的摩擦、齟齬，都只是一時，如果你選擇帶著微笑面對，就能替自己創造更多轉圜空間。

學會寬容，不僅僅是單純的退讓。如果只有一味的忍耐，心中並無寬容後所帶來的舒暢感，那只是一種短暫的壓抑。

這樣的方式，只會辜負了寬容的美意，更造成自己的困擾。

寬容，是需要用智慧學習的。

❖

艾琳住在一個人口密度高的社區，當地停車問題極爲嚴重，幾乎家家有車，卻沒有足夠的停車位，住戶爲了車位問題，彼此之間常鬧得不愉快。

因爲艾琳有棟雙門戶的家，並沒有停車上的問題，但也因爲這樣，時常有人將車子停放在她家前，有時會造成出入不便。

艾琳總是帶著笑臉，客氣的請車主將車子移開。當艾琳出入上不受困擾時，她也不介意人們將車子停放在住家門口。

有位鄰居觀察了很久後，終於忍不住問道：「每個人都不希望自己家門前停放別人的車子，爲什麼妳都不會生氣呢？」

艾琳微笑的回答：「因爲我不須爲了停車位而煩惱，甚至有多餘的空間讓人停車，讓我感到很富足。」

從此之後，只要有人要停車在艾琳家前，都會先跟她打聲招呼，並且在離開的時候順道將地上垃圾帶走。

同樣的故事也發生在美國的一個小市場裡。

有一位婦人在市場中賣菜，由於她的蔬菜是自己栽種的，不灑農藥，加上是當天採收，特別的新鮮，因此生意非常好，常常供不應求。

周遭的攤販總是帶著羨慕的眼光，看著她攤位前絡繹不絕的客人而心生嫉妒，並有意無意的將垃圾掃到她的位子上。

婦人總是笑笑，什麼也沒說的將垃圾集中在自己攤子旁的角落，在收攤時將垃圾打包處理好。

一位巴西婦人從旁觀察了好幾天，終於藏不住好奇心，問婦人：「大家都故意把垃圾丟到妳的攤位上，難道妳都不在意嗎？」

婦人笑著說：「在我的家鄉有一個習俗，就是在過年的時候把垃圾往自家門前掃。垃圾越多，就代表新的一年會賺得更多。現在大家都把錢往我這兒堆，我怎麼能不開心接受呢？妳看，我的生意不是越來越好了嗎？」

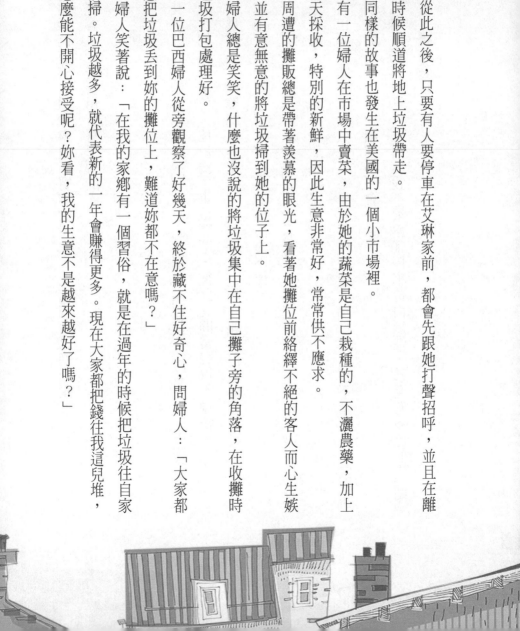

從此以後，垃圾就不再出現了。

❖

從小到大，不論是生活或課堂上，我們不斷被灌輸要有一顆寬容的心。當我們心裡不平衡時，只會被告誡心胸要寬大點，卻沒人教導我們，怎樣才是眞正的寬容。大家都忽略了，寬容的背後是需要智慧輔佐的。

故事中的艾琳與婦人的確在生活上受到了困擾，但是由於她們心態的轉換，認爲能讓人佔便宜，是因爲自己有這個福分，因此以寬厚的心來看待，更因而解決了問題。

人的耐心是有限度的，若只是以退一步來解決每件事，並不會擁有眞正的快樂。別人感受不到你寬容的美意，只會覺得你是憤而不言罷了。這樣不但事情解決不了，也會讓自己活在不滿中。

吃虧就是佔便宜、施比受有福、退一步海闊天空……這些古人的智慧的確有它們的價值，如何運用、理解，不是單單從字面就可以體會的。

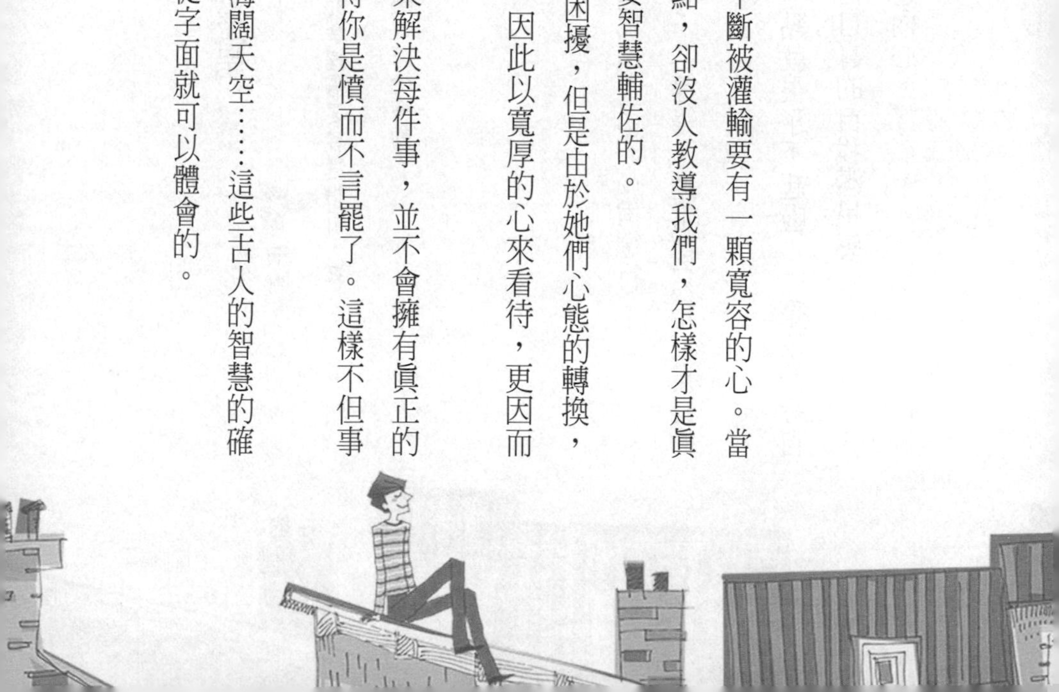

讓自己的心靈世界更加豐富

為他人著想不代表完全的犧牲與奉獻，它的拿捏需要智慧指引。只要是真心，不管多麼小的舉手之勞，都會讓人深受感動。

在文明的社會裡，人必須在適當的時刻表現出自己的高尚德行。

然而，這些所謂世俗的禮儀、體諒與寬容……等等，通常都只是在自己的價值標準中行使。

我們常在心裡預設著：「我只要做到這一點就很了不起啦！」是不是發自內心爲對方著想並不重要，僅是爲了背後沾沾自喜的自我滿足感。

這樣的美意，只會流於表面，而無法深達內心。

❖

一位初出茅廬的畫家住在西班牙的馬約爾加島。有一年，他的母親前去探望他，待了數天後，在某日一早即將搭機離去。

他們費了九牛二虎之力，將兩箱笨重的行李，從一棟擁有兩百年歷史、沒有電梯的老公寓搬了下來。

當他們將行李拖到路邊時，早已氣喘吁吁、汗流浹背。

因爲居住的地方是個小鄉鎮，沒有公車，連計程車招呼站都沒有，想要到機場得碰運氣，看看有沒有剛好經過的計程車可以搭。因此，畫家怡然自得的坐在路邊等待著。

等了快半小時，一輛計程車從對向車道駛了過來。畫家一看到，很開心地站了起來，當他準備招呼計程車時，看見車內已經坐了一個人，於是又將舉起的手放了下去。

計程車往前開了一百公尺後突然停了下來，車上的乘客下車了。畫家開心

地告訴母親：「我們眞幸運，那位乘客要在這兒下車。」

一位拄著枴杖，西裝筆挺，看起來頗有修養的老先生從車上走了下來。隨即計程車調過頭，開到了畫家前面。

畫家高興地將行李塞進了後座，打開車門坐了進去。畫家對司機說：「去機場，謝謝你。我們今天可眞幸運，不是嗎？」

司機不以爲然地開口：「要謝就謝剛剛那位老先生好了。他本來要去更遠的地方，但是他看到你們後就說：『我在這裡下車就行了。他們一早拿了那麼多行李站在路邊，一定是要去機場。既然要去機場就會有時間上的限制。我不趕時間，就在這裡下車等另一輛計程車好了。』」

畫家聽完非常吃驚，就請司機回過頭去找那位老先生。當車子開到他的身旁時，畫家打開車窗大聲對那位老先生道謝。老先生舉起手碰了碰帽子，微笑著說：「祝你們旅途愉快。」

❖

俄國文豪高爾基曾經寫道：「眞誠的關心，讓人心裡那股高興勁兒就跟清晨的小鳥迎著春天的朝陽一樣。」

出自眞心的幫助，不僅能藉善意的動作潤滑自己的人際關係，也會讓自己的心靈世界豐富起來。

雖然那位老先生並不趕時間，可是他的精神還是値得學習的。因爲，許多人只會在不違反自身利益的最小限度中體諒他人，那不能算是完全的體諒，而是順手給別人一個方便而已。

爲他人著想不代表完全的犧牲與奉獻，它的拿捏需要智慧指引。重要的是，當你付出的同時，是出於怎樣的心態；只要是眞心，不管多麼小的舉手之勞，都會讓人深受感動。

幸福沒有鑰匙，只有梯子

愛惜自己的生命，珍惜身邊的人。幸福沒有鑰匙，只有梯子，當你找到爬上去的方法，你就能擁有它。

幸福沒有標準，全出於自己的心態，這正是所謂：「一個人的天堂，往往是另一個人的地獄。」

有些人窮其一生尋尋覓覓，就爲了追求自己的幸福，從外在的金錢到內在的情感追求，看似圓滿了，卻還是缺少想要的幸福。

這是爲什麼？找到幸福眞的那麼難嗎？

對一個辛苦工作勞累一天的人而言，能洗個舒舒服服的澡，就是一種幸福。

一位母親忙進忙出準備晚餐，一想到全家人能有頓營養的晚餐可吃，也會感到幸福。對你而言，到底怎樣才是幸福呢？

❖

一位年輕的少婦，某次回娘家時，不斷跟母親抱怨著自己的丈夫，數落他沒有好一點的工作、賺的錢也不多、人又沒情調，每天過著毫無變化的生活，實在無趣極了。

母親笑著問她：「你們相處的時間多嗎？」

女兒無奈的回答：「多到我看見他就煩。」

母親沉默了許久，最後幽幽地開口說：「當年你父親上戰場時，我日夜盼望的就是他踏進家門那一刻。我多麼希望他能早日凱旋歸來，跟他共度下半輩子。可是，在一場戰爭後，我就再也沒有他的消息了。我多麼希望他能陪伴在我身邊。」

母親的眼淚一滴滴的落下，女兒若有所思的靜默著。

一個坐在屋前的小男孩手裡拿著糖果罐搖啊搖的，只聽到叮叮咚咚清脆的撞擊聲。路人問他爲什麼不拿出來吃時，他說：「裡面只剩下一顆糖果，我不想把它吃掉。當我搖著罐子時，聽到了糖果的聲音就很開心。因爲我知道我還有一顆糖果。」

一位失聰的少女在畫展上看到了一幅又一幅美麗的山水畫，神情專注且細細的品味著。突然，她高興的轉過身對朋友說：「我聽到了！我聽到了！我聽到了小河潺潺的水流聲、鳥兒在山林間歌唱，還有風兒從樹梢經過時對大樹說的悄悄話……」

在一位老媽媽結婚五十週年紀念那天，現場的來賓問起她保持婚姻幸福的秘訣時，她回答說：「從我結婚那天起，我就列出了丈夫的十條缺點。我時常提醒自己，爲了我們婚姻的幸福，只要他犯下的錯是這十條中的任何一條時，我都願意原諒他。」

當人們好奇那十條缺點到底是什麼時，她回答：「老實告訴你們，這五十年來我從來沒有具體列出這十條缺點。每當我被他氣到跳腳，我都告訴自己，

算他好運，他犯的是我可以原諒的十條錯誤中的一個。」

❖

看到喜憨兒努力克服生理上的障礙，辛勤工作的身影，我們常常脫口而出的就是：「好可憐喔！」或許在生活上他們有許多不便之處，但是在心靈上，他們擁有的幸福是你所無法想像的。因爲他們只有一個單純的想法：我還能工作，不是社會的負擔。

在這麼多例子裡，我們可以了解，幸福的途徑不僅來自於得到，連付出也可以是一種幸福。婚姻上，必定有許多爭執與不滿之處，只要能給彼此多一點寬容，就能得到幸福。生命路途中，不是每一個人都能走得如此順遂，轉換心態，再惡劣的環境中也能坦然面對。

愛惜自己的生命，珍惜身邊的人。幸福沒有鑰匙，只有梯子，當你找到爬上去的方法，你就能擁有它。

要求別人前，先要求自己

自私的人只會要求別人為自己而做，卻沒有想過能為別人做什麼。
過度保護自己的後果，是只能活在不滿與埋怨的日子裡。

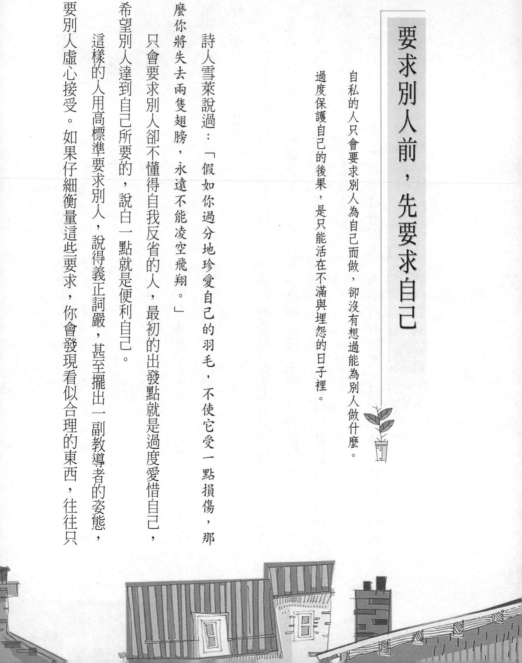

詩人雪萊說過：「假如你過分地珍愛自己的羽毛，不使它受一點損傷，那麼你將失去兩隻翅膀，永遠不能凌空飛翔。」

只會要求別人卻不懂得自我反省的人，最初的出發點就是過度愛惜自己，希望別人達到自己所要的，說白一點就是便利自己。

這樣的人用高標準要求別人，說得義正詞嚴，甚至擺出一副教導者的姿態，要別人虛心接受。如果仔細衡量這些要求，你會發現看似合理的東西，往往只爲了個人的利益。

「我這樣做是爲你好！」在生活中你是否也常常聽到這一句話呢？

❖

吉米是個條件不錯的單身漢，高學歷，且擁有一份令人羨慕的職業。年近四十的他，最大的心願就是擁有自己的家庭、溫柔老婆和可愛的孩子。他也曾談過數次戀愛，有幾次都已論及婚嫁，但最後都因吉米對女友某些地方不滿而作罷。

兩年前，吉米遇到了夢寐以求的女孩，她端莊、美麗、大方，又善解人意。談了一場轟轟烈烈的戀愛後，他們決定共渡一生，但有一天晚上，他們談論婚姻生活時，女友談到了一些自己的看法，讓吉米感到有些不安。

爲了確定自己是否找到心中理想的對象，吉米在結婚前夕寫了一份長達四頁的婚前協議書，要女友看過簽名同意後才願意結婚。這份文件乾淨整齊，用金線框邊，慎重交到女友手上。

文件的內容寫滿所有吉米想到的婚後生活細節，包括上教堂的次數及奉獻金多寡、政黨傾向、老婆的職業和工作地點、開支如何分擔、與朋友來往的時間分配、將來要生幾個小孩和什麼時間生、誰負責照顧小孩等等，都有條不紊的列了出來。在文件的最後還附註了幾點老婆必須養成的習慣，例如不抽煙、不喝酒、減少娛樂、適當打扮……等等。

準未婚妻看完這封文件後，氣得說不出話來。她不但沒簽名，還將文件退給吉米，並且附上一張紙條寫著：「一般的婚約上有著『有福同享，有難同當』這一條，這對任何人都適用，當然也適用於我，卻不適合你。因爲你只有一顆自私的心，眼中只有自己。我們到此爲止，這個婚約取消了。」

當吉米收到回覆時，還委屈又不解的說：「我只不過是寫了一份同意書，這有錯嗎？結婚本來就是一件大事，當然要慎重好好的考慮啊！」

吉米至今還沒找到自己理想的對象。

❖

想要讓生活圓融，就要學會寬容的智慧，用寬容的心情面對惱人的事情，不能只活在自己的世界，一味以自己的眼光看待別人，一味以自己的主觀意識做爲行事標準。

遺憾的是，先人智慧中的嚴以律己、寬以待人，在現今的社會早已鮮少出現，取代而之的是「我想要、我希望……」，一切出發點都在「我」。當事情不如「我」意時，就渾身不對勁，因此，爲自己找了一堆理由後，名正言順的將這些不如意怪罪於他人。

自私的人只會要求別人爲自己而做，卻沒有想過能爲別人做什麼，久而久之只會鬧得雙方不愉快，也達不到目的。

如果出發點只是害怕自己的權利受損，不是爲了大局著想，別人不會感受到你口中的好意指點，只剩下自私看法。過度保護自己的後果，是只能活在不滿與埋怨的日子裡，到頭來吃虧的還是自己。

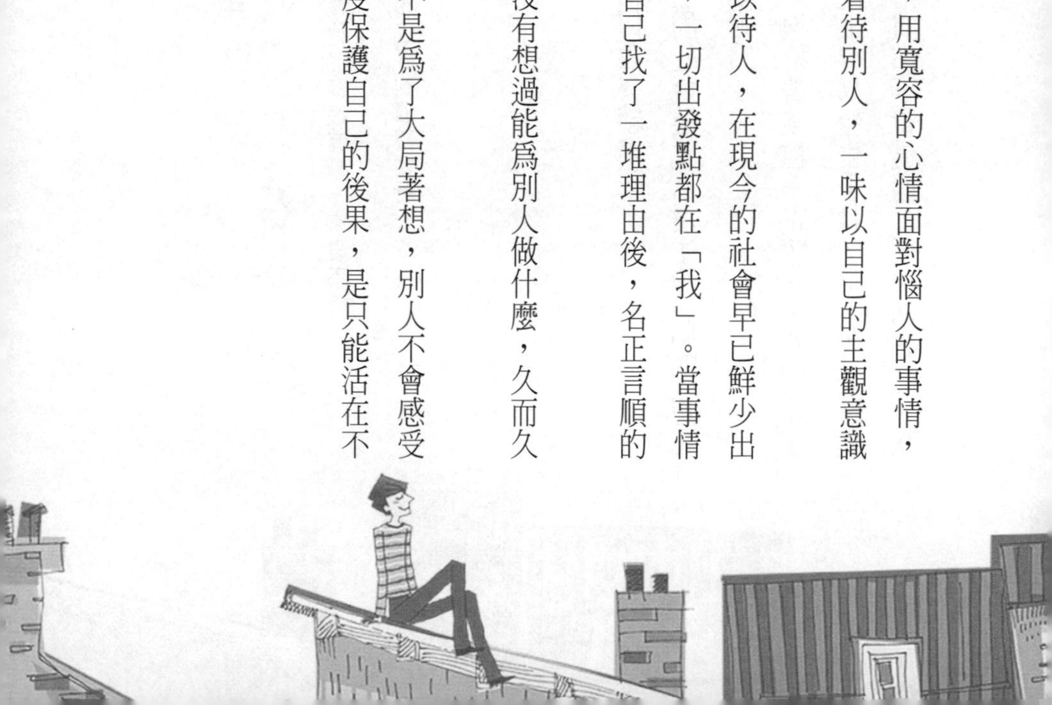

幸福來自相互包容和尊重

夫妻是人際關係中最親密的一環，但是要毀掉它卻很容易。來自不同家庭環境的兩個人要相處在一起，要互相包容和體諒才行。

有人說婚姻是愛情的墳墓。既然如此，爲何還要結婚呢？

因爲，結婚是兩個相愛的人決定共度一生的社會儀式。爲了相同的理想和目標共組的家庭。簡單的說，就是兩個人一起過日子。

可是在婚姻生活裡，夫妻多少會對另一半抱持著某種「寄望」，希望能從中獲得某種利益。萬一實際狀況不如想像，就很容易發生爭執，很多的怨言因此產生。最常聽見的不外乎：「爲什麼你結婚前都不會這樣，現在卻如此。我

眞是看錯人了……」

是眞的識人不明，還是婚姻會改變一個人？或者有其他原因呢？

❖

英國玄想派詩人鄧約翰的〈跳蚤〉一詩中，浪漫的將跳蚤聯想成能將兩人的血液融爲一體的橋樑，就像愛神邱比特的箭將兩顆心射在一起。

戀愛中的男女在公園漫步時，就算被蚊子咬得處處紅腫，癢得受不了，還是不以爲然。因爲蚊子咬了你，也咬了我，兩人的血液就浪漫的在蚊子體內結合了。有時眞的被咬到受不了時，男人還會安慰對方：「別擔心，蚊子會先咬我，等牠吸夠了血就不會去咬妳了。」

結婚後，當太太再抱怨被蚊子吵得受不了時，先生只會睡眼惺忪不耐煩的說著：「怕吵就掛蚊帳啊！」跟結婚前判若兩人，不再細心呵護。

可是到了老夫老妻時，先生又再度細心的掛起蚊帳。一聽到蚊子細微的嗡嗡聲，就會馬上起身戴起老花眼鏡尋找蚊子的蹤跡。

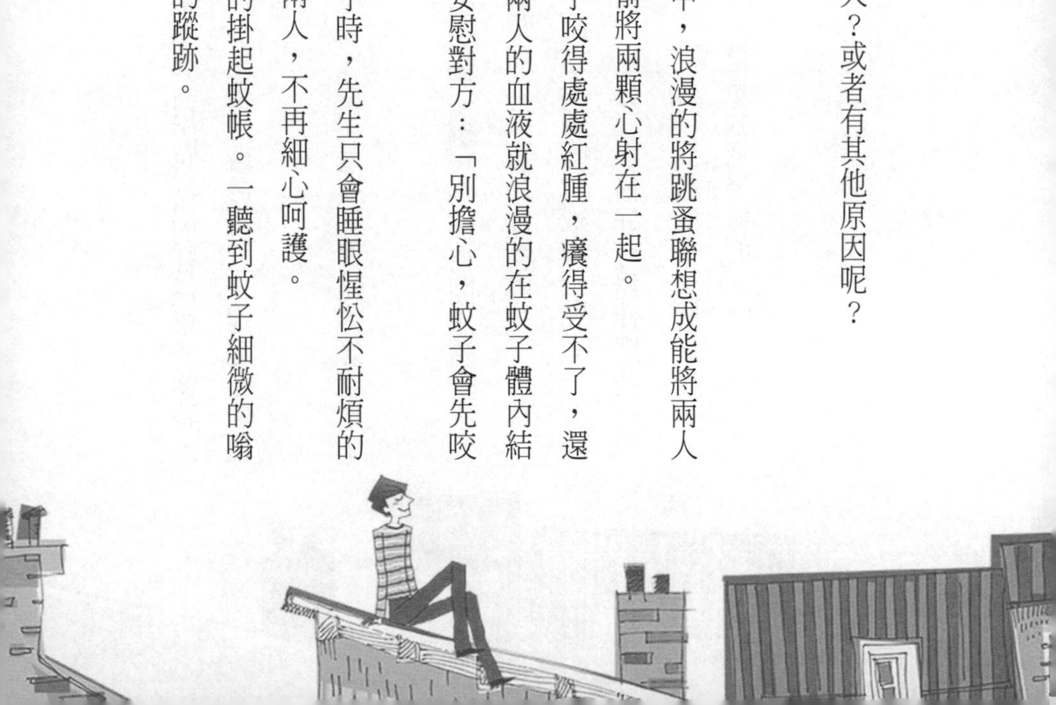

一位高中老師邀請學生來家中用餐，學生嚐了一口師母做的紅燒獅子頭時，感覺那個鹹度簡直像吞了海水中所有的鹽分一樣。但是礙於禮貌，還是勉強配了兩碗白飯，才將那塊紅燒獅子頭吞了下去。

這時，只見老師一個接一個讚不絕口的吃著，直說著：「眞是太好吃了！眞是人間美味啊！」

等到用餐完畢，師母到廚房收拾善後，老師才偷偷倒了一杯白開水給學生，對他說：「對不起啊！你一定吃不習慣，你師母做的菜就是那麼鹹。」

學生心裡疑惑：「既然那麼難吃，爲何老師還一邊吃一邊讚美呢？」

像是看穿了學生的心思般，老師再度開口：「你一定很好奇爲什麼我吃個精光，還一直讚美對吧？」

沒等學生回答，老師說了一句話：「因爲，這是我老婆做的。」

❖ 眞正的幸福，其實來自相互包容和尊重。

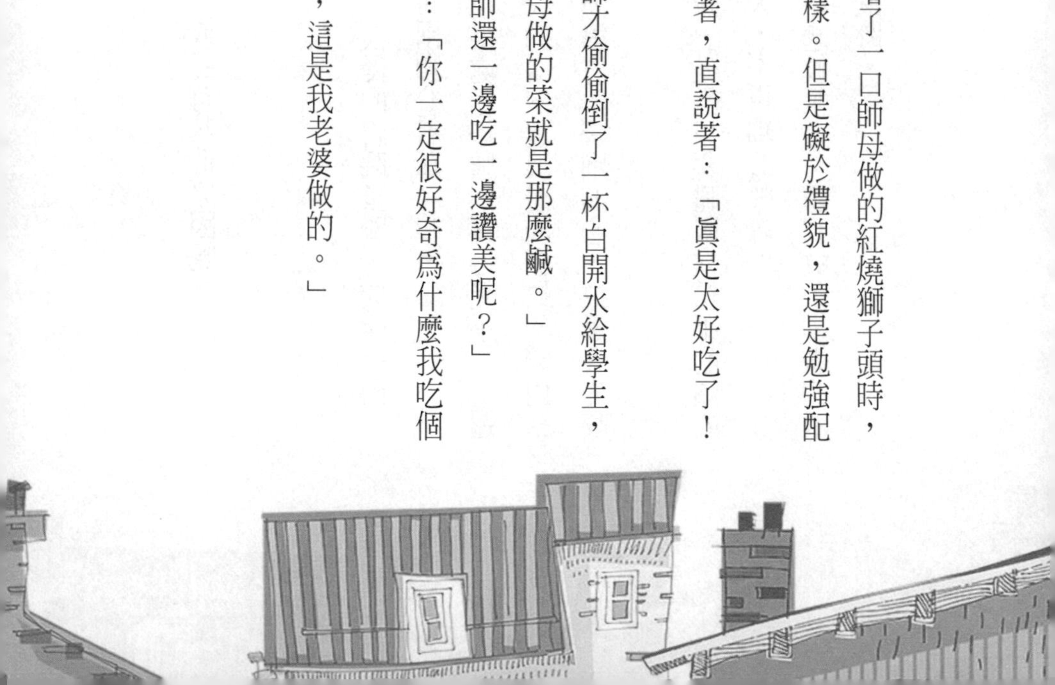

婚姻這條路是崎嶇難行的，需要負的責任也更多，往往必須比戀愛時多一點的寬容，才有辦法維持下去。

夫妻是人際關係中最親密的一環，但是要毀掉它卻很容易。「因爲是夫妻」，就很容易產生理所當然的想法，對方應該要無條件體會、諒解自己。我們可能會注意到朋友的感覺，卻忽略對另一半的尊重。

婚姻是需要經營的，從對方的錯誤中找到自己的責任，才是相愛的最好方法。來自不同家庭環境的兩個人要相處在一起，彼此都要有點「犧牲精神」，互相包容和體諒才行。

有時候，不一定是對方變了，而是你沒有察覺到他的溫柔。

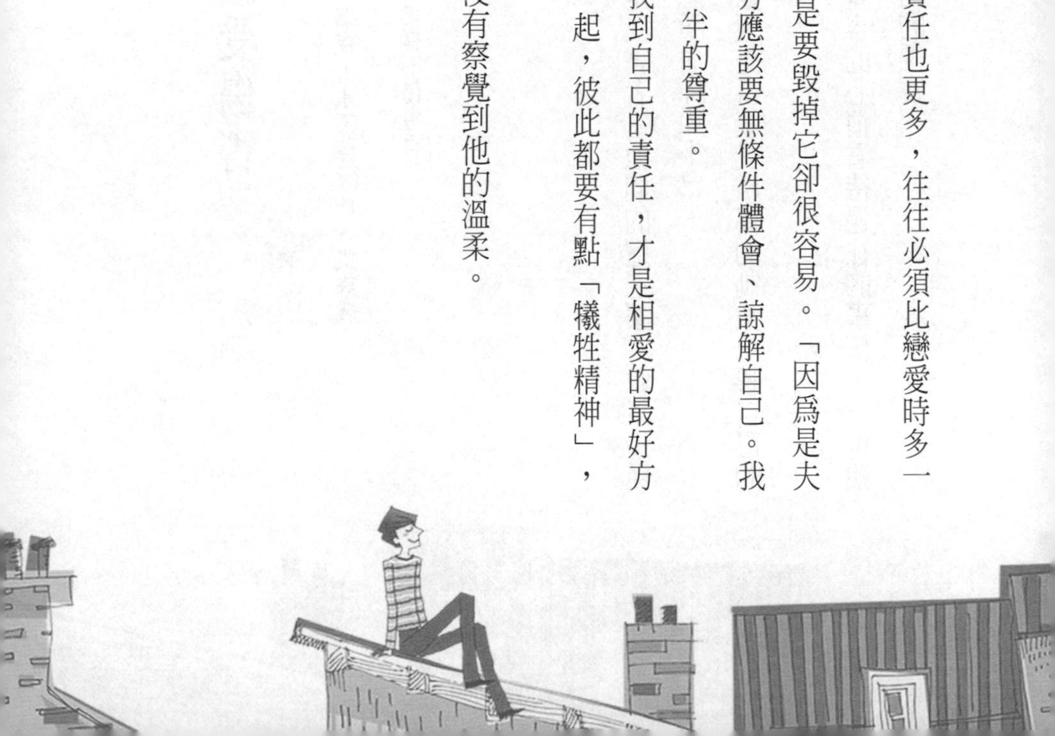

改變心態，就不會繼續受傷害

許多人被仇恨困擾著，這種折磨是日以繼夜，永不停歇的。或許我們無法改變傷害自己的人，但是我們能選擇不傷害自己。

社會案件中，很多加害者最開始曾經是受害者。他們的遭遇讓人聽了不免心酸，但是他們選擇的解決方式，卻讓人感嘆而唏噓不已。

他們雖然報復了傷害自己的人，但最終還是得接受法律的制裁，讓自己的後半生背負著罪名，人生也等於結束了。

真正聰明的人懂得適時放下痛苦，用寬容的心情看待過往的事情，不會懷抱著仇恨的心態，讓自己繼續受到負面情緒的傷害。

❖

在一座荒涼的山上，傳言著每到晚上就會出現一個女鬼，把路過的旅人害死，沒有一個人能在夜晚活著走出那座山。

這天，從遙遠的地方來了一個雕刻師父，受了山另一邊的小鄉村之邀，特地前去爲他們新蓋好的廟宇雕刻神像。當他趕路到了山腳下時，天色已晚，附近的居民一聽他要到山的另一頭，紛紛勸他等天亮再出發，並告訴他女鬼的傳聞。雕刻師父聽了雖然心裡毛毛的，但是爲了如期赴約，謝絕了村民留他過夜的好意，仍然往山裡走去。

一路上涼風陣陣，時而傳來野獸的叫聲，月亮被烏雲遮住了顏色。雕刻師父不敢停止腳步，在伸手不見五指的路上靠著一盞小小的煤油燈不停地走著。突然，一陣撲打聲迎面而來，雕刻師父嚇得掉落了煤油燈，原來只是一隻飛鳥。正當他要撿起油燈時，突然傳來一聲輕輕的嘆息。雕刻師父想起村人的話，全身毛骨悚然，但仍提起勇氣將燈往聲音的來源一照，原來是一個身穿白衣的年

輕少婦。

少婦告訴他，自己是因爲趕路要到山下村莊，不小心在山上跌傷了腳，求助無門，天色又暗了，不得不留在此地等天亮。

雕刻師父聽完立即表示，留在這裡太危險了，要背少婦到安全一點的地方，等天色亮一點再結伴同行，彼此也有個照應。於是，她背著少婦走了一大段路，終於找到一個可以棲身的地方，就停下來生火休息。

這時雲散了，月亮也探出頭來。雕刻師父在附近撿到一塊材質不錯的木頭，藉著月光，看著少婦，就刻了起來。

少婦好奇的問他在做什麼，雕刻師父回答說：「我覺得妳跟救苦救難慈悲爲懷的菩薩很像，想刻個菩薩像。」

少婦一聽，立即淚如雨下，原來，她就是傳聞中的女鬼。

她原是一個喪夫的寡婦，要到山的一頭投靠親戚時，路上遇到了強盜，受辱後被殺掉。因爲心懷怨恨，她的魂魄一直徘徊在這座山裡，最後化身爲厲鬼，在夜晚出來殺人。

沒想到雕刻師父卻說她有著菩薩的面容，因爲如此，她放下了心中的怨恨，雕刻師父也平安離開了那座山。

❖

少婦的遭遇令人同情，她的作爲卻傷害了無辜的人，自己也因怨念無法離開受害地點，最後成了加害人。這樣的她，反而沒有自痛苦中解脫，而必須一再的回憶自己的傷痛。

這個故事其實反應著現實的人生。許多人被仇恨困擾著，平時被別人欺負，私底下還要因爲怨恨纏繞而沒有心靈舒坦的時候。這種折磨是日以繼夜，永不停歇的。仔細想想，或許我們無法改變傷害自己的人，但是我們絕對可以選擇不要再一次傷害自己。

每個人的心中都有一個菩薩，就像故事中的雕刻師父喚起了少婦心中的良善，保住了自己的生命，也幫助少婦脫離苦海，只要我們能保有心中的菩薩，就有辦法面對難以克服的怨恨。

別用成見替別人貼標籤

這個世界上，沒有什麼錯誤是不可原諒，不能回頭的。最可悲的是，善念的幼苗初長之時，人們卻將它踐踏、摧殘。

眞正讓奇蹟消失的，是一顆冰冷的心。

是否曾經發現，當你用嚴厲的語言責怪他人不知好歹、不求上進，是個沒用的廢物時，自己卻成爲推他往火坑裡跳的加害者。

一個人在誤入歧途後，能再走回正途，是難能可貴的。可是爲什麼現代社會犯罪者的「回籠率」那麼高呢？我們相信其中部分的人是眞的有改過向善的心，但是最後爲何重蹈覆轍？

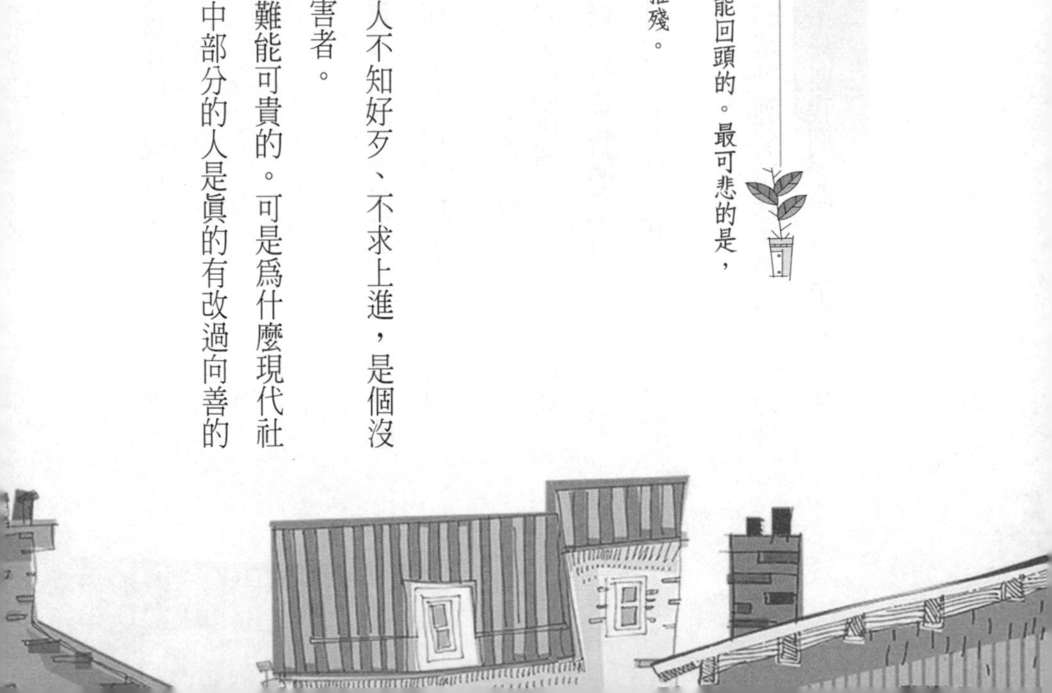

那是因爲人們已爲他們貼上標籤、做了記號，不肯給他們重生的機會，即使他們早已爲自己的行爲付出代價。在無法生存的環境下，心寒了、也死了，只能再走回頭路。

❖

凌晨時分，天色還是一片昏暗之時，深山的一座寺院前跪著一個身影。清晨露珠一滴滴的浸濕了衣裳，他仍不爲所動。

原來他是某大戶人家的公子，二十年前被家人送到寺裡當小沙彌。他的天資聰穎，悟性極高，深受老方丈的喜愛。方丈將畢生所學，一點一滴毫不藏私的傳授給他，希望他能繼承衣缽，成爲最出色的佛門弟子。

日子一天天的過去，小沙彌慢慢的長大。方丈看著日有所成的他，心裡備感欣慰。誰知小沙彌二十歲那年動了凡念，從此無心於佛法，方丈心裡很著急，卻不知道該怎麼辦。直到一天夜裡，小沙彌再也忍不住了，趁著方丈熟睡之際，伴著月光離開了寺院。

來到山下後，都市的五光十色呈現在他眼前。從此他流連花街柳巷，成了風流的浪子，放浪形骸的行徑，讓人搖頭不已。

就這樣夜夜笙歌過了好幾年，有一天夜裡，他突然驚醒，看著桌上杯盤狼藉，感到一陣空虛。他穿起外衣走到窗前，清澈的月光照在他身上，他不禁想起離開寺院的那個夜晚。當他轉頭見到鏡中的人影時，覺得對自己很陌生。他將酒瓶砸向牆腳，抱頭痛哭了起來。

他忽然深感懺悔，立即衝出門外，快馬加鞭往寺院奔去。

「師父，請您原諒我的過錯，再一次收我做弟子好嗎？」他跪在寺前，不停的懇求著。

方丈看著當年的小沙彌如今卻成爲一個浪蕩之人，厭惡感油然而生，不住搖著頭。浪子見方丈不爲所動，準備再一次開口時，方丈揮了揮手制止他，並說：「你的罪孽深重，落入阿鼻地獄，佛祖也救不了你。除非——連桌子也會開花，佛祖才會原諒你。」

方丈隨手指向供桌，浪子聽完，失望的離開了。

第二天早晨，方丈踏入佛堂準備做早課時，眼前出現讓他難以置信的景象，佛桌上開滿了一簇又一簇鮮艷的花朵，紅色、白色，隨著風搖曳著，整個佛堂充滿香氣。方丈頓時大徹大悟，連忙下山尋找浪子，但是已經來不及了，浪子早已不知去向。佛桌上的花朵，也只開放了短短的一天。

❖

同樣的傷害，不時發生在生活中，只是我們不曾發現。例如，父母教育孩子時，常會有一種「我爲你付出了那麼多，你卻不爭氣的想法」，卻沒有看到孩子盡力的一面。

長期的苛責下來，不僅親子關係陷入低潮，也罵走孩子的自信。

這個世界上，沒有什麼錯誤是不可原諒，不能回頭的。最可悲的是，善念的幼苗初長之時，人們卻將它踐踏、摧殘，然後說著：「你看，我早就知道他不是一個好東西。」

別讓佛桌上開出的花朵因爲自己冰冷的心，而成了曇花一現。

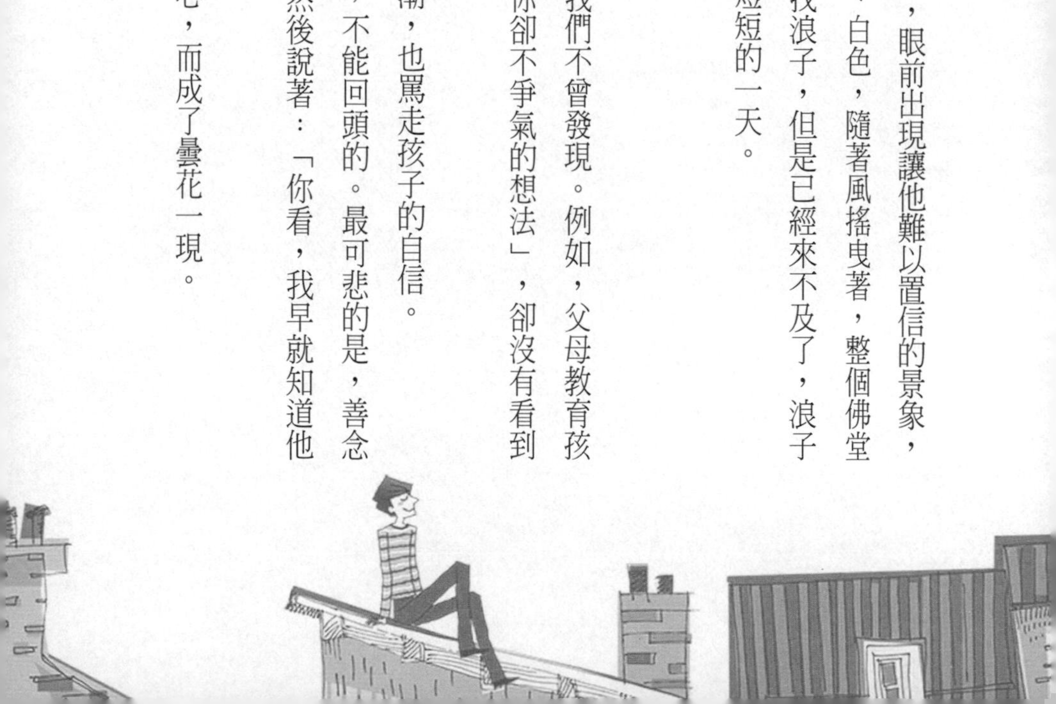

3.

不要因爲競爭而輸掉人生

爭一口氣的代價實在太大了，
或許起先是為了自尊和面子，
但最後付出的代價卻是你的人生。

別用偏見做出錯誤的判斷

別因生活的壓力加上偏見，而否定了人們善良的一面。凡事在評論前先往好的一面去思考，別妄下偏頗的論斷。

從遠處觀察做出的判斷，有可能是錯誤的，而且一旦做出評判，人與人之間就無法建立眞正的信任。

很多時候，人們習慣以自己的角度來判斷別人，在先入爲主的觀念下，無法從客觀的角度看事情。許多美意因而成爲偏見下的犧牲品，也打碎了一顆顆善良、單純的心。

❖

有一位單親媽媽獨自撫養四個年幼的孩子，上班所賺的薪水非常微薄，只能勉強維持家中的基本開銷。

可是，節儉的她努力做到讓孩子有正常的家庭生活，不愁吃、不愁穿，行爲得體，個個都是有禮貌的好孩子，不以現狀的生活爲苦。雖然她時常覺得心力交瘁，但是看到孩子們一天天長大，心裡感到很欣慰。

有一年聖誕節又要來臨了，雖然家中經濟不寬裕，但是單親媽媽心裡卻有一個計劃，希望日漸長大的孩子能過一個眞正的聖誕節。從很早開始，她在日常開銷外另存了一筆錢，當孩子們快樂的整理房間、佈置聖誕樹時，她在心裡盤算著要如何分配所存的一百二十美元。等到一切都弄好，她將四個孩子叫到身邊，告訴他們每個人將能拿到二十美元，要他們準備五份約四美元的禮物，她希望每個人都能送出最眞誠的祝福。

接著，全家來到大賣場分頭採購，約定兩小時後出口碰面。

回家的路上，孩子們興高采烈，不住嬉笑。大家互相猜測對方買的禮物，你給我一點暗示，我讓你搖搖袋子，笑得合不攏嘴。在每個人開心唱起耶誕歌曲時，只有八歲的小女兒吉亞異常安靜，媽媽注意到吉亞的購物袋又小又平，但是她一句話也沒說。

回到家中後，她立刻把小女兒叫到房間來，問她到底買了什麼禮物。當她發現袋子裡面裝的只是五十分錢一大把的棒棒糖後，簡直難以置信，不禁怒火中燒，不悅的責問吉亞：「妳到底把那二十美元用到哪裡去了？」

「媽媽，原本我想送您跟哥哥姊姊們一些特別的禮物，可是當我拿著錢到處亂逛時，看到一棵『給予援助中心』的許願樹。樹上有許多卡片，其中一張是一個四歲小孩寫的。她一直盼望耶誕老人能送她一個會唱歌的洋娃娃。所以我取下卡片買了一個洋娃娃送到援助中心的禮品區了。」吉亞一邊哽咽，一邊神情擔心的說著。「我們有那麼多人，已經可以得到許多禮物，而那個小女孩什麼都沒有，所以我想……」

吉亞還沒說完，媽媽已經緊緊擁住她，忍不住紅了眼眶。她覺得吉亞送給

大家最棒的聖誕禮物，就是一個陌生小女孩滿足的笑臉。

❖

有位母親說了自己的經驗，某天她帶著孩子出門，到目的地後她去辦事，讓孩子留在機車上等待。當她出來時，看見孩子整個人趴在坐墊上，忍不住火大的責罵小孩坐沒坐相。只見孩子委屈的說：「天空滴起小雨來，我怕媽媽的位置會淋濕，所以用身體擋著……」

母親聽完紅了眼眶，內心充滿感動與愧疚。

吉亞的母親一開始認定了吉亞是個自私且貪心的女孩，想獨自留下買禮物的錢，因此找了一堆廉價的棒棒糖充數。她用世俗的眼光來評斷孩子，只相信眼前所見就苛責吉亞所爲，其實這樣的傷害是可以避免的。

別因生活的壓力加上偏見，而否定了人們善良的一面。凡事在評論前先往好的一面去思考，別妄下偏頗的論斷。世界上最無價的寶物，除了溫暖的笑容外，更是一顆善良、同情和體貼的心。

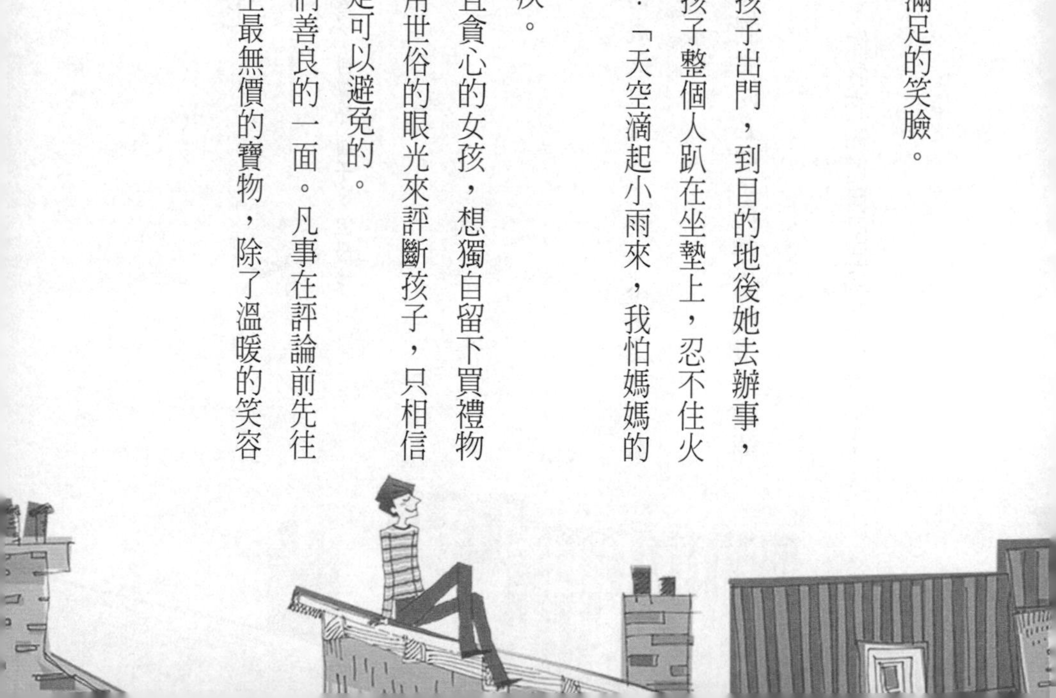

不要因為競爭而輸掉人生

爭一口氣的代價實在太大了，或許起先是為了自尊和面子，但最後付出的代價卻是你的人生。

美國文豪愛默生曾說：「仔細分析，一切成敗與得失，都只不過是一個數字問題，或是一個化學公式。」

確實如此，得失與成敗都只是暫時的，我們又何必爲了無謂的競爭而輸掉自己原本可以幸福的人生？

有競爭才會有進步，但是在競爭的過程中，你眞的知道自己要的是什麼嗎？從這個競爭得到的又是什麼？

有時候，我們會爲了一些莫名的原因與他人爭來爭去，爭到最後連自己在爭什麼都搞糊塗了，而在競爭的過程中，錯失掉許多美好的事物。這些事物，可能是一個朋友、一段感情，甚至健康、幸福……

目的達到後，失落感往往比成就感大，得到的反而不一定多。

❖

街角有一個修鞋匠，年約五十多歲，每天工作的時間不長，天氣不好時更是早早收攤回家。有一天，來了另一個修鞋匠，年紀跟先前的差不多，臉上佈滿皺紋，是個拄著枴杖的瘸子。

從那天起，第一個修鞋匠拉長了工作時間，連颳風下雨也不肯離開。

兩個人的競爭從此展開，彼此都想多賺一點錢。他們從來沒有跟對方說過話，每天誰來得早就佔主要的位置，另一個只好摸著鼻子窩到角落裡。一天天過去，兩個人明爭暗鬥，起床的時間也不斷提早，彼此毫不讓步，連旁人看了都忍不住搖頭嘆氣。

冬天到了，這樣的情況沒有減緩，反而越來越嚴重。爲了佔到第一個位置，兩人甚至在寒冷的夜晚在戶外打地舖睡覺。晚上凍了一夜，白天起來工作時，兩人臉色都很差，連手都裂開了。寒流來時，就算街上一個人也沒有，他們還是沒有提早離開過，就像雪裡的兩座雕像。

這樣的競爭持續了一年，有一次，瘸子沒有出現，另一個疑心著他是不是生病了，幾天過後還是沒有見到他的人影。

某天，第一個鞋匠正低著頭修鞋時，聽到對面擺攤的老闆說：「那個瘸子眞可憐，腦溢血拖了幾天，還是死了。」

修鞋匠一聽愣住了，眼淚掉了下來。那瞬間他突然覺得自己好傻，就爲了爭一口氣，兩個人沒命的比較，現在人死了，他卻連話也沒跟對方說過。他想通了人生不過如此，實在沒必要這樣的計較，便在清明的時候，買了一些紙錢燒給死去的修鞋匠。

過了一陣子，又來了一個比較年輕的修鞋匠，老是搶第一個位置。年長的修鞋匠總是笑著讓給他，後來兩人成了朋友，天天有說有笑的一起工作。

❖

常見許多人完成某件事後，對大家坦承這段日子以來的心情，是痛苦且不快樂的。問他明知如此，爲何仍然選擇這樣做時，得到的答案就只有一句話：「就是爲了爭一口氣啊！」

這樣的回答的確震撼人心，可是代價實在太大了。或許起先是爲了面子和自尊，但是最後付出的代價卻是你的人生。有些時候，只是自己太過在意別人的看法，其實換個角度跟方向，也同樣可以肯定自己。

在修鞋匠的爭奪戰中，兩人都失去了與家人相處的時間，其中一個甚至丟掉性命。他們把所有心思用在如何和對方較勁，即使沒有客人也不在乎，這樣的爭奪一點也沒有意義。

認清自己的目標和目的，做良性的競爭，不是更有意義嗎？

設法把惡緣化成善緣

只有改變對事情的看法以及自己的態度，才能真正控制脾氣。用一顆寬闊的心來看待事物，才能把惡緣化成善緣。

七情六慾中，生氣帶來的威力最是驚人，造成的傷害也最快。

因爲，生氣時人很容易失去理智，接著伴隨而來的是衝動。在衝動下，任何事情都有可能發生。

我們都知道這個道理，可是常常事情發生時，第一個反應是生氣。到底是氣對方的過錯，還是氣自己不小心，往往當事人也不清楚。

生氣並不能解決問題，有時甚至會引起更大的衝突。

某天法師正從室內走出，門才剛打開，一個彪形大漢就撞了上來。很不巧的，門板打上法師的眼鏡，鏡片戳傷了他的眼皮，掉落地上摔個粉碎。滿臉落腮鬍的大漢馬上先聲奪人的說：「誰叫你要戴眼鏡！」

法師心想：「因緣合和而生世間法，有善緣、有惡緣。唯有慈悲以待，才能將惡緣化爲善緣。」於是就以微笑回應大漢的無理。

大漢見到法師的表情，訝異的問他：「喂！和尚，你怎麼不生氣？」

法師藉機教育說：「我爲什麼要生氣？生氣不能使破掉的眼鏡復原，臉上的傷口也不會消失。再說，如果我生氣了必定會和你起衝突，可能破口大罵或者大打出手，這樣只會傷身傷心，事情也無法解決。」

「若能以世間的因果報應來看待，只要我早一分鐘或晚一分鐘，都能避免我們相撞。但是我們偏偏撞在一起，那就是在消解我們過去的一段惡緣。因此，我不但不生氣，還要感謝你幫我消除業障呢！」

大漢聽完若有所思的離開了。一段日子過後，法師突然收到一封掛號信，裡面還附著一張五千元的匯票。信裡寫著：

「師父慈悲：那天和您那一撞，救活了三條生命。年輕時的我不知進取，在工作上沒有好成績。因爲這樣，我常常怨天尤人，成家後也不知善待妻子，常常拿她出氣。

有天我出門上班，走到半路發現少拿一份文件，於是又折返回家，竟然見到妻子與一名男子在家中說說笑笑。我頓時怒火上升，衝動的跑進廚房拿了菜刀想殺了他們兩個，再自我了結。那個男子驚慌中臉上的眼鏡摔破在地上，突然讓我想起師父的話：『生氣不能解決問題』，這才冷靜下來。

經過這件事，我不斷的反省，是因爲自己的不負責任和壞脾氣，才會讓妻子出軌。現在的我不再暴躁莽撞，也不再冷落妻子。目前家庭和諧，工作上也順利多了。這一切都要感謝師父的開示，讓我的一生徹底改變。因此特匯上五千元，兩千用來賠償師父的眼鏡，剩下的三千爲我、妻子和那個男人做功德、消業障。」

❖

人在盛怒的情況下，往往容易失手，造成無可挽回的悲劇。但即使如此，人們還是很難控制自己的脾氣，通常都在事後才懊悔、苦惱，將一切歸咎於生氣時失去理智。

會生氣，就是因爲心裡在意；越在乎的事情，投入的精神也越多。

另一方面，會生氣則是小氣，不想自己的利益有任何的損傷，因此對他人所爲不滿而生氣。

只有改變對事情的看法以及自己的態度，才能眞正控制脾氣。像法師一樣，用一顆寬闊的心來看待事物，才能把惡緣化成善緣。

下次脾氣上來時，給自己一分鐘的時間和空間冷靜下來，想想該用什麼樣的方法，才是最理想的解決方式。

用寬容的心情，面對惱人的事情

人要學會放下痛苦，用寬容的心情看待事情，才能過著幸福的日子。只要學會寬容的智慧，就可以讓自己的人生變得更加精采。

莎士比亞在《李爾王》劇本中寫道：「我的敵人的狗，即使牠曾經咬過我，在寒冷的夜裡，我也要讓牠躺在我的火爐之前。」

寬容是一種讓生活過得幸福智慧，人生不可能沒有失意、煩惱，人與人不可能沒有摩擦、齟齬，要學會轉換心情看待事情，不要讓小事困擾自己。

人無法孤獨的活在世上，活著是爲了自己，也爲了別人。爲自己，要活得幸福，懂得欣賞世上萬物之美，讓生命豐盈；爲別人而活，就要有愛，關懷他

人的生命，包容他人的過失。

雖然要完全做到待人溫厚與寬恕不是一件容易的事，至少要當成學習的課題。如此，社會上才不會只有鬥爭、傷害、仇恨和暴力。

❖

二次大戰期間，戰火四起、屍橫遍野，宛如人間地獄。

那時，有一支部隊在森林中與敵軍相遇，經過了一番激戰後，死的死、傷的傷，雙方各自退兵逃離。

在混亂中，有兩名來自同一個小鎮的士兵脫隊了。他們求助無門，只能彼此鼓勵、互相扶持，在一片死寂的森林裡艱難跋涉。

就這樣，十多天過去了，在糧食缺乏又擔心遭遇突襲的情況下，他們身心備受煎熬，卻仍然沒有和部隊聯繫上。靠著身上僅有的一點肉乾，兩個人在林中努力的求生。

走到一處隘口時，他們看到了一隊敵軍。兩人知道毫無勝算，巧妙地避了

開來，誰知等到危機解除後，走在後面的士兵竟然朝著前方的盟友安德魯開了一槍。子彈打在安德魯的肩膀上，他用不可置信的眼神望著開槍的隊友，癱坐在泥土地上。

開槍的士兵害怕得淚流滿面，慌張地丟下手裡的槍，衝上去抱住安德魯，嘴裡不停唸著：「媽媽！媽媽！天啊！我到底做了什麼！」

安德魯碰到隊友顫抖的雙手，怎麼也想不到戰友會朝自己開槍。幸好傷勢不嚴重，安德魯並沒有責怪戰友。

後來他們兩個都被部隊救了出來，也各自回到了家鄉。之後的三十年，安德魯假裝什麼也沒發生過，從沒提起此事。直到有一天，安德魯去奠祭戰友的母親，在喪禮上，戰友跪在母親的靈前，請求安德魯原諒當年的事。安德魯扶起他，不再讓他繼續說下去。

安德魯知道，當時他想獨吞自己身上的肉乾，只是想爲了母親而活下去。這是戰爭的殘酷，並不是他的錯。安德魯從心底眞正寬恕了他，之後他們又做了幾十年的好朋友。

❖

人要學會放下痛苦，用寬容的心情看待事情，才能過著幸福的日子。人生是快樂或痛苦，關鍵就在看待生活的態度，只要學會寬容的智慧，就可以讓自己的人生變得更加精采。

過去的就讓它逝去，安德魯徹底做到了以德報怨。他知道爲了自己和他人的生存而犯下的過錯，是值得原諒的。

「以德報怨」，是寬恕與包容的最高境界，也是人類心胸寬闊的具體表現。相反的，冤冤相報，只會形成代代世仇，造成更多的悲劇而沒完沒了。

愛因斯坦曾說：「寬容意味著尊重別人的無論哪種可能存在的信念。」

的確，愈是睿智的人，愈有寬容的胸襟，一個寬宏大量的人，愛心往往多於怨恨，樂觀、忍讓的圓融個性，讓他成爲一個眞正幸福快樂的人。

不要讓誤會造成決裂

堅持原則是正確的，但不代表沒有轉圜的空間。因為懷疑與不信任在雙方心裡留下的疤痕，才是真正的遺憾。

當你對一個人產生懷疑，你就會開始猜忌。一但有了這個念頭，他所做的每件事、所說的每句話，甚至走路的方式，都會讓你起疑心。

要指責一個人的過錯，應該先找出證據，才能確定看法，但是很多人常常先確定自己的判斷，才去找尋證據。

一旦有這個先入爲主的觀念，心自然會往偏差的方向傾斜，眼睛所見也不再客觀。誤會因此而產生，在雙方僵持的情況下，遺憾就這樣形成了。

❖

有一對雙胞胎兄弟自小感情融洽，做什麼事都在一起。他們共同經營父親留下來的商店，兩兄弟同心協力，把店打理得井井有條，日子也過得很平順。可是有一天，一塊美元的遺失讓一切都改觀了。

那天早上，哥哥將一塊美元放進收銀機後，就出門和客戶談生意。當他下午回來打開收銀機一看，發現少了一美元，便問弟弟有沒有看到裡面的錢，弟弟否認了。

哥哥聽了很不高興，認爲錢又沒有長腳，不可能自己跑掉，一定是弟弟拿走又不肯承認。弟弟則覺得很委屈，明明沒做卻被冤枉。

就因爲這樣，兩人之間有了心結，雖然生活在同一個屋簷下卻像陌生人一樣，一句話也不說。尷尬的氣氛持續了好一陣子，到後來兩個人再也受不了了，於是決定分家。他們把店分成兩半，並且在中間隔出一道牆，各自做生意，彼此不相往來。

幾年的歲月就這樣過去了，兩兄弟還是沒有解開心結。有一天，一輛名貴的跑車停在哥哥的店門口，從裡頭走下一個衣裝筆挺的男士，走進店裡，開口問哥哥：「請問你在這裡工作多久了？」

哥哥回答他：「我這輩子都在這裡服務。」

男子聽完，神情突然變得很嚴肅：「如果是這樣，我必須告訴你一件事。二十年前我被公司裁員，整個人變得很沒鬥志，後來就成了一個不務正業的流浪漢。我到處閒晃，有一天來到了你們這個小鎮。那時我已經好幾天沒吃東西了，肚子餓得發慌。剛好路過你們店門口，就趁四下無人的時候從收銀機裡偷走了一塊美元。過了這麼多年，我的良心一直受到譴責，所以我一定要回到這裡，請求您的原諒。」

哥歌聽完早已淚流滿面，請那人到隔壁去，將這個故事再說一遍。說完之後，店門口衝出兩個面貌相似的中年男子，站在街頭抱頭痛哭了起來。

❖

世界上很多的遺憾都是源自於誤會，因誤會而造成的聚散離合的不在少數，而不肯原諒、不肯道歉而造成的感情裂痕，才是眞正的遺憾。直到時間逝去、人事已非，想再去愛一個人，卻沒有能力去愛了。

小小的一塊美金，代表的不僅僅是金錢，更是親情的考驗。因爲懷疑、不信任，讓雙方的心裡都留下疤痕。

哥哥所在意的並不是金錢，而是一個答案，無法接受弟弟對自己隱瞞。對弟弟而言，不只在人格上受到極大的侮辱，親情也遭逢創傷，他覺得委屈與無奈，因而導致憤怒。倘若當初偷錢的人沒有出現，兩兄弟是否就這樣老死不相往來，徒留遺憾呢？

許多可笑的誤會，常常導致終生的悲劇。雙方不讓步下，痛苦的又是誰？不必要讓生活上的小誤會影響感情，不管是親情、愛情、友情，以及人與人之間的交往。堅持原則是正確的，但不代表沒有轉圜的空間。

你也可以成為別人的「天使」

每個人的心中都有一個孩子，當我們都能做別人的天使，以溫暖的眼光注視著身邊的人，和諧的氣氛將在生活中散佈。

從中古時期開始，很多人就知道兒童就像軟蠟，可以用不同的方式塑造。童年是人生中最容易教導的階段，兒童的教育對日後有著極大的影響。可是，時至今日，問題兒童不但沒有減少的趨勢，還日漸成爲頭痛少年，最後變成社會的敗類。

有人提倡「愛的教育」，也有人只相信「鐵的紀律」，當雙方各持己見時，卻忽略了很重要的一點。那就是不管是哪種方式，教誨若無法直達內心深處，

都是枉然的，或許可以抑制一時，卻無法長久的影響，等到當下的感覺一過，便又回復舊態。

❖

英國牛津大學的著名心理教授肯特・基恩在一次少年管教所的演講中，說了一個他幼時的故事。

肯特小的時候是一個調皮搗蛋的孩子，既不愛唸書又常滋事，而且報復心很強，只要別人一不小心得罪他，他一定連本帶利討回來，因此老師和同學都不喜歡他，連家人也受不了他。

然而，肯特的心裡，卻是非常渴望有人可以了解他。他在獨處一人時，常向上帝默默的禱告：「親愛的天父！請您給我一顆善良的心，讓我學會寬容別人，並且得到與人相處的智慧，就像班上的卡列爾一樣優秀。」

或許上帝正好在忙，沒有聽到肯特的祈求，他依然是個人見人厭的孩子，甚至有老師揚言只要有他在，就不肯教導這個班。

肯特升上三年級時，學校來了一個新老師——瑪莉亞小姐，是一個年輕又漂亮的女老師。當她走進教室站上講台時，整個班級嘩的一聲吵了開來，聲音大得幾乎要把屋頂掀開。肯特帶頭將課本往天花板扔，並對老師送飛吻、吹口哨，一點都不尊重。

瑪麗亞小姐並不像其他老師一樣，大聲斥責要大家安靜，反而微笑的看著大家，不發一語。肯特覺得無聊，於是停止惡作劇坐回椅子上，同學也跟著停止喧鬧。

瑪麗亞小姐等到全部安靜下來後，就開始自我介紹，當她要把名字寫在黑板上時，發現沒有粉筆。那時肯特突然心頭一緊，想著：「糟了！老師會不會發現粉筆是我拿去藏起來的。」

這時瑪麗亞小姐轉過身笑瞇瞇的說：「誰願意去幫老師拿盒粉筆呢？」

話才一說完，全班馬上鬧哄哄的吵了起來，所有男生都搶著要幫忙。瑪麗亞小姐環視了教室一圈，最後眼光落在不動聲色的肯特身上，說道：「我找到最適合的人選了，肯特，就是你了。可以請你幫這個忙嗎？」

肯特當場愣住，呆呆的問了一句：「爲什麼是我？」

「因爲我看得出你熱情、靈活又具號召力，我相信你會把這事情做得很好。」瑪麗亞小姐認眞的說著。

肯特將藏在樹叢裡的粉筆很快的拿了回來，當他要把粉筆交給瑪麗亞小姐時，露出了沾染泥巴的指甲。

肯特很不好意思，怕被發現粉筆是他藏起來的。但是，瑪麗亞小姐給了他一個天使般的笑容，肯特這才放下一顆不安的心。

從此以後，肯特如脫胎換骨似，一改過去的惡習，成爲一個上進又體貼的孩子，因爲天使正注視著他。

❖

每個孩子的本性都是善良的，他們出生時就像一張白紙，在生活中學習、刻畫。故事中的肯特是個幼時讓人頭痛甚至放棄的孩子，卻因爲瑪麗亞老師的幾句話，成爲日後的心理學家和知名作家。那是因爲他本性不壞，只可惜沒有

人看透這一點，大家只把他當成一個麻煩。

孩子是感受最敏銳的一群，你是否發自眞心，或者只是敷衍，他們都能感覺到。很多問題孩子外表雖然猖狂，內心卻是自卑的，退讓或高壓的教育方式都不對，而要眞正去了解、感受他們的優點。

要讓他們知道自己是被重視的，並且讓他們明白只有尊重自己的人，才能得到別人的尊重

每個人的心中都有一個孩子，不管他的年紀有多大。

當我們都能做別人的天使，以溫暖的眼光注視著身邊的人，和諧的氣氛將在生活中散佈。

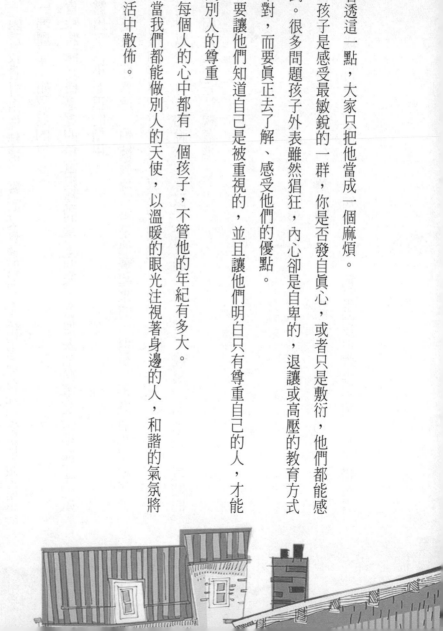

有些事，你可以不必太認真

人與人互動過程中，必須用心去感受，用寬容代替指責，別讓無意的動作成為刺傷心靈的利刃。

從前的人相信打罵教育，認爲不打不成器，結果打垮了自信、打傷了親情，最後也只是打出「氣」來。

現在的人則講求賞罰並用，就像利益交換般，只講條件。不論是哪種方式，在孩子成長的過程中，多多少少都會留下幾道傷痕。

這些傷口可能永遠沉寂在內心深處，有些則會在某個時間點上引爆出來。最糟糕的是，一旦生活在傷口的陰影下，甚至會在不知不覺中用同樣的手法傷

害到下一代。

孩子最初的啓蒙教育來自於家庭與學校，這過程影響著將來的發展。所謂的人本教育，就是尊重孩子成爲一個「人」，孩子不是私人的財產，也不是大人製造一件物品，而是完整的個體。尊重孩子其實一點都不難，端看是否用「心」於小細節而已。

❖

一位中學老師離開教職多年後，接到一封學生的來信，內容敘述著一件不經意的小事造成的深刻影響。

當時，這位老師任職的中學是男女合校，學校方面對學生談戀愛一事特別重視，並採取嚴厲的手法來禁止。

信裡頭寫道：「那個晚上在校園散步被老師撞見時，我們的心跳得七上八下，深怕被您認了出來。那時我們兩個走在一起，最擔心的就是一道無情的光直接照在我們的臉上。可是，您卻沒有打開手電筒，只是若無其事的假裝欣賞

夜色，告訴我們夜深了，該休息了。如果當時光線照上我的臉，一定會讓我感到無地自容，從此耿耿於懷、無心學習。一直到現在，我都沒有忘記這件事。在此我要鄭重的向老師說一聲：謝謝您！」

之後老師回憶起這段往事，對朋友說：「那個晚上，我並沒有注意到有沒有開手電筒會對一個孩子造成那麼大的影響。我只知道他們正在戀愛，原本要訓示幾句，後來想想也就算了。」

因爲這封信，讓這位老師深深的體會到許多生活上的小細節，也會在無形中造成很大的影響。因此，他開始注意自己的言行，注意自己所說的話對方是否會在意，臉上有沒有流露出不耐煩的神情。

對於每一個孩子，尤其是犯了錯的孩子，這位老師更給予尊重。因爲他知道，嚴厲責備只會在幼小的心靈留下一道傷痕，造成永久的傷害。

❖

在許許多多的經驗談中，我們知道求學過程所受的教育方式是一個不可忽

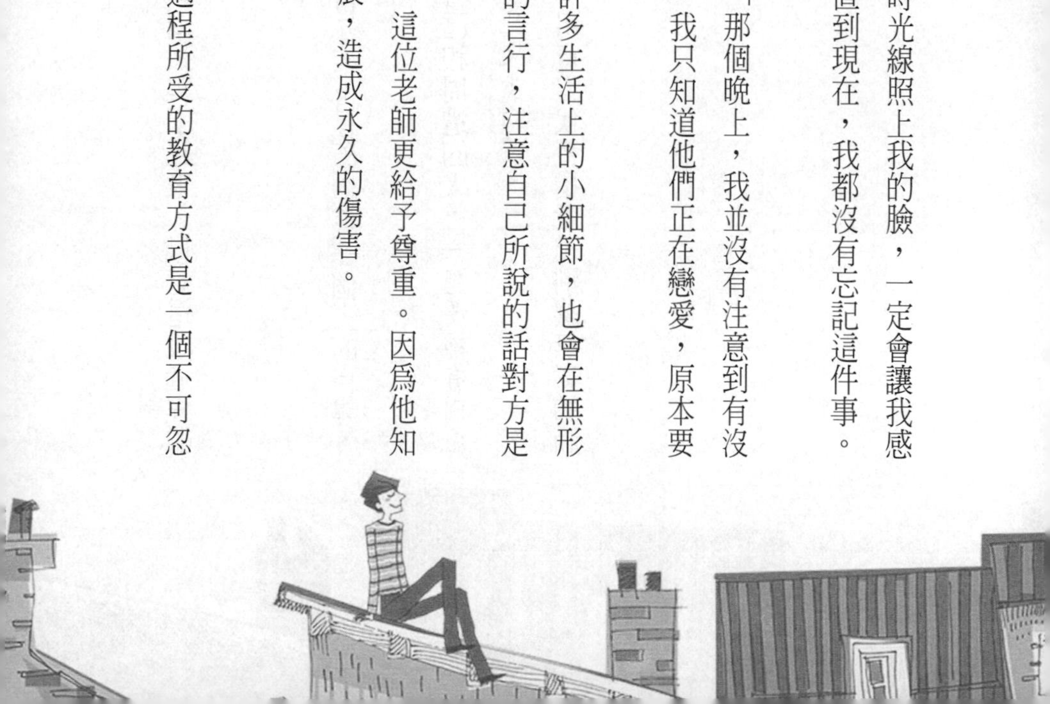

視的轉捩點。相信有許多人曾經在這條路上跌倒又爬了起來，只是這段過程雖然過去了，卻往往刻骨銘心。

仔細探究問題，很多傷害都是可以避免的。

在日常生活中，在人際交往時，我們是否也在不自覺中維護一個人的自尊，或者傷害了一個心靈？

幽默作家蕭伯納曾提醒我們寬容地對待自己和周遭的人：「想要擁有圓融和諧的人生，就必須保持心情舒暢，滿懷信心地大步向前。」

人與人的互動過程中，必須用心去感受，用寬容代替指責，別讓無意的動作成爲刺傷心靈的利刃。

用寬容的態度原諒別人的錯誤

用寬恕代替責罵，才能徹底改變一個人的生命，讓他勇敢的為自己的過失負責，並且在別人犯錯時，也同樣用寬容的心面對。

犯錯通常伴隨而來的是處罰。每個人的成長過程中，多多少少曾經做錯事，也體會過那種擔心害怕、恐懼即將被處罰的心情。除了皮肉之痛，更怕的是面對憤怒的臉孔、嚴厲的指責。

許多人長大後，回憶過往的生活，能記住的痛苦經驗往往比美好的回憶還多，有些人甚至一輩子被這樣的傷痛綑綁著，無法解脫。因爲，那時受傷的，不只是身體，還有深植心靈的傷口。

自尊心喪失、人格被否定、異樣眼光等等，所造成的影響無法估計，而一切只源於一個小錯誤。

❖

美國作家傑瑞．哈伯特在作品中回憶著一段影響深遠的往事。

他在書中寫道：「她是我幼時的鄰居，住在威斯康辛州，我已經不記得她的名字。她是我當送報生時的客戶之一。」

「那是一個風和日麗的下午，我和朋友躲在那位老奶奶的後院玩耍。我們朝著她的屋頂扔石頭，看著石頭像子彈一樣飛出去，然後從另一邊落下。我們比賽誰扔得最高、最遠。玩得正開心的時候，突然砰的一聲，一顆不長眼的石頭就這樣硬生生的砸到閣樓的窗戶。看著滿地的碎玻璃，害怕的我們飛也似的逃離了現場。」

「那天晚上，我躺在床上翻來覆去怎麼也睡不著。我深怕老奶奶發現是誰打破的，並將這件事告訴我的父母。一連幾天過去了，什麼事也沒發生，忐忑

的心情放鬆許多。當確定已經沒事後，我的良心開始不安，我爲自己的行爲感到慚愧，心裡充滿罪惡感。尤其當我每天爲她送報紙時，她仍然和藹地對我微笑打招呼。」

「於是，我下了一個決定，我要將送報紙賺來的錢存下來，賠給給老奶奶修玻璃。經過了三個星期，算了算總共有七美元，應該足夠了。我將七美元和一張解釋來龍去脈的紙條放在信封裡，並在紙上表達我深深的歉意，希望這些錢可以拿來修玻璃。」

「趁著夜深人靜時，我偷偷地將信封投進老奶奶家的信箱。第二天，當我又爲老奶奶送報，已經能坦然地接受她所回報給我的笑容。正當我要離開時，她突然叫住我，說她烤了一些小餅乾想請我嚐嚐。接過裝餅乾的紙袋謝過了老奶奶，我往回家的路上走去，邊走邊吃著餅乾。一連吃了幾片後，我突然發現裡面有一個信封。打開一看，裡面竟然裝著七美元和一張紙條，上面寫著：『我爲你驕傲。』」

法國作家福萊曾經寫道：「一個不肯寬容別人的人，就是不給自己留餘地，因為，每一個人都有犯下過錯而需要別人寬容的時候。」

倘若結局換成老奶奶生氣的找上傑瑞的家長，指責他們教育失敗，放任小孩子調皮搗蛋，那麼家長必定顏面掃地，可能給傑瑞狠狠的處罰。

若以東方人早期的做法，甚至會拉著孩子走上大街，打罵一番給街坊鄰居觀看，以示負責。

用寬恕代替責罵，才能徹底改變一個人的生命。老奶奶所做的，不僅僅是原諒傑瑞犯下的錯誤，也同時在他的人生中上了寶貴的一課。

正因爲如此，後來傑瑞才能做到誠實的面對錯誤，勇敢的爲自己的過失負責，並且在別人犯錯時，也同樣用寬容的心面對。

4.

你可以選擇讓自己幸福快樂

總是想著壞事即將發生，凡事都會出問題，
甚至沒問題還要在心裡製造問題，
將自己導向悲劇的角色，你的人生將永遠悲慘。

你微笑，世界就跟著你笑

發自內心的微笑總是令人賞心悅目，會讓人容易親近，這種無聲的溝通，絕不遜於有聲語言，甚至還超越了語言的功能。

當你看著鏡中的自己，是否曾經注意到，如果你對自己很滿意，別人也會對你特別和善。人與人的接觸，就像照著一面鏡子，你對它怒目相視，它也會對你張牙舞爪；你對它和顏悅色，它也會回你燦爛笑容。

在所有非語言的溝通方式中，臉部表情是最豐富的一種，一個人面帶笑容，會比面無表情時看起來還有魅力。

笑也會使自己覺得更快樂一點，因爲表情有塑造情緒的功能，即使是幾個

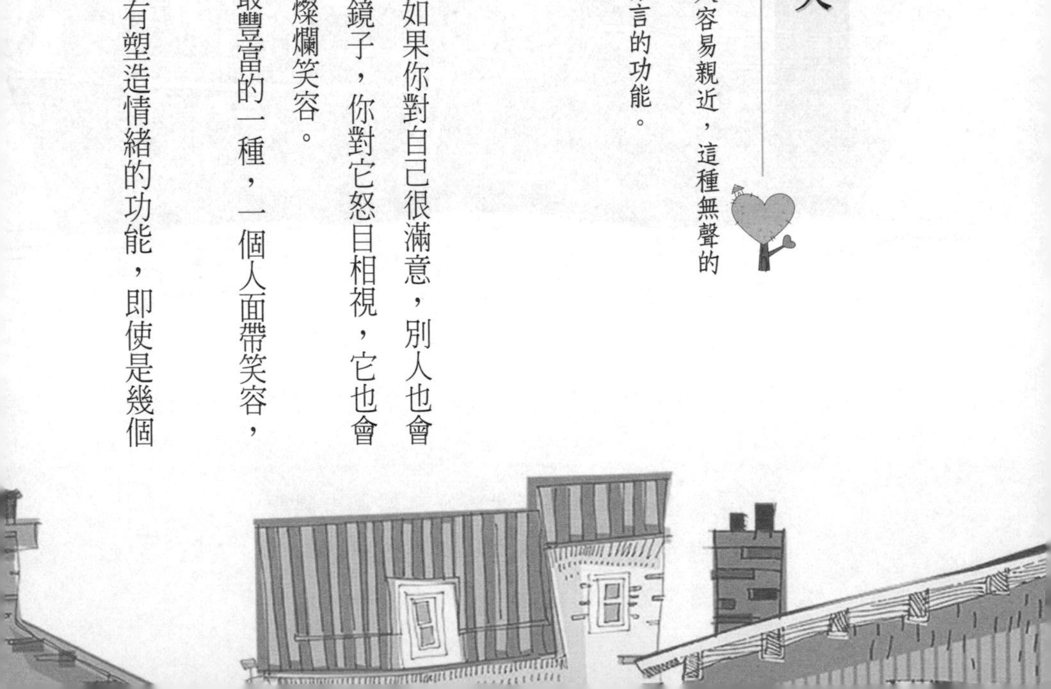

星期大的嬰兒，當他感到快樂時，也會露出甜美的笑容。微笑所帶來的收穫，有時是你無法想像的。

❖

威廉覺得自己是全世界最悶悶不樂的人了，結婚十八年以來，從早到晚他的臉上很少露出笑容，連妻子都埋怨他老是擺著一張苦瓜臉。威廉只能告訴妻子，自己的臉天生就嚴肅樣，並沒有生氣，只是不知道該怎樣微笑。

有一天，威廉看到了一份卡內基「微笑培訓班」的招生廣告，決定報名參加，給自己一個改善的機會。

受訓的那段過程中，威廉很努力按照老師教導的方法，每天對著鏡子微笑讓自己習慣，強迫自己練習對身邊的人露出笑容。

經過一段時間的訓練後，每當威廉要出門上班前，必定給老婆一個大大的笑容外加擁抱。進入地鐵時，也會對收票員道一聲早安，到了公司更會對身邊每個人微笑問好。

威廉對所有他看到的人都投以笑容，當他帶著微笑走在路上時，發現每個人也回應給他燦爛的笑容，讓他一天的開始充滿了愉快的心情。

威廉也將微笑運用在工作上，不管任何人對他發牢騷，他都保持微笑，耐心爲對方解決問題。漸漸的，指定找他的客戶越來越多，老闆很高興的爲他加薪，並且要大家向他看齊。

威廉因爲微笑而賺到了更多的錢，讓自己的人際關係越來越好。家庭生活方面也更美滿，老婆不再抱怨他苦著一張臉，兩個人的感情更加甜蜜。

威廉感受到一個小小的微笑竟然能帶來那麼大的收穫，因此常以個人的經驗來勉勵後進的晚輩。他告訴那群年輕小伙子：「當你的臉上充滿笑容時，你的心情也會跟著舒坦，看到你的人也會愉悅。這樣，人與人之間的相處就會充滿和諧的氣氛了。」

❖

人與人接觸時，最直接的感受就是面部表情。許多心理學家進行實驗時，

拿臉蛋姣好、長得俊秀但悶悶不樂的面孔跟充滿和善笑容的人的相片做比較，發現後者反而較受歡迎。因爲，面容影響一個人的情緒，而情緒會互相傳染，人們會選擇能讓自己快樂的人。

同樣的道理運用於工作上，更會帶來明顯差異。有哪個老闆會想看員工臉色？有哪個花錢的客人願意看一張臭臉找氣受？即使是親密家人，也無法忍受一張難以親近的臉。

發自內心的微笑總是令人賞心悅目，會讓人容易親近，也能贏得好感。這種無聲的溝通，絕不遜於有聲語言，甚至還超越了語言的功能。

你可以選擇讓自己幸福快樂

總是想著壞事即將發生，凡事都會出問題，甚至沒問題還要在心裡製造問題，將自己導向悲劇的角色，你的人生將永遠悲慘。

激勵作家馬登曾經寫道：「能抱持著希望生活的人，當別人看到了失敗，他卻看見了成功；當別人瞧見了陰影和風雨，他卻看到了陽光。」

確實，唯有積極樂觀、對生活充滿希望的人，才能在看似不幸的際遇中發現屬於自己的幸福。

並非所有的憂慮都是壞事，適度的憂慮有助於面對困難，提早做好心理準備，可以幫助你提高警覺，小心防範。

但是，卻有很多人整天擔心著還未發生的事，煩惱著世界末日將自己放在無謂的憂愁之中，甚至危害到健康。這樣不但對自己毫無幫助，還會影響生活品質，讓你的日子過得戒愼恐懼，毫無樂趣可言。

如果有時間爲明天憂慮，不如利用這些時間爲明天做準備。

❖

某個小國家有一位脾氣很壞的國王，喜怒無常，動不動就生氣，而且常常提出無理的要求，一旦屬下達不到他的標準，就會要了那個人的命。因爲如此，整個國家的臣民都活在恐懼之中。

那時，有一個篤信上帝的木匠，每天都愁眉苦臉的過日子，很害怕哪一天國王會召見他。不管是工作或休息，他都沒辦法眞正放鬆，總想著：「我還能看到明天的太陽嗎？會不會一覺醒來，我就要死了？」

木匠一家人就這樣在愁雲慘霧的氣氛下過日子，有時想到傷心處，還會一起抱頭痛哭，在他們身上永遠看不到笑容。

幾年過後的某一天，木匠正在修理籬笆，一位士兵出現了。他來傳達國王的命令，要木匠在明天之前交出一百萬個長、寬、高都零點五公分的小木塊。木匠知道國王故意刁難他，這些木塊在一天之內是不可能做到的。

木匠悲傷的回到家中，將這個消息告訴了妻子和孩子。大家聽了哭得像淚人兒似的，木匠的老婆還因此暈了過去。那一個晚上，全家人跪在窗前，將命運交給了他們的神，不停向上帝禱告。

第二天破曉，雞啼聲似乎宣告著時間到來。木匠一家人都紅著眼眶，帶著疲憊的神情，安靜等待著。突然傳來一陣敲門聲，木匠不捨的對家人說：「現在，該輪到我去受刑了。」

木匠一面說著，一面拉開沉重的門板，臉上滿是悲壯的神情。

門一打開，國王的侍衛站在門口對木匠說著：「國王昨晚駕崩了！你幫他打造一口棺材吧。」

❖

莎士比亞在《凱撒大帝》中說道：「懦夫在死亡來臨前早已死過了好幾次，而勇士一生只死一次。」

如果你是木匠，當你只能再活一天，是不是該珍惜這短暫的時間好好的過，讓生命畫下完美句點？可是，故事中的木匠卻把時間耗費在憂慮上，甚至還讓家人在悲傷中度過許多年。

每一個生命的歸屬終究是死亡，只是時間快慢有別罷了。體驗生命的過程，才是人生的最重要價值。

如果你總是想著壞事即將發生，凡事都會出問題，甚至沒問題還要在心裡製造問題，一直將自己導向悲劇的角色，你的人生將永遠悲慘。當你哭天喊地，抱怨生命的不公平時，卻忽略了，這些都是你自己的選擇。

悲傷是過日子，快樂也是過日子，何必爲明天憂慮呢？

不管發生任何問題，終究要去解決。既然如此，就該適度放鬆自己，好好爲身心充電，面對明天的挑戰。

充滿自信，就能敲開成功的大門

自信讓成功者相信自己的勇氣，思考組織力讓成功者清楚看到人生的方向，良好的身心狀況則讓成功者積極面對未來。

好的結果，通常來自好的念頭。

只要對自己充滿信心，很多事情都可以改變。要是你覺得眼前的際遇讓自己痛苦，不妨多給自己一點好的念頭。

成功之鑰掌握在有心人的手中，想要成功，必須放眼未來，正面積極的思考，隨時做好充分的準備，等待時機的來臨。

表現卓越的人清楚自己的目標，同時可以排除萬難去完成自己的目標，儘管這些目標常是別人眼中不可能做到的事情。

眞正的成功者擁有冒險家的精神，也有企業家的特質，知道如何發揮才能，用敏銳的眼光掌握住每一個機會，善用人脈，發揮潛能。

❖

世界聞名的希臘船王亞里斯多德．蘇格拉底．歐納西斯出生於土耳其西部的伊茲密爾，有著傳奇的一生。

有人認爲他的成功是老天賜予的好運，但是眞正了解他的人卻認爲「勇於決斷」是他打開成功大門的鑰匙。

年輕時的歐納西斯是一個窮小子，在破船上做過工資低廉的工作，也在阿根廷的一家電話公司做過電焊工。

由於環境艱苦，爲生活所迫，他常常一天工作十六小時以上。即便如此，他仍賣力工作，相信有一天必定能闖出自己的一片天。

有一次，歐納西斯偶然發現了阿根廷的煙草市場。他看準了機會，辭掉了

工作，把所有的儲蓄投資在煙草上面。煙草生意漸漸穩固後，他明白想要擴展事業，光這樣是不夠的，於是將生意轉向貿易與運輸進口。一九三〇年時，歐納西斯已經成爲希臘產品最大的進口商。

就在此時，發生了全球性的經濟危機，工廠倒閉、工人失業、經濟蕭條、民不聊生，連海上運輸也受到無情的摧殘，阿根廷的經濟陷入了深淵。當所有人都處餘絕望中時，只有歐納西斯鎭定的觀察一切。

爲了渡過危機，當時的加拿大國營鐵路公司忍痛拍賣產業，將六艘價值兩百萬美元的貨輪，以每艘兩萬美元的價格拍賣。歐納西斯得知後像尋獲至寶一樣，火速前往加拿大商談買賣事宜。那時，所有的人都認爲他失去了理智，這樣做等於將白花花的鈔票丟入海中。歐納西斯婉拒了朋友的好言規勸，毅然決然的買下貨輪。

事實證明，歐納西斯的眼光是獨到的，未來的發展果然如他所料，危機過後便是經濟復甦。海運業再度回到各業之首，歐納西斯從加拿大買下的船隻身價暴漲，使他一躍成爲海上霸主，資產激增，成爲了知名的富翁。

或許是幸運之神特別關愛歐納西斯，但不可否認的，他懂得尋找別人未發現的商機，並且有足夠的勇氣去執行與實現。

美國的語言學家約翰·格林和心理治療師理查·班德勒針對不同領域的高成就者進行研究調查，發現了研究對象具備的三大特色：充滿自信、思考組織力強、生理機能良好。

自信讓成功者相信自己的勇氣，思考組織力讓成功者清楚看到人生的方向，良好的身心狀況則讓成功者積極面對未來。

當我們羨慕這些成功人士，並急於了解他們的成功秘訣時，不妨先反觀己身，傾聽內心的聲音，了解需加強的部分，並相信自己就是下一個贏家，如此才能創造機會，打開屬於自己的成功之路。

要有包容別人的心胸

為別人付出的同時，自己也得到收穫。讓自己多一點熱心、一點關懷，世界將會更圓融、更美好。

偉人、藝術家、科學家……之所以會成爲名人，通常都有他們的過人之處。有時你會發現，他們的脾氣都怪怪的，甚至不太好相處。正因爲如此，很多人在成名前，常常是被衆人唾棄、看不起的。

這時候，就需要一位伯樂，才能發現千里馬。那麼，伯樂又該具備哪些特質呢？除了識人的眼光，更要有寬厚且包容的心胸，才能網羅人才，並且讓他們心甘情願的爲自己付出。

十六世紀，德國的天文學家克卜勒尚未成名時，曾經寫過一本關於天體運行的小冊子，被當時頗負盛名的丹麥天文學家第谷看見了，發現他是一個不可多得的人才。因此，在百忙之中，第谷特地抽空邀請從未謀面的克卜勒前赴布拉格，與自己共同研究天文學。

得到消息的克卜勒高興得不得了，馬上整理行李，安置好家園，就帶著妻子和女兒連夜趕往布拉格。

沒想到才剛走到半路，克卜勒因爲水土不服病倒了。爲了治病，加上旅程的延遲，克卜勒身上的錢就這樣花光了，全家人陷入困境，無法繼續前進。因此，克卜勒只好寫信給第谷，請求他援助。第谷一收到信，馬上將旅費寄給克卜勒，克卜勒一家才有辦法順利來到布拉格。

到了布拉格後，第谷幫忙安頓克卜勒一家人。但是，由於旅途的勞累，加上溝通不良，克卜勒的妻子和第谷之間產生了誤會，鬧得非常不愉快。後來，

又因國王沒有馬上接見克卜勒，克卜勒便將這些事全怪在第谷身上，認定是第谷沒有將事情安排好，讓他白跑一趟。在情緒不穩的情況下，克卜勒寫了一封信沒頭沒腦的信亂罵第谷一頓，然後不告而別。

第谷本身是個脾氣非常不好的人，稍微一點小事都能讓他暴跳如雷。但是，接到克卜勒的信，第谷竟然出奇冷靜，連一句責罵的話也沒說。

因爲，第谷太喜歡這個年輕人了，認爲克卜勒非常有才華，日後必定會有一番驚人的發展。因此，第谷再次晉見國王，大力推薦克卜勒，並且叫秘書寫一封信給克卜勒。信中說明他和國王都非常歡迎克卜勒，希望他能再次前往，並在信中附上旅費。

克卜勒被第谷寬大的心胸感動，慚愧的二度來到布拉格。

誰知兩人合作不久後，第谷就身患重病，臨終前，第谷將自己多年來觀察星辰科學的心血，全都留給了克卜勒。後來，克卜勒利用這些資料，整理出著名的《路德福天文表》。

❖

人不能只活在自己的世界中，一味以自己的眼光看待別人，而要懂得適時寬容，用寬容的心情面對那些惱人的事情。

如果第谷因爲克卜勒不識好歹的無理舉動而大怒，不僅僅失去一個人才，還無法讓自己的研究傳承下去。對克卜勒而言只是喪失寶貴機會，但對天文界來說，卻是人類科學文明的一大損失。

在衡量事情時，應該以群體的利益爲優先考量，不要只顧自己的立場。現代的人習慣自掃門前雪，反正事不關己，幹嘛多管閒事！殊不知，這種事不關己的心態，會造成環境一點一滴改變，到頭來，還是會影響自己。

其實，爲別人付出的同時，自己也得到收穫。讓自己多一點熱心、一點關懷，世界將會更圓融、更美好。

別把生命浪費在瑣事上

別讓你的人生浪費在無意義的事情上！我們是活在「未來」的歲月中，不要讓每一個「現在」成為遺憾的「過去」。

作家高爾基曾言：「世界上最快又最慢，最長而又最短，最平凡而又最珍貴，最容易被忽視而又最令人後悔的就是時間。」

時間不能增添一個人的壽命，然而珍惜光陰，把它用在有意義的人事物上，卻可以使生命變得更有價值。

「時間」是萬物中最不可捉摸、最神秘的東西。當你快樂的時候，時間過得特別快；悲傷痛苦時，多一秒也無法等待。

上天給予每個人的一天都是二十四小時，同樣的時間內卻造就了不同的人生。可是，人如果想跟時間賽跑，是註定要失敗的。不論你如何去抓、去趕，時間永遠跑在你的面前。

❖

根據一篇發表於《讀者文摘》的文章寫道，美國人的一生若以六十歲來計算，那麼總共有兩萬一千九百天。

其中，睡眠的時間就佔了二十年，吃飯則用掉了六年，娛樂要花上六年，梳洗、穿衣、打扮要五年，走路、開車、堵車的時間也要五年。生病有三年，講電話要一年，上廁所的時間也有一年，閒聊要花七十天，擤鼻涕十天，剪指甲十天……最後剩下的時間只有十年。

這個數字讓做事豪爽的美國人呆住了。

務實的德國人也想來湊一腳，於是他們也以六十年來計算，結果發現，睡覺同樣花上了二十年，看電視、上網則用掉了十三年，娛樂加購物的時間有一

年半，花在交通上兩年又四個月，坐在電話旁聊天的時間一年，等無人接聽的電話要浪費六個月。

一年八個月花在賭博上，選舉、投票、年輕時跟人鬼混打鬧、成家後爲家事吵架、管教孩子的時間……等等，又花上了四年三個月，打官司的時間有三年，看無聊的廣告花了兩年，找尋亂放的東西要一年，在洗手間的時間也一年……，眞正用於學習和工作的時間只有九年八個月左右。

自認爲不比其他人差的英國人也拼命按著計算機。英國人說：「上帝告訴祂的子民，人的一生應該以一百年來計算，扣除戰爭時期的歲月，不計睡眠時間，說髒話、呼口號、開會時間不算，酒醉或進了牢房的時間跳過，不算偷情的時間，向上帝禱告、打瞌睡、放屁的時間通通略過……最後所剩無幾的歲月只夠你當個無知的小伙子。也就是說，你只剩下十幾年的學習時間，即使你已經七老八十了。」

❖

計算完一生時間的花用狀況後，難道就這樣屈服於現狀嗎？

事實上，時間是一種無形的東西，主導權在於自己，你想怎麼節約、怎麼使用，都是個人的選擇。重點在於，要如何用得有意義、有收穫。

若你花一個下午，泡杯咖啡、讀本好書，能讓心靈沉靜，達到放鬆的效果，那麼，你就是時間的主人。

如果你花一整天時間和別人爭執、計較，或是和自己嘔氣，那麼你將會淪爲時間的奴隸。

人生最美麗的禮物在於青春，別讓你的人生浪費在無意義的事情上，我們是活在「未來」的歲月中，不要讓每一個「現在」成爲遺憾的「過去」。

不要輕易否定別人

在否定別人之前先檢討自己，並且找出一個雙方可以接受的方式來告知對方的錯誤，讓他保有自尊，才能達到自己所要的目的。

華人含蓄內斂的個性，通常不太會把鼓勵、關愛的言語說出來。

但是，若要批評事情、指責他人，所有尖酸刻薄、極盡難聽的言語，卻都能毫不吝嗇說出口。

批評和指責，說好一聽點，是刺激別人向上，逼他進步；不管是在工作場合中的上司對下屬、家庭中父母管教子女，或者老師教育學生等，我們都可以見到這種景況。

並非每一個人都能用激將法，這樣的方法有時會造成反效果，可能讓人一蹶不振或者惱羞成怒。

但是，也不能一個人明明做錯了，還告訴他做得很好，這樣是不會有進步的。那麼，怎樣做才是最好的方法呢？

❖

松下幸之助擁有日本企業經營之神的稱號，雖然他以罵人出了名，但也以最會栽培人才而備受肯定。

有一次，松下幸之助來到一家餐廳，同行的六人都點了牛排。大家吃完主餐後，松下幸之助的盤中還剩下半塊牛排。

這時松下幸之助突然要助理前去請烹飪牛排的主廚過來，還特別交代不要找經理，只要把主廚找來就可以了。同桌的人都起了一種不好的預感，心想待會的場面可能會很尷尬。

主廚一聽到重要的客人要自己前去，緊張得一顆心跳上跳下。他不安的走

到桌邊，問松下：「請問，今天的餐點有什麼問題嗎？」

「烹飪牛排的技術對你而言已經不成問題，」松下微笑的說著：「但是我只能吃下一半。牛排很美味，並不是你的廚藝有問題，而是我已經老了，胃口不如從前，沒辦法吃那麼多。」

看著主廚和大家疑惑的臉，松下幸之助繼續微笑的說著：「我會找你過來，是因爲我擔心你看到吃了一半的牛排送回廚房，心裡會難過，進而對自己的廚藝產生懷疑。」

大家聽完松下的話，都爲他的體諒與細心而感動不已。

還有一次旗下的經理向松下幸之助請教，該如何去判斷一個人所做的決策到底對不對。

松下告訴他：「我每天需要做的決定很多，其中有一大部分是去評斷他人的決定。但是，實際上我所下的評語，只有百分之四十是我眞正認同的，剩下的百分之六十，都有所保留。換個角度說，也就是有百分之六十的決定，只讓我覺得勉強還過得去而已。」

經理聽了這話覺得很訝異，因爲以松下幸之助的身分，如果他不同意的事，大可馬上否決掉。

松下笑了笑告訴經理：「沒有任何一個人喜歡被否定，對於那些你覺得過得去的計劃和決定，你不需要馬上拒絕。你可以在過程中指導他們，把事情導向你所要的方式。」

松下幸之助的待人之道，完全是源自寬容的心和眞誠的關懷。

❖

很多人都只認同自已的看法和做法，因而動輒否定別人，但是，通常一件事並沒有絕對的對與錯。

很多時候你認爲錯的理由，只是出自於個人的偏見，或者表面上看起來不好，其實背後有它的好處存在。如果只是一味挑出缺點來否定對方，必然會喪失很多好機會。

松下幸之助的眼光是往遠處看的，公司想要有好的成績，不是只靠一個人

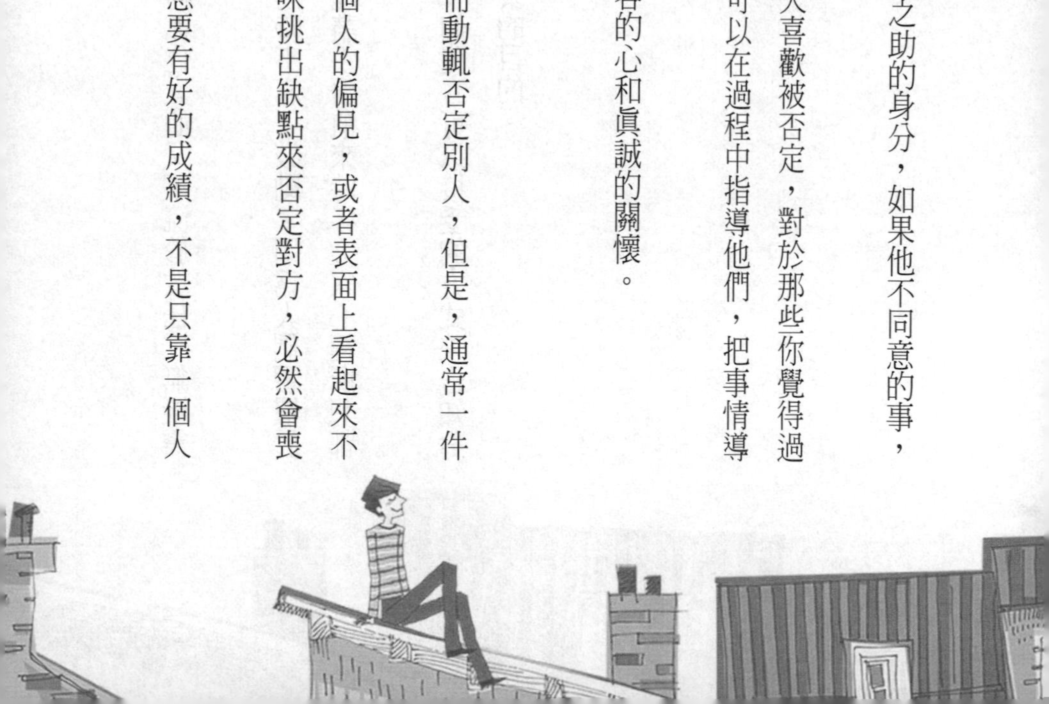

的努力就夠了，而要發揮衆人的力量。要如何抓住人心又不流於放任，無疑需要很高的智慧。

很少有人能像松下幸之助這樣，要求的同時不忘了鼓勵，因爲人們習慣於看到別人錯誤的一面。就像松下幸之助叫助理請主廚前來時，大家心裡所想都是負面的，主廚要挨罵了。

在否定別人之前先檢討自己，並且找出一個雙方可以接受的方式來告知對方的錯誤，讓他保有自尊，才能達到自己所要的目的。

要信賴他人，也要保護自己

相信別人之前你得先保護好自己。但不需要做到疑神疑鬼、人人皆賊的地步，也不用因為上當過就對人性失去了信心。

近來詐騙集團層出不窮，即使受騙案例一再出現，大眾媒體再三宣導，還是有很多人上當。另一方面，媒體的大肆渲染，也不斷挑戰傳統的價值觀念，導致人跟人之間無法像過去那樣信任對方，因此很多人隔著一層又一層的防護衣來面對他人。

但也有一種傻子，秉著人性本善的信念，一次又一次驗證自己的看法。也許，你會說他傻，笑他笨，不懂得生存之道，只會讓社會生吞活剝。不，這樣

的人既不笨，也不傻。這樣的人，只是心思單純的人。

信賴的代價是雙面的，選擇信任對方，你可能一無所有，也可能獲得心靈上無窮的收穫。

❖

安迪是移民到紐西蘭的華人，因爲剛移民，急需一台冰箱，就在二手市場花了八十塊紐幣買了一台。

可是，這台冰箱不僅笨重佔空間，耗電量大，還會發出馬達運轉的雜音，安迪一直希望有機會可以將冰箱換掉。

一台全新的冰箱最少要花上一兩千塊紐幣，在經濟考量下，安迪決定再找一台二手冰箱。於是，他寫下想要的冰箱大小、款式、價錢等要求，將廣告刊在當地專門提供商品買賣訊息的報紙上。

不久，他就接到了一通當地人打來的電話，得知賣主家有一台符合要求的冰箱，而且才用了三年多。當他詢問對方的住所時，發現離自己居住的地方有

三十公里遠，心裡有點猶豫。

但是，安迪知道，一台用不到四年的冰箱才賣三百塊，是非常划算的，加上對當地人的認識，他了解他們說話很實在，絕不會謊報使用時間。

安迪向對方提出他因爲距離問題，無法前去搬運的難處，賣主則表示他可以送貨上門。安迪覺得條件都符合他的需求，就答應這筆交易，並且放棄提前看貨的權利。一般而言，大型貨品的買賣都必須先看貨再決定，避免收到貨品卻不滿意的尷尬場面。

確定安迪要購買後，賣主對安迪說：「對不起！我還需要用一段時間，大概一個月左右。不曉得您能否接受？」

原來，對方正在辦理移民美國的簽證，要等證件下來才會離開紐西蘭。因爲還有舊冰箱可以湊合著使用，安迪同意了。

一個月後，賣方打電話過來道歉，說簽證還沒下來，送貨時間必須往後延，並詢問安迪是否還要買他的冰箱。安迪回答：「沒關係，你慢慢等吧，等簽證辦好了再送來就好了。」

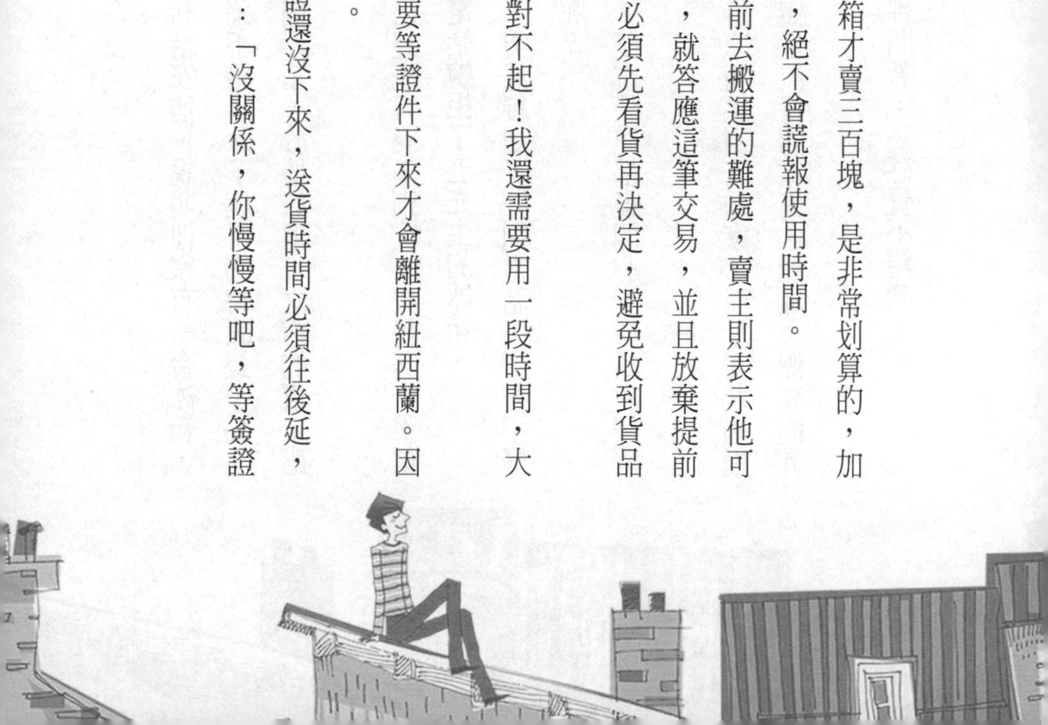

在等待的這段時間，有一位老先生打電話給安迪，說明他家有一台冰箱，問他要不要去看看。安迪過去看了，冰箱的確不錯，除了使用的時間長了點，只要紐幣兩百八十元。安迪覺得若他買了這個冰箱，於情於理，之前的賣主應該不會怪他才是。

但回到家中，安迪左思右想，認爲既然已經先答應了別人，秉持著一份信賴，還是維持先前的交易比較好，於是他打電話婉拒了老先生的冰箱。

過了半年，就當安迪幾乎忘記這件事時，突然接到了一通電話，對方不好意思的開口問道：「您是否還要買我的冰箱呢？」

原來是之前的賣主，他已經拿到簽證了。雙方談完都很開心，於是說好隔天就把冰箱送過去。

第二天，賣主開著一台貨車，小心翼翼將冰箱送到安迪家，而且安裝過程都不要安迪幫忙。這是一台很棒的冰箱，不僅是流行的款式、無氟，漂亮的乳白色，各方面都比想像中還要好。

裝好了冰箱，賣主笑嘻嘻看著安迪，彷彿問著：「感覺不錯吧！」

安迪高興的付完錢，並想請他喝中國茶。但是，賣主表示自己還有其他事要忙，馬上就得離開。

臨走前，賣主如同變魔術般，從背後掏出一瓶葡萄酒，鄭重的交到安迪手中說著：「這裡面裝的全是信賴。」

安迪拿著手中滿滿的信賴，不禁紅了眼眶……

❖

在這一場交易中，安迪的信賴，是不完全，是有條件的。畢竟他還有一台冰箱，雖然不好，但是還能使用。

倘若迫在眉梢，他能耐心等待半年，甚至更久嗎？在買到冰箱前沒人可以保證不會有其他變數，要是簽證辦不到，賣方可能就不賣了！而且，安迪有過動搖的念頭，也曾考慮去買下其他的冰箱。

雖然這件事最後有個完美的結局，他以便宜的價錢買到很棒的冰箱，還得到信賴所帶來的感動，但是，這也只能說，他是個幸運的贏家，在這場信任的

賭局中運氣很好。

從小，我們就受到長輩的諄諄教誨：「防人之心不可無」。這句話在民風淳樸的古代就已存在，它並不是抹滅人性善良的一面，而是強調當你在與人相處應對時，必須要有更多理性的判斷。

相信別人之前你得先保護好自己，但不需要做到疑神疑鬼、人人皆賊的地步。也不用因爲上當過就對人性失去了信心，因爲在付出信賴的同時，你也會得到心靈上的回報。

否定之前，先了解對方的出發點

不要把苦口婆心的叮嚀當成嘮叨或者苛求。否定一個人之前，請先深入了解他所作所為的出發點。

對於他人提出的要求，自己無法接受時，我們的第一個反應常常就是：「他一定是故意找我麻煩。」

人是一種自私而主觀的動物，習慣保護自己，遇到問題時，通常想到的是怎樣對自己最好。如果事情的發展沒有依照自己所想的那樣，失望之餘就會把過錯怪罪在他人身上。

另外，人天生就有惰性，這也是我們會推卸責任的主因之一。因爲喜歡讓

自己處於安逸、舒適的環境，能避免的麻煩當然儘量避免，所以容易造成怠惰。有時候，大家都認爲不合理的要求，不一定是不好的，因爲磨練與成功往往是一體兩面，無法區隔的。

❖

小玫是一個初到法國的留學生，經由學姊的介紹，來到一個寄宿家庭。這裡的主人是一個年約五十的婦人，名字叫塞爾瑪。塞爾瑪是個熱心的婦人，自己的兒女都長大了，不在身邊，她要小玫把這兒當成自己的家。剛來到陌生地方的小玫一聽，感動得差點落淚。

可是，一星期後，小玫就想搬走了，因爲她再也忍受不了塞爾瑪的獨裁和自私。她用大盒子將電話鎖起來，限制小玫每次洗澡不能超過五分鐘，還不准小玫使用廚房，所以小玫每天都得跟著塞爾瑪吃麵包。

或許因爲寂寞，塞爾瑪還在家裡養了三隻狗兩隻貓，每天小玫都得努力收拾動物們製造出來的髒亂。雖然很氣憤，但是小玫還是極力忍耐，因爲要找到

房租這麼便宜的房子是很困難的。

某次小玟打工回家，時間已晚，躡手躡腳走向房間。因爲塞爾瑪規定十一點後不准開燈，在看不到的情況下，小玟踏到了一坨狗屎，嚇得尖叫。塞爾瑪從房間衝出來，指責小玟打擾了她的休息，讓小玟覺得很委屈。

過了一個星期，小玟向塞爾瑪借用她兒子的電腦，因爲電腦出了一點問題，小玟就請同學幫忙修理。在那段時間，塞爾瑪一直站在門口不肯離去。

到了晚上，塞爾瑪問她：「他們有沒有換走電腦裡的零件啊？」

小玟聽了再也忍不住了，大叫著：「我們才不會做這種事。」後來，小玟在電話中向母親哭訴，塞爾瑪在旁遞手帕給她，可是小玟不理會。

隔天，塞爾瑪破例讓小玟使用廚房。小玟很開心，以爲之後的一切將很順利。沒想到小玟才在浴室多待了一會兒，塞爾瑪又來敲門了。

對這樣的生活，小玟感到很煩悶，就跑到教堂前的廣場閒晃，不料回去的途中被一輛不長眼的機車給撞倒了。驚慌中，小玟撥了塞爾瑪的電話，有一瞬間她覺得塞爾瑪不會理會自己。結果沒多久時間，塞爾瑪就趕來了。

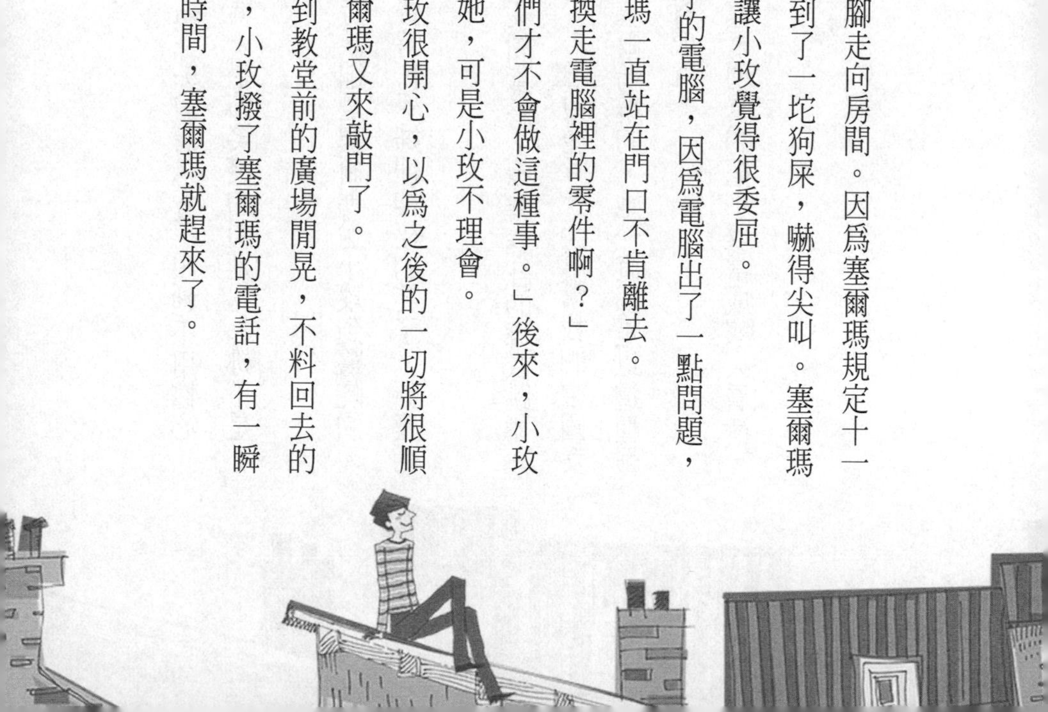

小玫住院期間，非常擔心龐大的醫藥費。學姊安慰著小玫，叫她不用擔心，大家會想辦法的。出院那天，小玫問起塞爾瑪，學姊笑笑的問她：「妳不是不喜歡她嗎？」

小玫當然不喜歡塞爾瑪，可是在關鍵的時候卻是塞爾瑪送小玫到醫院的。當小玫不知道該怎麼報答學姊幫忙籌措醫藥費時，學姊卻神秘的笑了，什麼話也不說就直接帶她往外走。

一直走到廣場，遠遠的小玫就看到一個熟悉的身影，穿著鮮紅的舞衣跳舞。原來是塞爾瑪，在她的面前還放著一個牌子，上面寫著：「幫幫我的中國女兒。」學姊輕聲告訴小玫，她的出院手續是塞爾瑪辦的，她一直都是以這種嚴厲的方式來教育自己的子女，所以個個都很有成就。

小玫感動得奔向前抱住塞爾瑪。原來，塞爾瑪真的把小玫當成家人看待，才會用同樣的方法來要求她。

❖

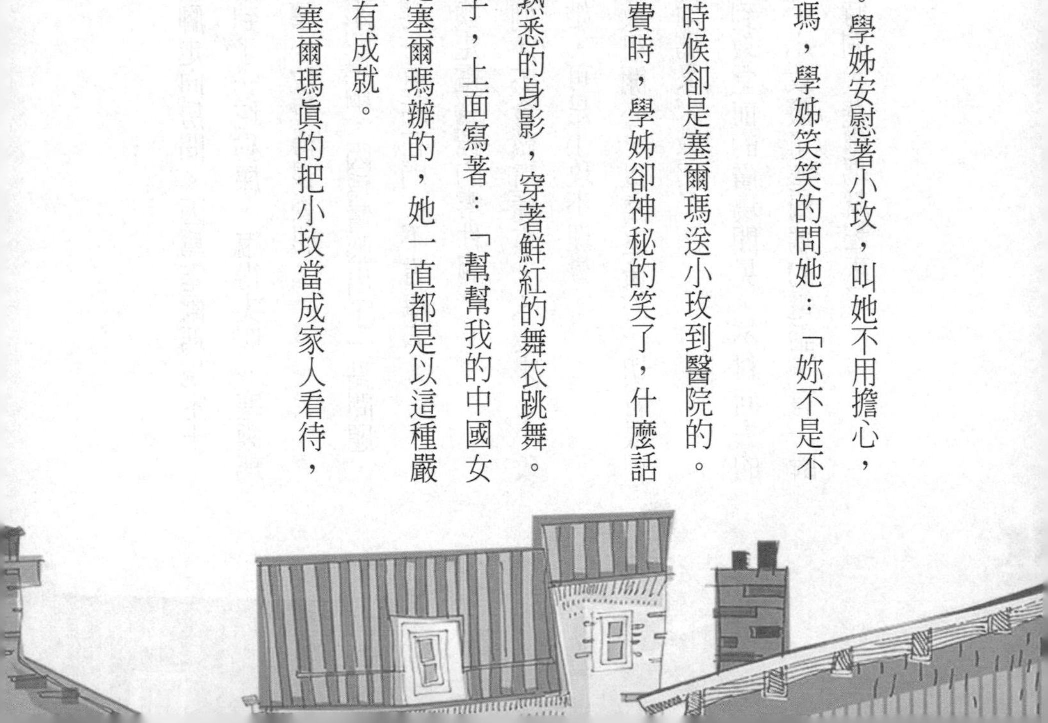

環境的差異、風俗民情不同，表現出來的文化當然不一樣。

東方人對於子女的照顧，容易淪爲溺愛，從大到小的事情都安排得好好的，捨不得孩子吃一點苦，等到成年出了社會，才發現孩子是溫室的花朵，受不了環境的摧折。至於西方人自小就被訓練獨立、自主，在一定的年齡就要搬離家庭，學會自己生活。

我並不是鼓勵大家要早早離開家庭，畢竟與家人同住又有另一番天倫之樂。但是，我們必須記住一點，在身邊不斷叮嚀與鞭策我們的人，才是眞正關心我們的人。因爲他們出於善意，希望我們能更好。

不要把苦口婆心的叮嚀當成嘮叨或者苛求，在否定一個人之前，請先深入了解他所作所爲的出發點。

5.

讓陽光照進你的心窗

孩子可以毫無保留的付出，他們的愛可以包容一切。

身為成人的我們反而應該向孩子學習寬容地對待周遭的人事物。

別讓金錢蒙蔽自己的心眼

用寬闊的眼光看待金錢，行事就會更加圓融，不致於動輒為了金錢和別人產生齟齬和衝突。

財富不屬於擁有它的人，只屬於會使用、享受它的人。

儘管錢財可以買到所有物質方面的東西，卻買不到內心的平和、安靜與快樂。有些人每天爲了多賺一點錢，心情隨著股市的漲跌而起伏；或者前人留下大筆遺產，之後就活在手足爭奪財產的日子中；再不然就是，不用爲了錢財而擔心，但是心靈卻感到孤獨。

諷刺的是，這些人卻是很多人羨慕的對象，因爲大家相信，有錢能使鬼推

磨，可以大搖大擺走在路上，可以舒舒服服過生活。

❖

有一個非常富有的人，生活過得非常舒適，什麼都不缺，可是卻不快樂。他花了一大筆錢買了很多特別的東西，過沒多久就感到厭煩。他舉辦了一場又一場的舞會，邀請許多人來共襄盛舉，但曲終人散時，反而更孤獨。他到處去旅行，還是沒有找到快樂。

有一天，他開著名貴跑車，漫無目的到處閒晃。開過大街小巷，走過五光十色的街道，找不到一個想要休息的地方。就這樣不知不覺中往郊區駛去，經過幾片綠油油的田野後，他看到一間小小的教堂莊嚴的矗立著。

他停下車，走進了教堂，愁眉苦臉望著十字架上的耶穌。

這時，一位牧師走了過來，富有的人就問他：「該怎樣才能找到快樂呢？雖然我很有錢，什麼東西都買得到，可是我根本不知道該怎樣去用這些錢，它不能帶給我幸福和快樂。」

牧師聽完他的話，微笑著領他走到窗邊，問他：「你看到了什麼？」

富有的人說：「我看到綠色的山林、飛翔的鳥兒，感覺很舒服。」

牧師接著帶他走到鏡子前，再問他看到了什麼。富有的人望著鏡子，皺著眉說：「我看到了憂愁的自己。」

牧師語重心長對他說：「窗戶和鏡子都是玻璃做的，不同之處在於，鏡子上鍍了一層水銀，而玻璃沒有。單純的玻璃讓你看到這個美麗的世界，沒有什麼遮住你的視線。而鍍上水銀的玻璃只能讓你看到了自己。水銀就像金錢，是金錢覆蓋了你的雙眼，蒙住你的心靈。你雖然守著許多財富，卻也守著封閉的自己，看不到這個世界。」

富有的人聽完後，頓時心情開朗，感受到前所未有的舒暢。從此之後，他不再到處尋找快樂，轉而將所有的心力用來幫助窮困的人，不僅得到了人們感激的祝福，也得到心靈的快樂。

❖

年輕的時候，我們總覺得只要有錢，一切都無須煩惱，因此在金錢掛帥的社會裡付出青春，就爲了賺更多的錢。

等到歲月流逝，走過滄桑、看盡人生，我們才懂得有錢不等於快樂，快樂的人不一定有錢，甚至兩者之間毫無從屬關係。

什麼東西是錢財買不到的？親情、健康、快樂、知識、青春、生命、和平、幸福，家庭……多到無法一一列舉。那麼，金錢眞的是萬能的嗎？

的確，錢財是基本的生存工具，少了它萬萬不能，但是擁有它，就要學會善加利用。你擁有金錢，並不是拿錢來裝飾自己，而是用它成爲心靈的糧食。多學、多看，最重要的是，不要被它奴役，要當金錢的主人。

用寬闊的眼光看待金錢，行事就會更加圓融，不致於動輒爲了金錢和別人產生齟齬和衝突。錢財多或少都沒關係，只要夠用就好，在能力範圍內，也不忘記幫助需要的人。

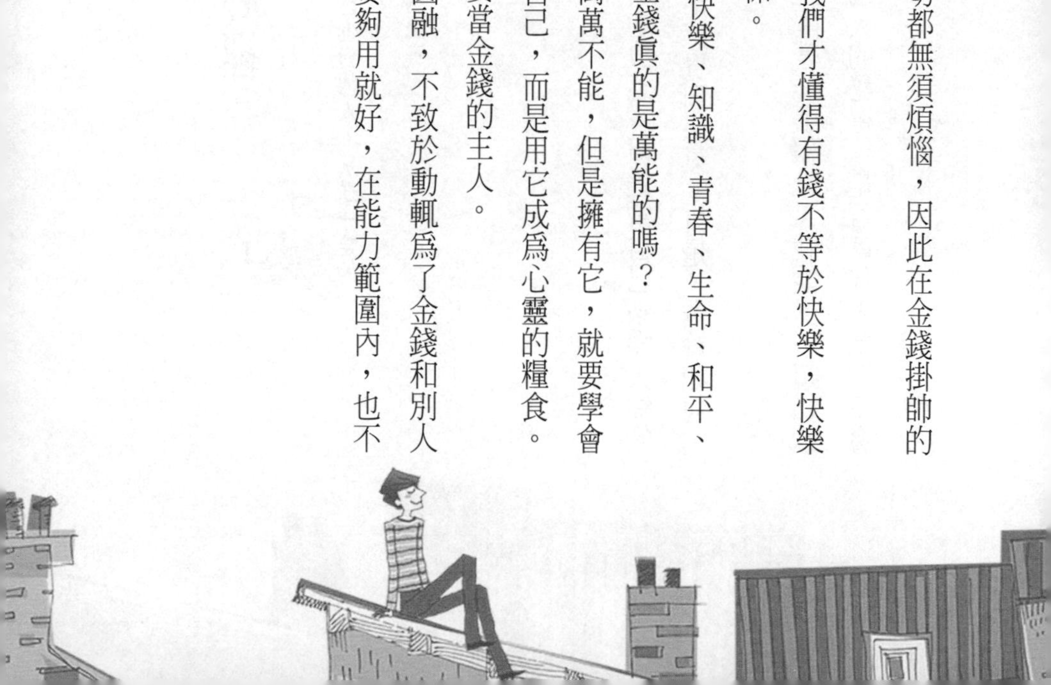

既然是秘密，就要藏在心裡

「秘密」最大的機能就是「保護」，對自己也對他人。別逞一時的口舌之快，讓一個該入土的秘密成為另一個傷害。

在談論別人的秘密時，我們會有一種莫名的快感，但是當自己不爲人知的秘密被廣泛宣傳時，卻會氣得跳腳，連呼吸中都感覺到怒氣。可是，無論如何，秘密還是受到大家的歡迎。

在言論自由氾濫的社會，打開電視，甚至隔著一張報紙，就能盡情窺探別人的私密，飯後茶餘之際津津樂道著。說著別人的秘密，是否就代表話題不會繞到自己身上，是自我保護的一種方法呢？

如果是的話，是否也意味著，任何「秘密」具有一定程度的殺傷力？

❖

一對夫婦到某處風景名勝旅遊，妻子對丈夫說：「這個地方我來過，而且留下很深的印象。」丈夫點著頭說：「我也是。」

當他們走累了，坐在樹下休息時，聊起了對此地的回憶。

「我小的時候非常頑皮。七、八歲時，父母帶我到這裡遊玩。在山裡我看到了一隻像火花一樣漂亮的黃鸝在林中飛翔，我忍不住拿出彈弓往鳥兒一射，雖然打中了，可是牠仍掙扎的往山坡下飛去。」

丈夫說完後，妻子若有所思的問清當時的詳細時間、地點。

幾個月後，妻子的舅舅前來拜訪，順便在當地走走。妻子告訴丈夫：「別讓舅舅累著了，他的一條腿是假的，而且一隻眼睛看不見。」

丈夫和舅舅聊天時，問起他是如何受傷的，舅舅不在意的揮個手：「只是個小事，不值得一提……」

夜晚夫妻倆獨處時，妻子對丈夫說：「因爲舅舅的殘疾，讓他無法很順利工作。謝謝你不計較我每個月都寄些錢給他。」

丈夫握著妻子的手，微笑的說：「我相信妳這麼做，一定有自己的道理，妳不用擔心這個。」

幾日過後，舅舅臨走前，妻子對他說：「舅舅，若你知道當年害你受傷的人是誰，你會怎麼做呢？」

原來，那時舅舅爲了救一隻被彈弓打傷的小鳥，不小心跌入山谷，還好被樹枝卡住才保住一命，只是腿斷了，眼睛也被樹枝戳瞎，而打傷那隻鳥的人就是自己的丈夫。

舅舅聽完笑了笑說著：「那個孩子那麼聰明，小時候一定很淘氣……」

妻子告訴舅舅，想告訴丈夫這件事。舅舅馬上臉色一變，嚴肅的告訴外甥女：「答應舅舅，無論如何都不能將這件事說出去。過去的事情都已過去，也無法再改變了，何必讓他心裡有愧疚感呢？」

這時候，快遞送來一盒物品，裡面裝的是一個義肢。舅舅一看就知道這個

價值不菲，不禁嘆了一口氣說：「我就知道這個孩子很有心，那時一直在觀察我的腿，就是爲了……」

舅舅坐上車前再次叮嚀了自己的外甥女：「記住，有些秘密永遠都不必說出口。」妻子點點頭答應了。

❖

「秘密」之所以稱爲「秘密」，用一層又一層複雜的方式包裝起來，無疑是爲了避免被一眼識破。

但是，「秘密」卻又如此沉重，讓人背上了就想分攤出去。

並非每個秘密都能無關緊要的一笑置之，或隨著時間煙消雲散。一個狀似輕鬆的事實，都有可能帶來一輩子都抹不去的傷痕，尤其當事實已經無法改變時，多一個人知道，只會徒增困擾與負擔。

「秘密」最大的機能就是「保護」，對自己也對他人。因此，別逞一時的口舌之快，讓一個該入土的秘密成爲另一個傷害。

珍惜身邊的每個相遇

你永遠料不到，單純的善意可以帶給別人多大的快樂。善緣的意義不僅僅是物質上的獲得，那份價值是千金難買的。

生命中最美麗的報償之一便是幫助他人的同時，也幫助了自己。

佛家說，百年修得同船渡。在茫茫人海中，能夠彼此相逢、相識、相交、相知、相親、相愛，是何等珍貴！

人與人之間的交往都是一種緣分。只要以「善意」爲出發點，不管結果是好是壞，是對是錯，至少是所有傷害中，最可以原諒的一種。要相信緣起、緣滅，不管是付出或接受，都是一種圓滿。

❖

一個來自中國內地的女孩娜姆，隻身前往美國求學。

因爲經費有限，生活過得很拮据，白天在學校學習音樂、加強語言能力，晚上則在一家小餐館打工。

有一天晚上，一位衣衫襤褸、神情悽愴的老人爲了躲避外面的狂風暴雨而走進了餐館。所有的人看他一副寒酸模樣都露出嫌惡神情，有人甚至想把他趕出去。娜姆看見老人無助的神情，不禁起了惻隱之心，她知道，很多年長者內心都是很孤獨的。

於是，她走上前招呼那位老人家，搬了一張椅子請他坐下來休息，還自掏腰包爲他點了一杯飲料。怕老人家覺得無聊，娜姆還唱了一首中國民謠給老人解悶，並請他有空就來參加中國學生的聚會。

老人家因爲娜姆的用心而露出笑容，卻也忍不住紅了眼眶。

兩個月過後，娜姆收到老人寄來的一份包裹，裡面裝著一封信、一串鑰匙

和一張巨額支票。娜姆驚訝的打開信，裡面寫著：

「親愛的娜姆，我年輕時曾經收養了三個越南孤兒，因爲他們，我終生未娶。在我辛辛苦苦教育他們長大成人後，他們卻拋棄了我這個養父，一個個離去，再也沒有回來過。退休之前，我在一間公司擔任工程師，收入很豐厚。可是，這些身外之物對於我這個即將入土的老人而言，是沒有意義的。我需要的是親人的溫暖和朋友的關懷。親愛的娜姆，只有妳給了我金錢買不到的溫暖。我決定回到家鄉度過晚年，我一生的積蓄和房子就留給妳了。希望能一圓妳的音樂夢。」

深受感動的娜姆爲了不辜負老人的心意，努力的學習。幾年後，她製作了一張風靡全球的中國民俗音樂專輯，甜美的歌聲也傳遍各地。

❖

置身商業社會裡，人與人之間的關係日漸疏離，加上人口結構逐漸趨向高齡化，很多關於退休後的生活問題一一浮出檯面。現在的老人家怕的不是日子過不下去，而是沒人關懷的寂寞。

許多「有緣」人，因爲時間、空間的阻隔，緣分由濃轉淡，終至消散；更多的「有緣」人，將對方的存在和付出視爲理所當然而不知珍惜，等到失去了這段緣分，才驚覺爲時已晚。

你永遠料想不到，單純的善意可以帶給別人多大的快樂！娜姆所結的善緣，意義不僅僅是物質上的獲得，最重要的，她溫暖了孤獨的心，那份價值是千金難買的。

對老人家來說，娜姆的行爲是一種慰藉，然而他的感動與回報卻成了娜姆更積極面對生活的動力。

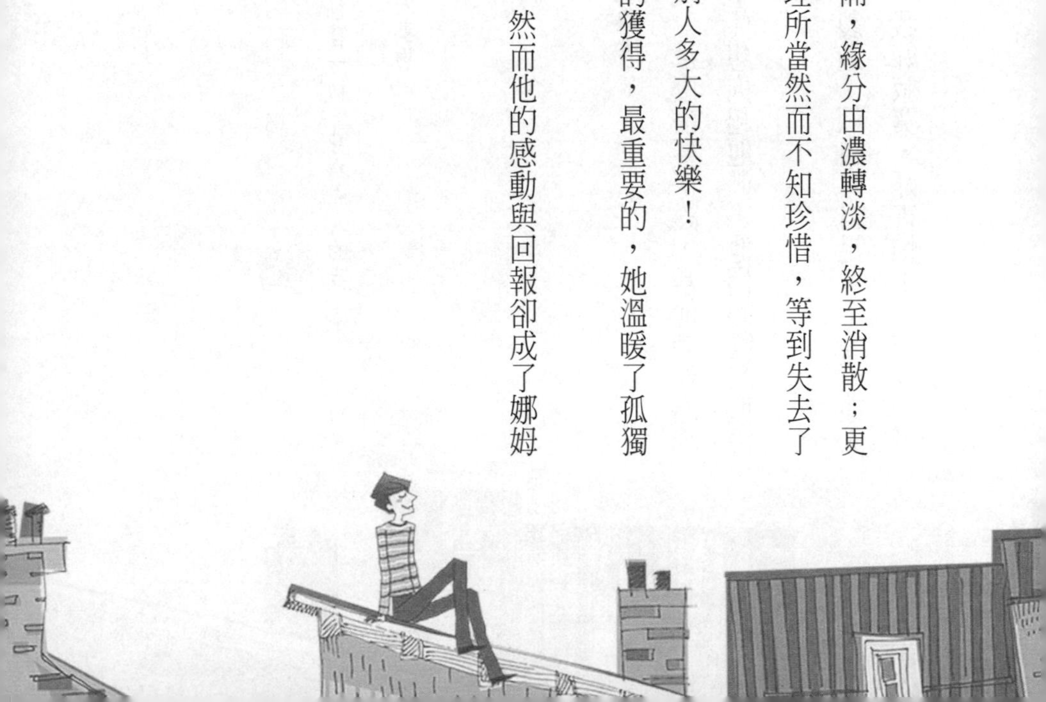

讓陽光照進你的心窗

孩子可以毫無保留的付出，他們的愛可以包容一切。身為成人的我們反而應該向孩子學習寬容地對待周遭的人事物。

你是否曾感覺到，幼小的生命總教人特別憐惜？

就像剛出生的小嬰兒，看起來是那麼單純，那麼需要保護，當他們伸出小手臂，嘴裡發出嗚哇的聲音時，總會讓人忍不住想抱起他們。他們的雙眼似乎在說著：「愛我吧！我需要你的照顧。」

隨著年齡增長，我們漸漸學會偽裝自己，製造一個自給自足、不需要他人照顧、不是弱者的假象，而內心卻呼喊著：「我好寂寞，好害怕！我想找個可

以傾聽我說話的人，我需要人來愛我。」

❖

自從愛莎的爺爺過世後，奶奶就像換了一個人，不僅失去了笑容，還整天穿著黑衣服，不發一語的將自己關在陰暗的房間裡。有時候，愛莎跑到奶奶的房間嬉戲，奶奶還會不高興的瞪著她，就像受到打擾似的。厚重的窗簾遮蔽陽光，整個房間瀰漫著一股怪味。

日子一天天的過去，奶奶也悶病了，脾氣變得更加古怪。

有一天，爸爸要愛莎把一盆花送到奶奶房裡。愛莎有點擔心的問：「奶奶會喜歡花嗎？」

爸爸告訴愛莎：「陽光進不去奶奶的房間，但是這花上面有陽光。只要有陽光，奶奶病就會好了。」

愛莎把花抱到奶奶的房間，奶奶一看到花，聞了聞香氣，便露出了笑容。

愛莎一看好開心，心想著，奶奶真的需要陽光。於是，她跑到院子裡搬了更多

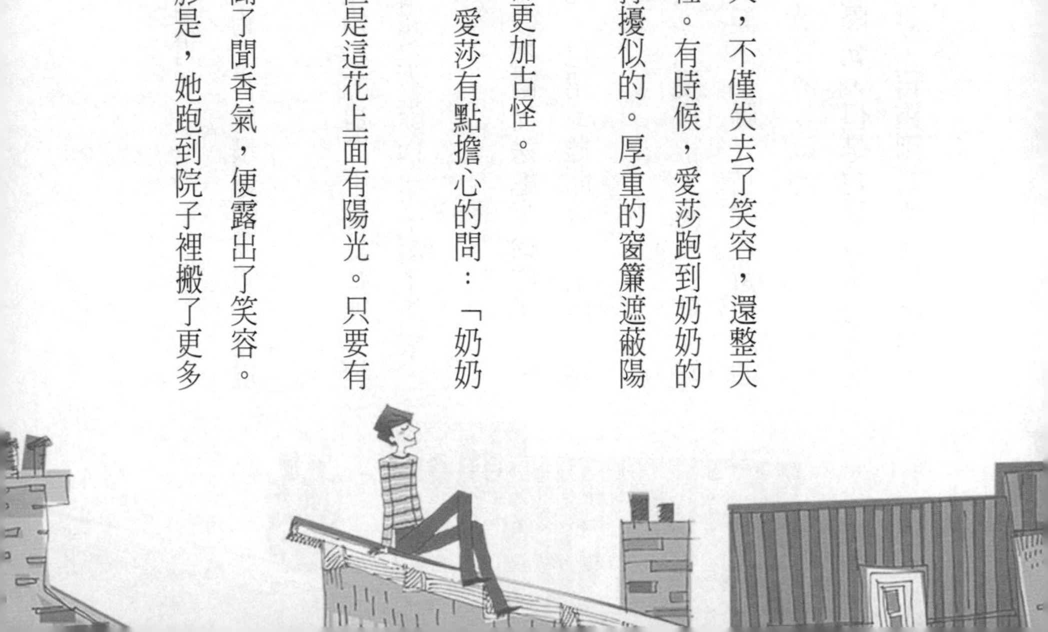

盆栽，裡裡外外跑來跑去，把小花小草放進奶奶的房間。

院子裡能搬的花草都搬完了，愛莎還是覺得不夠，當她環顧四周時，發現一抹陽光照在她的裙子上。

愛莎靈機一動，心想如果可以把陽光直接送進奶奶的房間不是更好嗎？她跑到陽光下，攤開自己的裙子照了好久好久，接著用雙手緊緊把裙子裹了起來，往奶奶的房間跑去。

一進房門，愛莎就開心叫著：「奶奶！奶奶！我把陽光送進來給妳了。」愛莎小心翼翼的攤開裙子，想讓奶奶看上面的陽光。但裙子攤開時，上面一點光也沒有，愛莎忍不住哭了出來。

奶奶伸出虛弱的雙手抱著愛莎，慈祥的告訴她：「傻孩子！陽光已經從妳的雙眼透出來了。」她摸摸愛莎的臉，幫她擦掉眼淚。「陽光在妳金黃色的頭髮裡閃耀著。有妳在我身邊陪著我，我就不需要陽光了。」

雖然愛莎不懂自己的眼睛和頭髮裡爲什麼會有陽光，但是她很希望奶奶能趕快好起來，所以，她天天都站在太陽下曬得暖烘烘，再跑到奶奶房裡陪她，

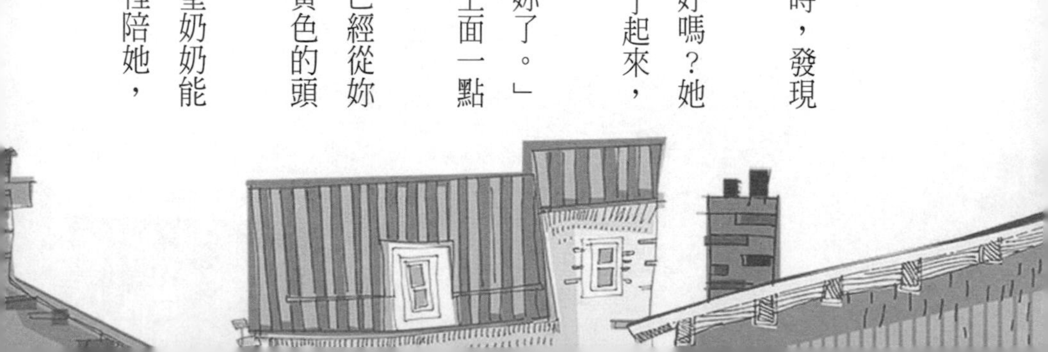

奶奶的身體也開始日漸好轉。

❖

孩子有時候是一面自我省思的鏡子，我們可以從鏡中看到自己刻薄的嘴臉，進而體會到寬容的重要性。

孩子比成年人更懂得歡笑，他們的快樂是自然的，他們的包容心非常的大，對任何事都沒有成見。

孩子不會計較你是貧窮還是富有，不介意你是白人、黑人，還是黃種人。他們接納一切，直到大人教他們停止接納爲止。

孩子可以毫無保留的付出，他們的愛可以包容一切。身爲成人的我們反而應該向孩子學習「包容」，學習「關懷」，學習正視自己的情感渴望，學習寬容地對待周遭的人事物。

何必為了面子而打腫臉充胖子

適當的虛榮心可以激勵一個人進步，但是過度的虛榮只會曝露身上的弱點、失去自我，汲汲營營追求表象。

在現代的社會裡，名牌成爲一種身分、地位、金錢的代表，因此常常可以聽到有許多人縮衣節食，生活過得很拮据，就爲了把名牌穿在身上、帶在身邊。這樣的人忘卻了所謂的「名牌」，代表的只是一種品質的保證，這種努力也只不過是虛榮心作祟而已！

虛榮心之所以會產生，是源於自信的缺乏，因爲自卑，所以必須利用許多的外加之物來妝點自己，光鮮的外表下，卻只是個空蕩的軀殼。

最可悲的是自欺欺人，爲了讓自己「有面子」而打腫臉充胖子，還得圓一個又一個的謊言。

❖

從艾倫懂事開始，每天飯後父親都會拿起珍愛的金色小提琴，拉一曲美妙的《愛的女神》，母親也會抱著艾倫，輕輕地配合父親的節奏唱歌，一切都顯得那麼的美好……

然而艾倫七歲那年，母親因爲肺病過世，父親所屬的樂團也因資金周轉不靈而倒閉，全家人的生活陷入了困境。父親常常在夜深人靜時，默默一人在房裡擦拭著金色小提琴。

十八歲那年，艾倫考取了劍橋大學，在一次舞會上，認識了一個漂亮的女孩子蒂娜。蒂娜的父親是倫敦一家知名企業的負責人，當艾倫告訴她自己的外曾祖母是歐洲王室的公主時，對皇室頗爲嚮往的蒂娜開始幻想著充滿王冠、鑽石，宴會的貴族生活。或許是虛榮心，或許是自卑心理，艾倫一直不敢讓蒂娜

知道自己的家庭狀況。

當艾倫向父親提及由於戀愛開銷變大，必須多打幾份工時，父親馬上來信說自己最近升職加薪，可以給艾倫多一點生活費，要他別累著了自己。

暑假期間，蒂娜邀請艾倫到她位於倫敦的家，那是棟金碧輝煌的別墅。當蒂娜向父親提及艾倫的家室時，她的父親露出懷疑的眼神說：「如果你能讓我女兒過同樣富足的生活，或許改天我可以請你父親吃個飯。」

艾倫一聽心沉了下來。突然，他想起父親那把金色小提琴，那是母親捨棄上流社會追隨父親時的唯一嫁妝，是一件價值不菲的古董，如果能賣了它，說不定能得到一大筆錢，進入上流社會。

艾倫瞞著父親和買主談妥價錢後，父親出現了。他什麼也沒多說，只問買主何時會把小提琴取走。得知是第二天下午後，父親沉默的走回房間。看著父親失落的背影，艾倫心中感到一絲苦澀。

當天晚上艾倫去參加蒂娜家舉辦的宴會，大家都用羨慕的眼光看著這對金童玉女。一曲舞畢，司儀向大家介紹道：「剛剛的演奏者是敏斯特先生，他在

我們酒店工作了四年，每晚爲大家帶來優雅琴聲。明天他就要離開了，今晚是他最後一次演奏，接下來這首是他最喜歡的歌曲《愛的女神》。」

當燈光照在演奏者身上時，艾倫忍不住哭了起來。他終於明白，父親爲了供應他上大學，白天工作結束後，晚上還到酒店演奏。

艾倫在演奏完畢後，衝上前抱住父親，並告訴大家實情，以及父親對自己的付出。那天晚上，艾倫扶著年邁的父親，身上背著金色小提琴昂首闊步走出飯店。他感激的對父親說：「爸，這把小提琴我會永遠替您保存。」

❖

講求門當戶對，是幾千年來不變的定律，只是時空環境的差別而已，艾倫的情況在現今的社會裡也不斷上演著。

爲什麼會有一種說法指稱沒錢不能談戀愛？這是因爲戀愛中的男女都希望能讓對方看到自己最好的一面，或多或少會包裝自己。這是必然的，但爲了崇拜的眼光而過度吹噓，就不是好現象。

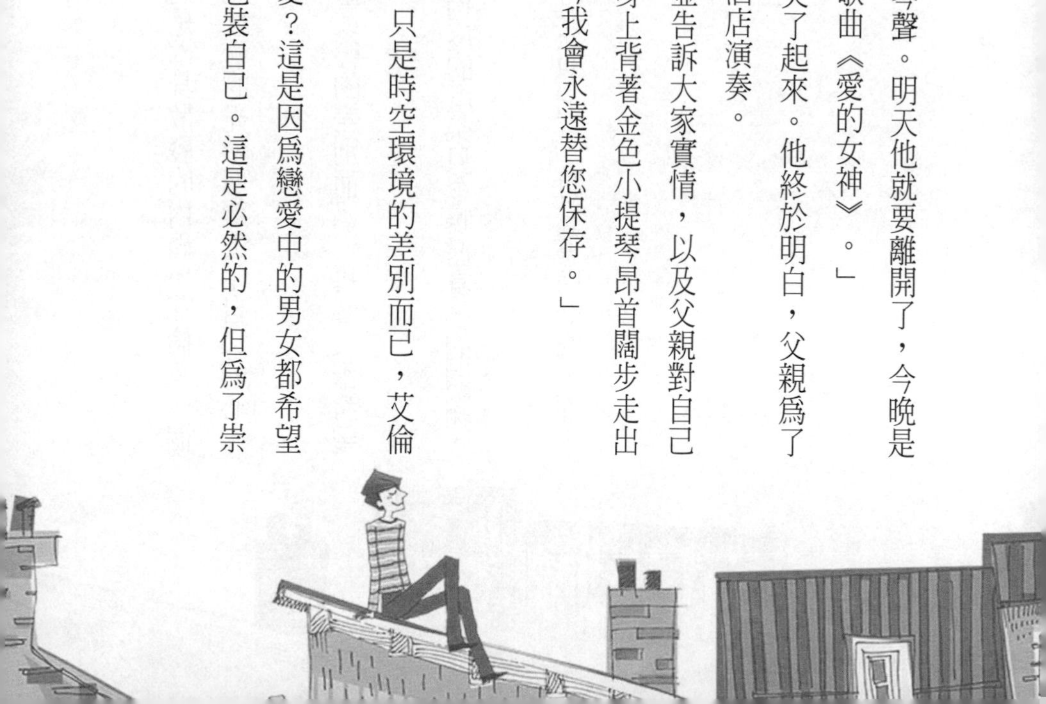

一個人的價值不取決於身外之物，重要的是本身散發的內涵。艾倫有一個寬容且充滿父愛的爸爸，能體諒艾倫面對上流社會的光環而迷失了自己的心，最後終於讓艾倫及時醒悟，再度看清自己。

每一個人多多少少會有一點虛榮心，或重或輕的差別而已。每個人都希望被重視、被認可，因爲這是一種成功的象徵。

適當的虛榮心可以激勵一個人進步，但是過度的虛榮只會曝露身上的弱點、失去自我，汲汲營營追求表象。

虛榮心未必是壞事，只要改善它，穩定自己的心智，將它導向好的一面，就能成爲一種助力。

用寬容的心對待別人

人與人之間最欠缺的就是寬容，只要具備寬容的心，就會充滿希望，
試著「用寬容的心情，面對惱人的事情」，不要對生活失去信心。

有句話是這樣說的：「不管一切如何，你仍要平靜和愉快。生活就是這樣，我們必須勇敢、無畏，帶著笑容面對生活。」

每一個時代裡，都會有一群憤世嫉俗的人，痛恨社會的不公、人性的險惡，對生活失去了希望。在他們的眼裡，看到的萬事萬物都蒙上一層灰，因此日子過得不快樂。

不能否認的，我們的身邊時時刻刻發生著令人難以想像、殘酷、痛心的事

情，說明這個社會病了，人心也病了。

爲非作歹的人固然令人痛惡，但是，眼睜睜看著事情發生，卻不肯伸出援手的人更教人痛心。

保護自己當然重要，但是一顆冷漠的心才是社會混亂的開始。

❖

《安徒生童話故事集》中有篇名爲〈一滴水〉的故事。

從前，有一個叫做克里布勒的老頭子，希望幫每一個東西找出最能發揮功用的方法，可是不管怎麼嘗試都會失敗。

有一天，他找來一個放大鏡，並且從水溝裡抽出一滴水來，想要研究這滴水有什麼特別之處。當他把放大鏡往水滴一照，發現裡面出現一幅驚人的景象，無數的小生物亂成一片，亂爬、亂叫，亂咬。

它們不斷的跳躍、彼此撕扯，而且互相吞食。

老克里布勒被這個景象愣住了，心裡想著：「要怎樣才能讓它們和平共處，

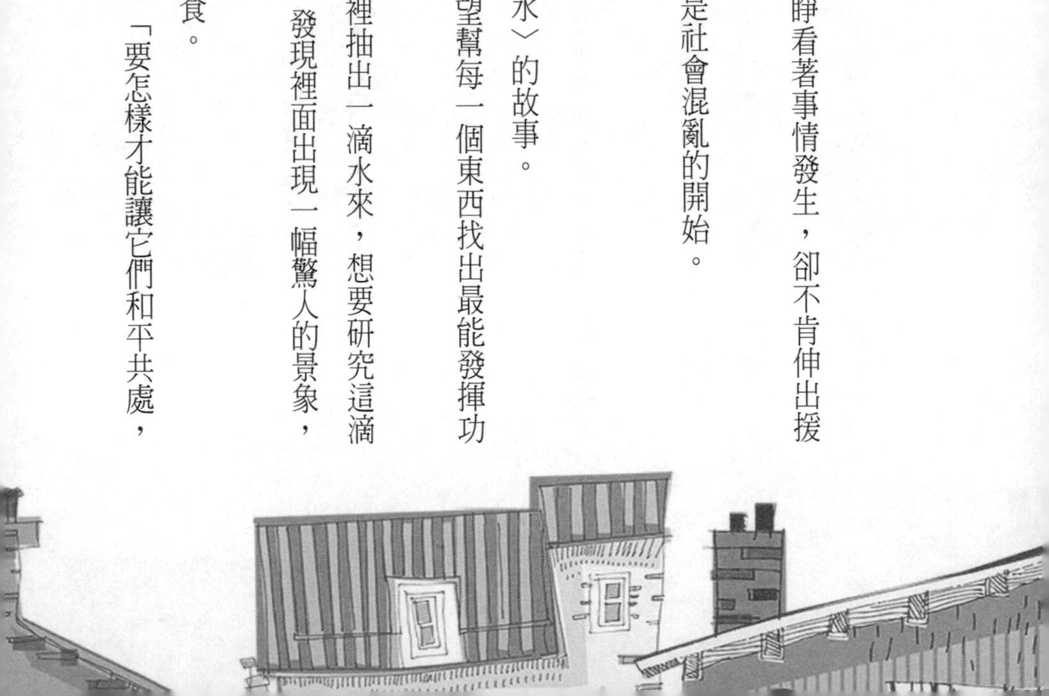

讓生活變得平靜，不要爭吵個不休呢？」

他左思右想，想破了頭就是找不出方法來，最後決定使用魔法。

他找來巫婆的血，每滴價值兩個銀幣的血，就像紅酒一樣。這種血有魔法的作用，可以讓那些生物像人一樣，有形體、會說話。當鮮紅的血滴在小生物身上時，就像變魔術般，慢慢的，許多粉紅色的人形一個個出現。

克里布勒再度拿起放大鏡，往那滴水中看去，看到了一大群沒有穿衣服的人在裡面跑來跑去，多得像一座城市般。但，更恐怖的是，那群人互相殘殺，我咬你、你咬我；這個掐那個的脖子、那個打這個的頭。他們打成一團，上面的壓著下面，下面的想鑽到上面來。

「大家快看啊！那個人的身上長了一顆瘤。」一個小人兒這樣喊著。

聽到呼聲，一群人跑過來，從長瘤的小人兒身上砍下瘤來。被砍的小人兒很痛，因此大家就把他砍死，順便吃掉了。

這時，旁邊坐著一個小女孩，一聲不響看著大家。她只希望和平與安靜，不想像大家一樣互相攻擊。可是，那群人不讓小女孩繼續坐著，就把她拖出來，

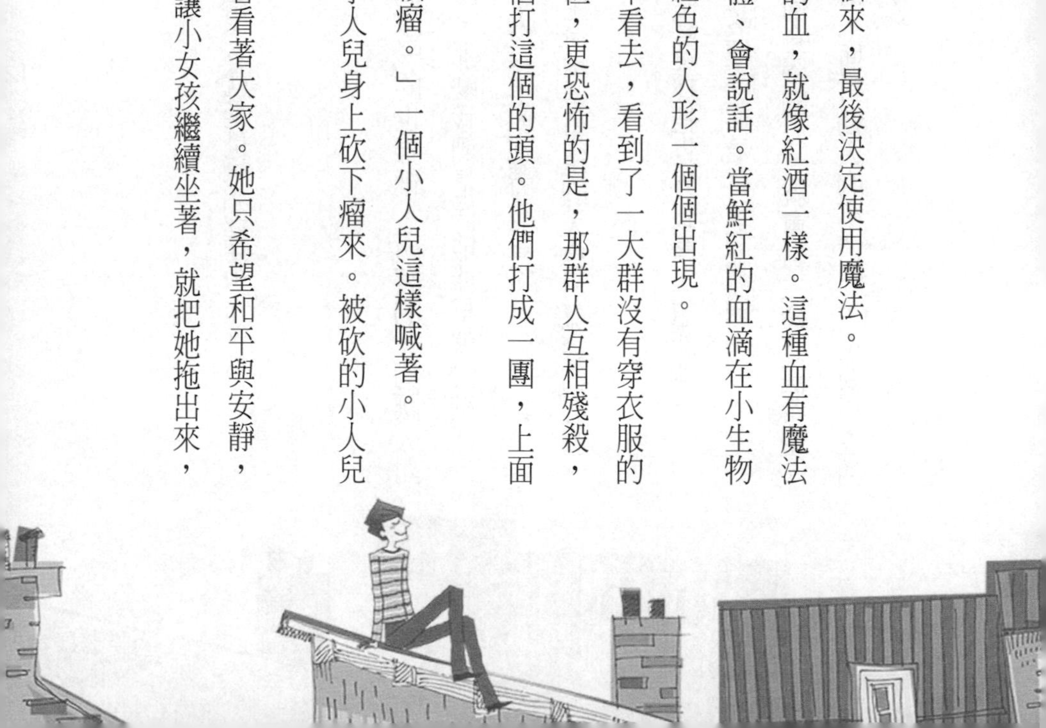

打她、罵她，最後把她吃掉了。

克里布勒看著這些荒謬的事情說：「這根本就是世界的縮影。」

❖

這只是一滴溝裡抽出來的水，在「一滴水」的世界裡，所有的一切讓人對生命失去了信心，如果把它當成世界的縮影，那麼我們這個地球早就毀滅了。可是，地球仍然存在著，那是因爲還有很多人對生命抱著希望。

雖然對生活總是會有不滿之處，但是對生命抱著希望的人會用寬容的心胸，儘量往好的一面觀看。

如果上帝只看到人類險惡的一面，或許會選擇把世界毀滅，重新開始。但是祂沒有，因爲祂知道，在社會的每一個角落裡，還是有愛和關懷。

人與人之間最欠缺的就是寬容，只要具備寬容的心，就會對生命充滿希望。每天給自己一個希望，試著「用寬容的心情，面對惱人的事情」，不要對生活失去信心；只要抱著希望，生命就不會枯竭。

眼睛看到的不一定是事實

我們往往只看見事情的結果，未去求證過程的對錯，就下了直覺判斷，這些自認為是真相的事實，卻會帶來更大的傷害和誤會。

達文西曾經說過：「眼睛是會騙人的。」

太過於相信眼睛，衝動與後悔就會相伴而來，當釐清眞相時，事情早已無法改變，甚至留下無可彌補的傷害。

這些錯誤的發生，往往源自於憤怒下的判斷。我們總是相信呈現在眼前的表象，不去思考隱藏在事件背後的另一面。

因此，憤怒的時候，一定要提醒自己小心求證眼前所看到的事物，別讓衝

動造成一時的後悔。

有位長工工作了二十年後，向主人辭行。臨走前，主人對他說：「我給你兩個選擇。第一個，是拿走你這些年來的工資，總共三塊金幣；另一個是我送給你三個忠告。」

長工想了想，選擇了後者。

主人於是告訴他三句話：一是等待可以看出一個人的本質，二是不要對事情過於好奇，三是眼前所見的不代表事實。

主人說完三句話後，又拿了兩個麵包給長工，並告訴他：「一個麵包給你路上吃，另一個麵包請你和家人一起分享，千萬不要把它送給別人。」

長工帶著主人給的兩塊麵包，背著簡單的行李就往家鄉的方向前進了。路途崎嶇難行，加上炎熱的天氣，讓長工汗流浹背、悶熱難耐，就在一棵大樹下躺下來休息。

當他恢復體力準備再度出發時，一個男人出現了，對長工表示自己也正要趕路回家，希望跟他一起結伴同行。長工想到了主人給的第一個忠告，就請那個男人等他解個手再上路。

長工故意拖了很久，才回到樹下。當他回來時，男人已經離開了。原來，那個男人是個殺人不眨眼的強盜，想趁走進人煙稀少的地方時殺掉長工，搶走他身上的東西。

到了傍晚，長工走進一個小鄉村，找了間客棧住了下來。他吃完主人給的麵包後就早早上床休息了，睡到了半夜，突然聽見外面傳來很奇怪的叫聲。他想起主人的第二個忠告，忍住了好奇心，並未出去探看。

第二天早晨，客棧老闆很好奇的問他：「爲什麼你昨晚聽到怪聲，卻沒有出來看看發生了什麼事呢？」

原來，這家客棧的老闆有一個瘋兒子，常常在半夜發出怪叫聲，吸引旅客出來查看，並利用這個機會殺死旅客，很多客人都因爲這樣而喪命。

長工離開了客棧，繼續馬不停蹄的趕路，到了傍晚，終於到了家門口。正

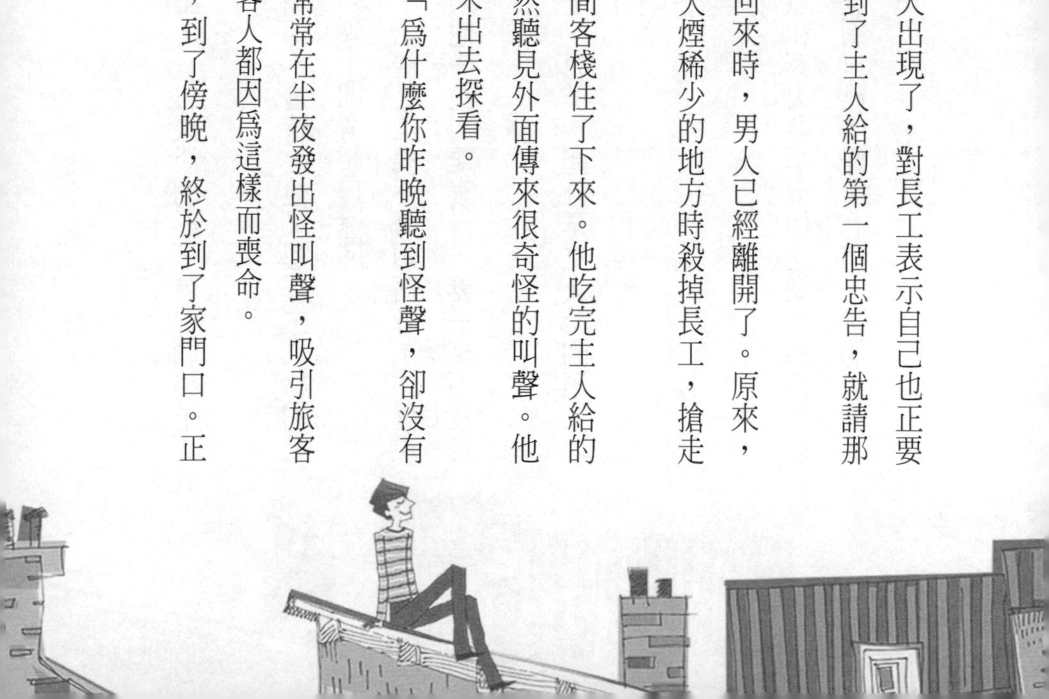

當他高興的想走進去時，突然看見窗戶上映出了一對淡淡的影子，一個男子正將頭趴在他妻子的腿上。

長工見了，頓時憤怒得想將妻子和男子殺掉！這時，他又想起主人給的第三個忠告，於是忍了下來，走進家門，準備向妻子問清楚再離開。

妻子一見他進門，高興得衝上前擁住他。正當長工摸不著頭緒時，才發現屋內的年輕男子與自己有著相似的臉孔。原來他是長工離家後，妻子來不及告訴他而生下來的兒子。

長工很高興自己並未鑄下大錯，並與妻子、兒子一起分享主人給的第三塊麵包。撕開麵包時，有三塊金幣藏在裡面。

❖

在主人的忠告下，長工平安回到家中，並和家人共享天倫之樂。然而，忠告只是一種提醒，若是長工無法等待，無法克制自己的好奇心與一時的衝動，都有可能惹上殺身之禍，甚至造成終身的遺憾。

有些事雖然是我們「親眼所見」，卻不代表百分百的眞實。就如長工眞的看見了妻子與男子的親暱動作，卻不知道那個男子是自己的親生兒子。

前陣子新聞報導，一對B型和O型的父母生出了AB型的小孩，父親憤怒的認爲妻子對自己不忠，在高科技的檢驗下發現，原來父親的血型，是罕見的隱性A型，因此才會生下AB型的孩子。還好，這個誤會還來得及補救，不過也多多少少在妻子的心中留下了陰影。

我們往往只看見事情的結果，而未去求證過程的對錯，就下了直覺的判斷，這些自認爲是眞相的事實，卻會帶來更大的傷害和誤會。

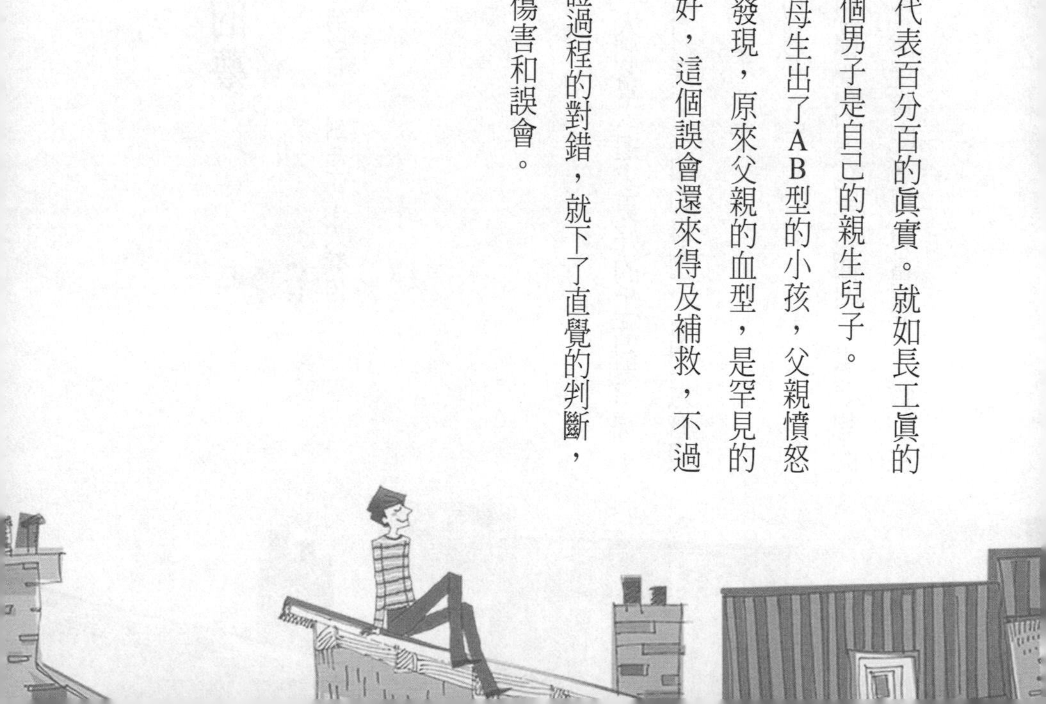

要寬容，不要偷走孩子的夢

夢想是一種希望與抱負，而不是不著邊際的空想。別忘了，人類因夢想而偉大，最重要的，是要「築夢踏實」。

夢想是人類特有的天賦，因爲這種能力，人們會去追求更好的生活與幸福。就如同想像力是科學的觸鬚，科學家運用想像力探索未知的事物，他們大膽假設，且小心求證，爲生活帶來許多便利之處。

愛爾蘭詩人葉慈曾說：「夢想，是責任的開始。」

孩子有顆純潔的心，對所有的事物充滿想像空間與希望，面對充滿夢想的一群，我們應該加以包容，何必急於讓他們認清現實呢？只有當這些年輕的生

命有愛有夢時，這個世界才會更加繽紛亮麗。

❖

美國猶他州有一位中學老師，在一次課堂上給學生出了一道作業，要學生寫出自己未來的夢想。

一個名叫羅伯的學生聽完了老師指派的作業後，高高興興離開教室。當天晚上，羅伯用了整整七大張的紙，詳細描繪自己的夢想。

他畫了一份佔地約兩百英畝的牧馬場草稿圖，裡面有馴馬場、跑道、馬廄和牧草種植處，另外還有房屋建築平面設計和室內裝潢圖。他一直忙到了大半夜，才將作業完成。

隔天，羅伯開心的將作業交了出去。但是作業發回來的時候，羅伯的作業上被評了一個大大的F，羅伯感到難過與不解。

下課時，羅伯決定前去找老師詢問到底哪裡出了問題。

老師看著眼前這個充滿幻想的孩子，認真的告訴他：「羅伯，我知道你這

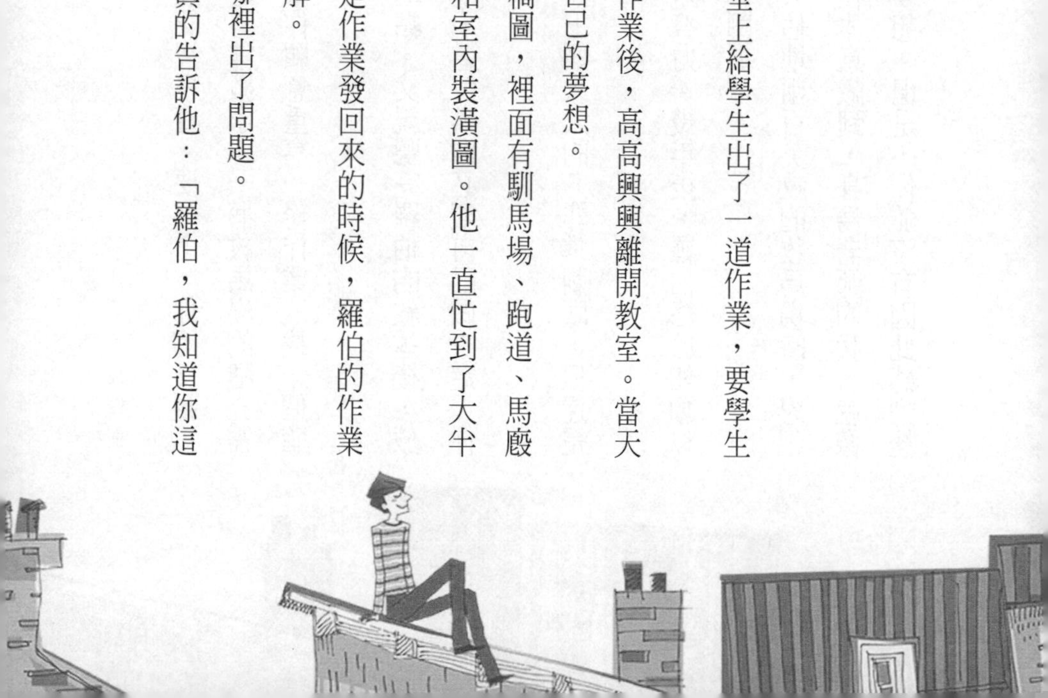

份作業寫得很認眞，內容也很棒，但是你必須認清事實。要知道，你的父親只是一個馴馬師，而且你們沒有固定的居所，還常常搬家。一個牧馬場的建立需要花很多資金，你有辦法賺那麼多錢嗎？如果你願意重寫一份作業，找一個確實一點的目標，我可以重新打分數。」

羅伯拿回作業，失落的走到父親工作的地點。父親聽完羅伯的敘述後，放下手上的馬刷，摸摸羅伯的頭告訴他：「孩子，這件事你必須自己做決定。你覺得怎樣做是對的，就放手去做吧！」

羅伯一直小心翼翼的保存這份作業，雖然上面大大的F非常刺眼，但還是他從不放棄自己的夢想。

他常常看著這份作業，藉此激勵自己不斷努力。幾年後，羅伯終於如願以償擁有了自己的牧馬場，就像當年作業中的藍圖那樣。

當老師受羅伯之邀，帶著三十名學生進入佔地兩百英畝的牧馬場時，忍不住流下了眼淚。他告訴羅伯：「羅伯，我現在才意識到，身爲老師的我，就像一個小偷，以自己的觀念偷走了很多孩子的夢想。但是，你並沒有因此感到挫

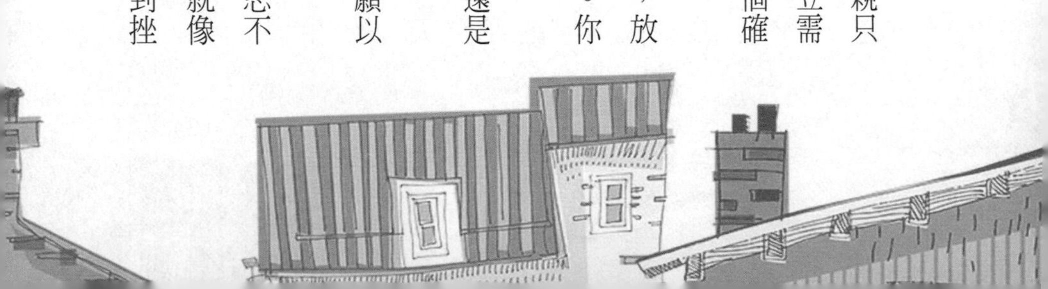

敗，因爲你的堅韌與勇敢，才會擁有今天的非凡成就。」

❖

擔心孩子多走冤枉路，抑或自認已經將人生看透，許多成年人會有意無意的否定他們認爲「不切實際的想法」，連帶著強迫幼小的心靈必須快快長大，認識所謂的「現實面」。

用自己的實際看法，扼殺了孩子的幻想空間，無異於忘記年輕的自己也曾有過幻想。成長的過程中，一旦經歷了許多挫折與失敗，孩子們或許會慢慢地將築夢的熱情消磨殆盡。但這段路走來不論成敗，不論如何艱辛，曾經爲夢想而努力的快樂都是無可取代的。況且不去嘗試，怎知不會成功？

夢想是一種希望與抱負，而不是不著邊際的空想。我們該做的是保護孩子的夢想，讓他們展開夢想之翼，並學習孩子爲夢想努力的精神；別忘了，人類因夢想而偉大，最重要的，是要「築夢踏實」。

6.

快樂就是用心品味生活

快樂一直藏在我們心田，外物加持的快樂並不真切，

只有心中懷有的快樂，快樂笑容才能長長久久！

保持快樂，就能樂觀面對挫折

如果你可以不必藉任何對比，便明白生活的快樂，便能用樂觀的心情面對挫折，堅強自勉地走出困境。

快樂從來都是「自找」的，別人給得再多，若是心中不見陽光，再多的歡笑聲聽在耳裡都會是刺耳的聲響。

若能明白這個道理，就會知道怎麼追求快樂生活。

何必爲各種小事煩憂？站在高峰，看看世界的遼闊，你將發現，雖然生活中困頓時有所見，但只要心懷快樂，挫折便只是生命的調味料，任何困難也無法影響於愉悅的心情。

❖

雖然國王擁有至高無上的權力，但並沒有爲他帶來滿足與快樂，身邊的侍從經常聽見他嘆息：「我活得好痛苦，誰能告訴我怎麼才能感到快樂呢？」

每當臣子們聽見國王的話，一個個都低下了頭不敢回應，因爲他們都不知道要怎麼使國王變得快樂。最後，國王不得不下命令：「你們立即出城尋找快樂的人，找到之後，要立刻將他帶回宮中！」

使臣出城後到處找尋，但是他們走遍各地，找了好幾年，始終找不到眞正快樂的人。有一天，有位使臣來到一個非常貧窮的國度，心想：「這裡的人們生活如此困苦，恐怕沒有人快樂起來吧！」

然而，就在他下此定論的同時，卻聽見一陣十分美妙的歌聲，歌聲中充滿著愉快的氣氛，輕快的歌聲讓人聽了都跟著輕鬆起來。這讓使者雙眼爲之一亮，急忙循著歌聲，快步尋找這位歌者。

使臣被歌聲吸引到一塊田園邊，四下只見一個正在田裡耕地的農夫，便問

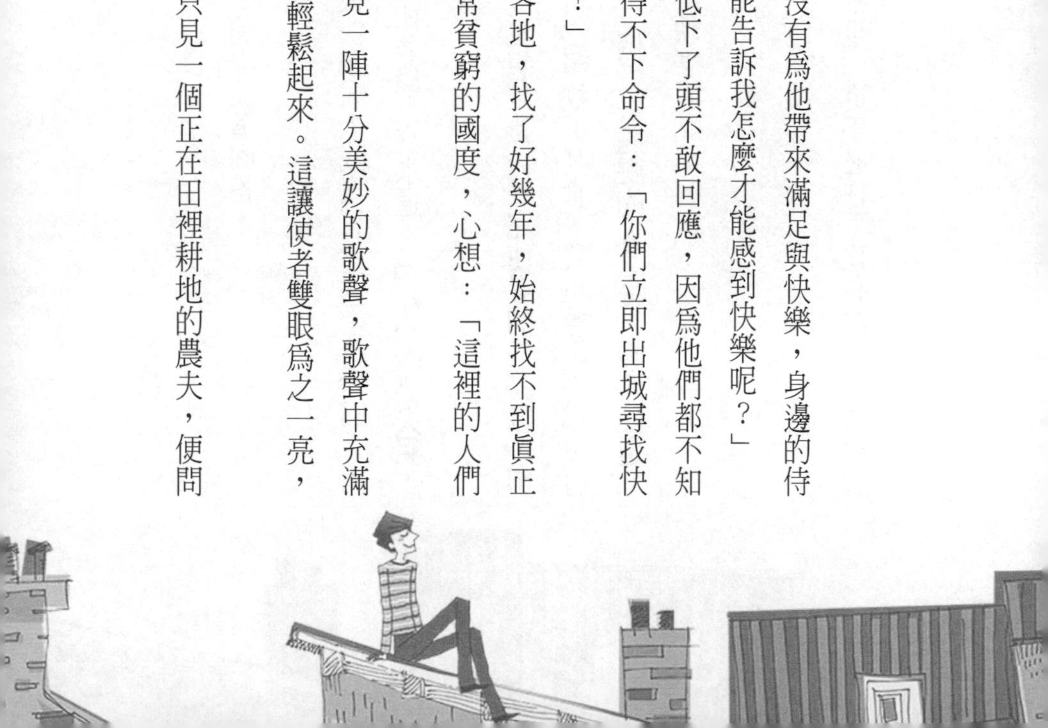

道：「請問，剛剛是您在唱歌嗎？」

「是的，剛剛是我在唱歌，好聽嗎？」農夫笑著回答。

使者一聽，連忙問道：「你很快樂嗎？」

農夫擦了擦額頭上的汗，笑著說：「很快樂啊！我沒有一天不快樂的！」

聽見農夫這麼說，使者開心極了，雙手抓著農夫哀求道：「好心的農夫啊！求求你救救國王！」

接著，使者將自己的使命詳細告訴他，沒想到農夫聽完使者的任務後，卻大笑著說：「朋友，快樂不難啊，但要靠自己尋找。其實，我也曾經因爲沒有鞋子穿、沒有飯吃而感到沮喪，直到我遇見一個失去雙腿的人之後，我才知道，原來我擁有的是那麼多啊！這麼一想，怎不快樂呢？」

❖

怎麼才能看見快樂？其實不必向上比不足，更不必往下比有餘，最重要的是要問我們自己：「你想快樂嗎？」

農夫因爲看見失去雙腿的人後，才明白自己身上的富足，從此看開人生的種種，明白了珍惜所有與快樂生活的道理，這是因爲與人相比，農夫從中領悟生命的意義。

要是沒有目標相比時，我們又該怎麼激勵、訓勉自己？

很簡單，只要誠誠懇懇地面對自己就好。

試想，好不容易活到這個年紀，學會了獨立思考，也明白了生命的珍貴，我們怎麼能連最基本的讓自己快樂都不會呢？

笑一笑吧！農夫可以歌唱，是因爲看見有人比他可憐，這種領悟機會總是靠別人而得，如果你可以不必藉任何對比，便明白生活的快樂，你的開心人生將比他更加深刻長久，甚至隨時一個轉念，便能用樂觀的心情面對挫折，堅強自勉地走出困境。

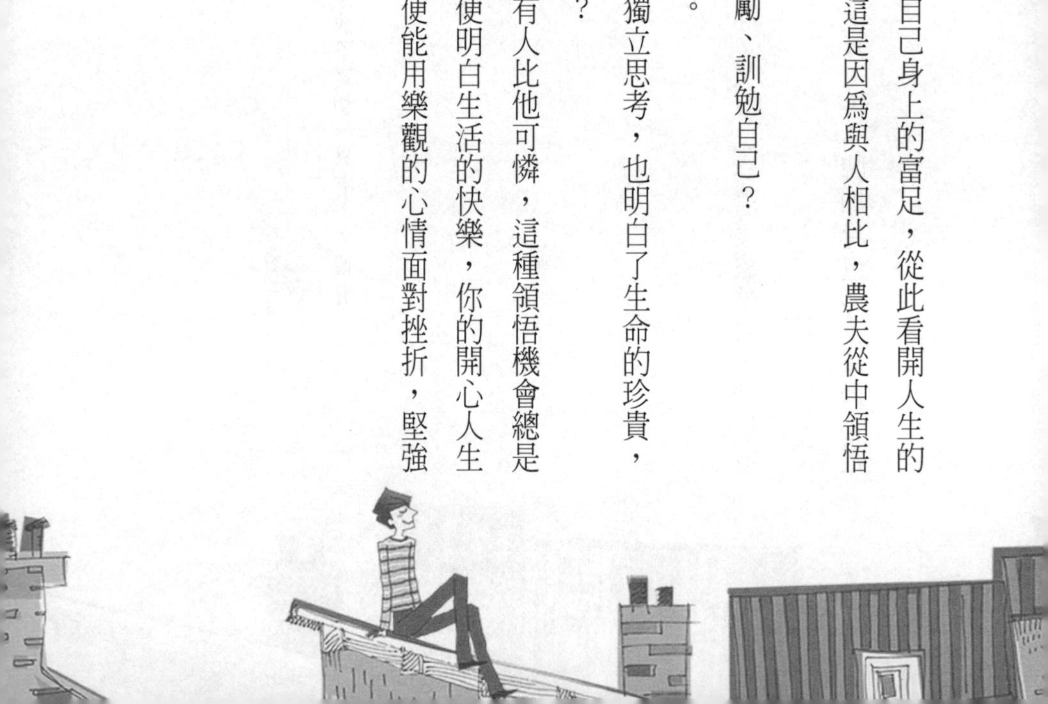

快樂就是用心品味生活

快樂一直藏在我們心田，外物加持的快樂並不真切，只有心中懷有的快樂，快樂笑容才能長長久久！

大啖牛排時，你有多快樂？

穿戴上美鑽華服時，你是否真感到富足？

還是咬著牛排，心裡想的卻是明天的卡債？又或是穿著美鑽華服，卻煩惱著明天老公又不在？

真正的快樂無法用外在物質堆砌而成，事實上，名牌加身也無法掩蓋心靈的空虛，再昂貴的美食也無法填飽心裡的不足。

在某個遙遠的國度裡住著一位小王子，每天都快樂地大笑、唱歌和遊玩，見過他的人都說：「王子的聲音美極了。」

不論他走到哪個地方，那裡就會充滿快樂，人們只要看見王子，心中所有悲傷或憤怒會全部消失。

有人說，那是因爲王子身上有著神奇的「魔法」，那個魔法便是小王子脖子上掛著的金項鍊。

這條項鍊是小王子的母親贈送的，當她把鍊子掛在小王子的脖子上時，曾對他說：「孩子，這裡頭有顆快樂的心，它會讓你永遠充滿快樂，你要小心保護它，千萬別弄丟了喔！」

從此，不只小王子非常注意這條鍊子，連照顧小王子的僕人也非常留意這條項鍊，深怕丟失了這個有著魔力的「快樂之心」。

但是這天，僕人們卻發現小王子眼神呆滯地坐在花園中，臉上滿是悲傷與

憂愁，連忙上前問候：「王子，您有什麼問題嗎？」

「你們看！」小王子指著他的脖子，原來「快樂之心」不見了！

「『快樂之心』不見了！」僕人一聲驚呼，驚動了皇宮上上下下，衆人著急地尋找項鍊。然而，項鍊好像消失了般，找遍了全國就是找不到，小王子也一天比一天憔悴悲傷。

有一天，小王子決定偷偷外出找尋那顆自己珍愛的「快樂之心」，「我一定能找到，因爲只有我才能感應到它！」

雖然小王子自信地對自己說，但他從城裡找到城外，卻始終都找不到那顆心。夜幕低垂，王子找得又累又餓，發現前方有間房子，屋內正閃著燈光，便走了過去。他從窗戶窺視，看見屋裡有一位母親正在哄著小嬰兒睡覺，父親似乎正朗讀著故事，而在另一個角落，有個小女孩正在佈置餐桌，另一個和小王子年齡相仿的小男孩則在生火。這家人的服裝看起來十分破舊，餐桌上只有麥片粥和馬鈴薯，卻露出幸福的笑容。

小王子看著孩子們光著腳，臉上卻滿是快樂笑容，轉念間想到：「難道，

『快樂之心』在他們這兒？」

於是，小王子急忙推開門。這家人發現是個小男孩闖入，先是一驚，接著女主人便微笑地問道：「孩子，要和我們一起吃晚餐嗎？」

「『快樂之心』在哪裡？」王子大聲問道。

「什麼快樂之心？」男孩和女孩同聲問道。

「那是一條可以帶給人們快樂的金鍊子，我知道你們一定有那條鍊子，不然你們怎麼可能這麼快樂？快說，金鍊子在哪裡？」小王子著急地說。

這時，父親微笑地說：「孩子，這裡沒有金鍊子，我們快樂是因爲彼此深愛著對方。我們很滿足地住在這間像城堡一樣堅固的屋裡，餐桌上足以塡飽我們胃的食物，更是你從未嚐過的人間美味呢！晚餐過後，媽媽還會爲我們說故事，想一想，擁有這些怎麼不讓人感到快樂呢？」

小王子眨了眨眼，說：「怎麼可能？那……我要和你們一起用晚餐。」

於是，小王子第一次用他的想像力，在這個「小城堡」裡品嚐像「火雞」和「冰淇淋」般珍貴的麥片粥和馬鈴薯。吃完飯，他還幫小女孩洗碗盤，最後

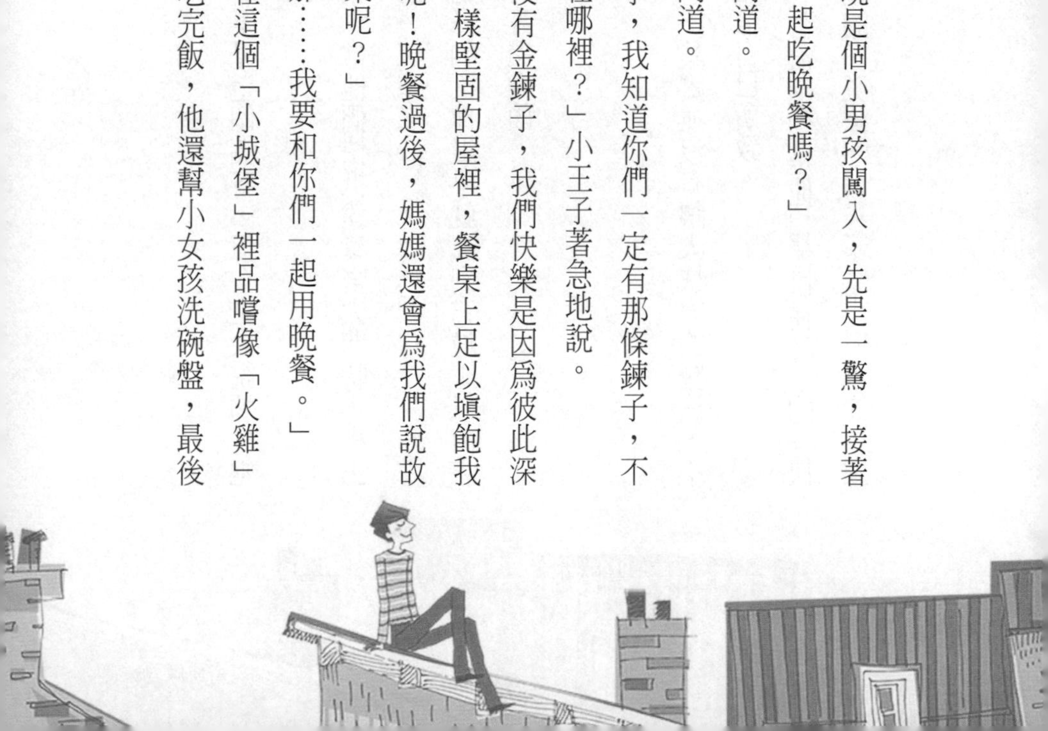

還一塊兒和他們坐在火爐前聽女主人說故事。

「哈！」小王子突然笑出聲，他自己看不見這個笑容，但女主人說那是她見過最美麗的笑臉，今晚王子過得非常快樂。

最後，小男孩和小女孩陪著小王子回家，當他們快抵達皇宮大門時，小王子忍不住說：「好奇怪，我好像已經到我的『快樂之心』。」

這時，小男孩笑著說：「那有什麼好奇怪的，你很早就找到它啦！以前它戴在你的身體外面，只不過現在是戴在你的身體裡面。」

❖

聰明如你，想必也猜到了，「快樂之心」其實並沒有讓人快樂的魔法，不快樂是因爲人們始終相信身外之物，卻不相信自己所致。

一開始，小王子的快樂笑顏雖是發自內心，但那卻是他相信掛在身上的「快樂之心」有著神奇的力量。後來，滿心寄託的「魔法」消失了，小王子的快樂也頓時失去依靠，笑容也立即消失。

走出故事回到現實世界，我們也不難發現，那些一味依靠華服美食取悅自己的人，一旦失去了時間和金錢享受這一切時，也會和小王子一樣，生活頓時失去光和熱，開始悶著情緒，埋怨這個世界不完美。

事實上，那是因爲他們從來不懂得用心感受生活，過分依賴別人給予快樂的感受，不知道生活的平淡美麗。只要懂得品味平淡的富足，並細細感受到簡單的快樂，不需要任何魔法加持，快樂自然會出現在我們心中。

「快樂一直藏在我們心田，外物加持的快樂並不真切，只有心中懷有的快樂，快樂笑容才能長長久久！」這是小男孩和小王子分享的心得，也是他給那些不懂得快樂生活的人的指引。

克制慾望才能長保安康

凡事不可過量，因為過量的貪慾就好像惡性癌細胞，會慢慢孳生、擴散，緩慢侵蝕生命，直到我們失去自己。

凡事應該適可而止，別到生命的盡頭才知道自己太貪婪，也不要等到事情無法挽救時才頻頻後悔，因爲貪婪不會有好下場，不能克制慾望的人，隨時會讓自己深陷危機之中！

❖ 慾望在心頭興起時，得想法子克制，千萬別掉進了慾望的漩渦裡。

在一間十分殘破的屋子裡住著一個貧窮的乞丐，好吃懶做的他窮得連張床也沒有。有一天，他躺在公園裡的一張長椅上，喃喃自語著：「唉，我眞想發財，如果我發財了一定不會是個吝嗇鬼……」

乞丐闔著眼大做白日夢，這時忽然有個聲音在他耳邊響起：「好！我賜予你一筆財富！」

乞丐張開眼一看，眼前赫然站著一個長相可怕的魔鬼，不禁口吃地問：「眞……眞的嗎？」

「是的，這個魔袋送給你，你每次能從這個錢袋裡拿出一枚金幣，金幣是無限量的，不過你得記住一件事，當你感覺足夠時便得將錢袋扔掉，否則你拿再多也無法花用。」

說完魔鬼便不見了，隨即乞丐發現腳邊多了一只錢袋，便急急忙忙地將手伸進袋子，果眞拿出了一枚金幣。

乞丐拿出金幣後，又急忙伸手掏「金」，果眞又掏出了一枚金幣，他的手就這樣反覆地一進一出，僅僅一個晚上，身邊便堆滿了一枚又一枚的金幣。

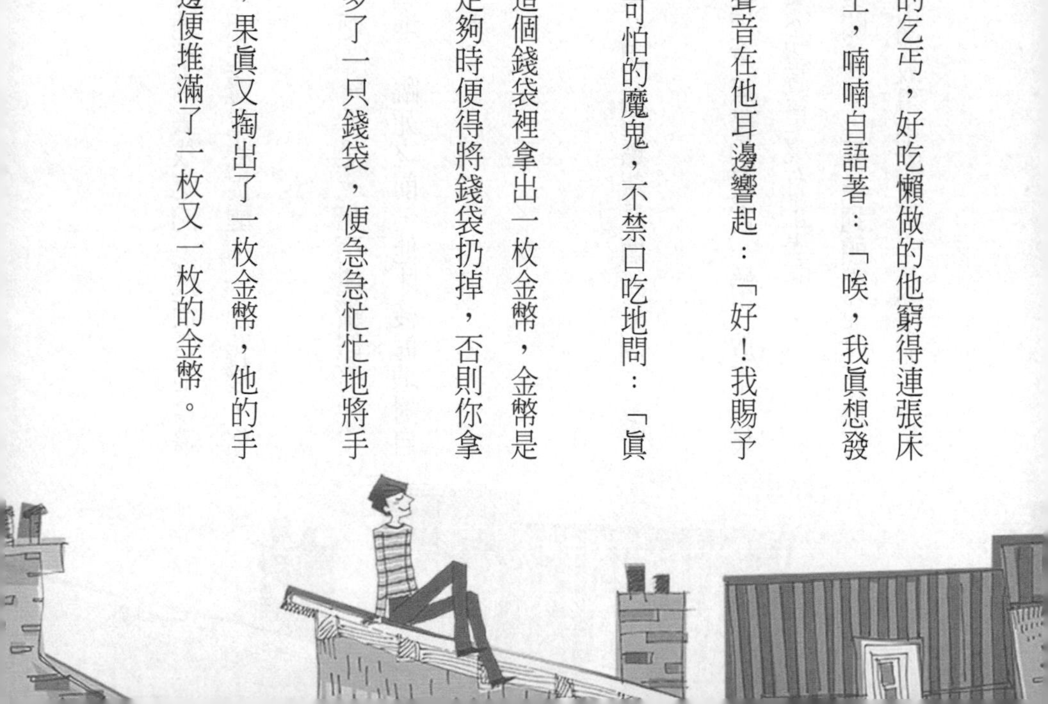

第二天早上，已經成爲富翁的乞丐，開心地準備去找吃的，然而當他拿著金幣去消費時，卻被人斥責是僞幣，這時他才想起魔鬼的提醒：「想花錢，你得先將錢袋丟掉。」

「不能太早丟掉，我還沒拿夠，先忍一忍吧！」於是，乞丐繼續餓著肚皮掏錢，不吃不喝地拚命掏錢，直到餓得不支倒地。臨死之前，他才後悔地對自己說：「我爲什麼不肯先填飽肚子後再說呢？」

❖

有無盡財富在寶袋裡，有多少人捨得放棄？明知道慾望是個無底洞，多數人還是願意捨命供養，不是嗎？

就像明明餓得全身發軟的乞丐，想著寶袋裡有無盡的財富，始終放不下袋子，寧願餓著肚子，也要繼續掏金，人的貪婪慾望眞是沒有止盡啊！

人因爲一個貪字，可以不顧親情，可以機關算盡，只是到頭來能眞正擁有那一切的人少之又少。有錢卻沒閒消費，有錢卻像故事中的乞丐一般沒命花費，

掙得那麼多財富有什麼用？

貪婪的心就和錢袋裡的財富一樣沒有止盡，正因爲沒有止盡，所以讓不少人的人生態度有了偏差，原來簡單純眞的方向失了準頭，生活也瀕臨危機。

看完了乞丐的故事，我們應該時時提醒自己，凡事不可過量，因爲貪婪致命的情況就像營養學專家所說「暴飲暴食容易致癌」的道理相同。

過量的貪慾就好像惡性癌細胞，會慢慢孳生、擴散，會緩慢侵蝕生命，直到我們失去自己。

別再讓機會從身邊溜走

機會確實不等人，但只要我們的腳步比它們快一步，還是能把機會追回，甚至還能預先看見其他機會。

因爲缺乏自信，我們經常在機會面前躊躇不決，也因爲我們躊躇不決，機會一再與我們錯身而過。

不想讓機會一再溜走，那麼我們便要視每一次機會有如「至愛」，要能緊緊抱住它們，要讓它們知道你的重視與積極把握的企圖心。

如此一來，無論什麼樣的機會都會留在你身邊，等著你回眸關愛，並等著與你共同締造非凡人生。

❖

有個人某天晚上遇見一位神仙，神仙告訴他：「朋友，有一件大事即將發生在你身上，你將會得到一個發財的機會，還會在社會上獲得卓越的地位，最重要的是，你將娶到一位美麗非凡的妻子。」

「真的嗎？太好了，謝謝您告訴找這個消息！」這個人聽完神仙的話當然開心極了，於是終其一生都在等待這個「奇蹟」發生。

然而，一年又一年地過去了，那個「奇蹟」卻始終未曾發生，這個男子不只一生窮困，最後還孤獨地老死。

當他來到天堂時，正巧遇到那個傳「福音」的神仙，覺得被耍弄的他劈頭便罵道：「你算是哪門子的神仙啊？說要給我財富，說會給我很高的社會地位，還有什麼漂亮的妻子等等，結果呢？我等了一輩子卻什麼也沒有得到！」

神仙冷冷地回答：「朋友，我沒說過要『給你』啊！我只是承諾過要給你機會得到財富，以及受人敬重的社會地位和一個漂亮的妻子，不過，你卻讓這

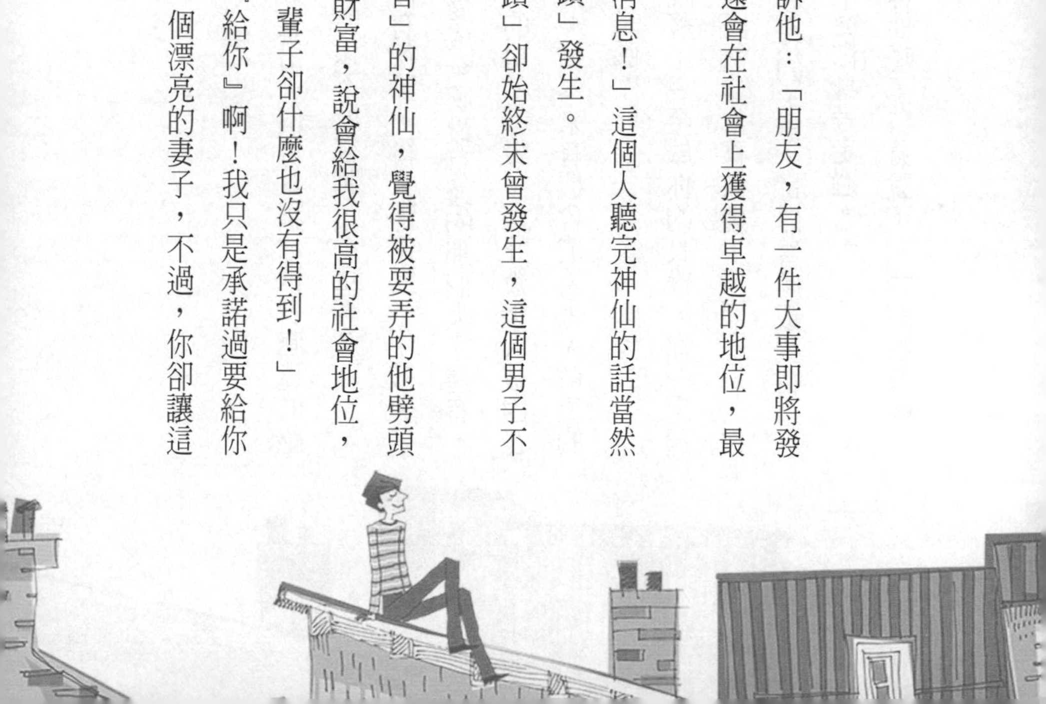

些機會從你身邊溜走了。」

這個人不解地問：「溜走？我不明白你的意思。」

神仙說道：「你回想一下，你是不是曾經想出一個可以讓你飛黃騰達的絕妙點子，但後來你卻沒有行動，因爲你怕失敗所以不敢嘗試，不是嗎？」

這個人點點頭，神仙又說：「正因爲你沒有行動，後來那個點子便被另一個人實踐了，那個人你應該記得，他就是後來變成全國最有錢的那個人。還有，你應該還記得某年的大地震吧！當時城裡大半的房子都毀了，好幾千人被困在倒塌的房子裡，你本來有機會幫忙拯救那些人，你本來有機會成爲人人敬重的人物，可是你卻整天守在家中，足不出戶，不是嗎？」

這個人又不好意思地點點頭，神仙繼續說著：「至於你的良緣，你一定還記得那個有著一頭黑髮的漂亮女子吧！你心裡雖然非常喜歡她，但問題是，你卻老是這麼告訴自己：『不可能，她不可能喜歡我的，更不可能答應跟我結婚，我……』因爲害怕被拒絕，所以只好呆望著她從你身旁走過。」

這個人低下了頭，眼眶竟出現了淚水，神仙嘆了口氣說：「我的朋友啊！

就是她了，她本來是你的妻子，你們本來會有好幾個可愛的小孩，但最後你還是錯過了，你這一生一直在錯過我給你的機會啊！」

❖

你知道你的機會都是怎麼溜走的嗎？是不是就像故事中的主角，因爲害怕失敗，所以一再等待，也一再地錯過機會？

「沒有試過怎麼知道自己不行？」這是神仙最後留給他的最後反省。

是啊，連試都沒試，腦海中滿是那些沒來由的擔憂與煩惱，想活出多麼精采的人生恐怕不易。

和故事的主角一樣，也一再「錯過」的人，是否從中看出了自己的錯失？若是已經「錯過」了，就不必再無奈追憶，從現在開始，只要能展開積極的步伐，只要還有活力前進，所有錯過的機會還是能再次追回的。

機會確實不等人，但只要我們的腳步快一步，還是能把機會追回，甚至還能預先看見其他機會。生活中不怕沒有機會，就怕你不肯給自己行動的機會。

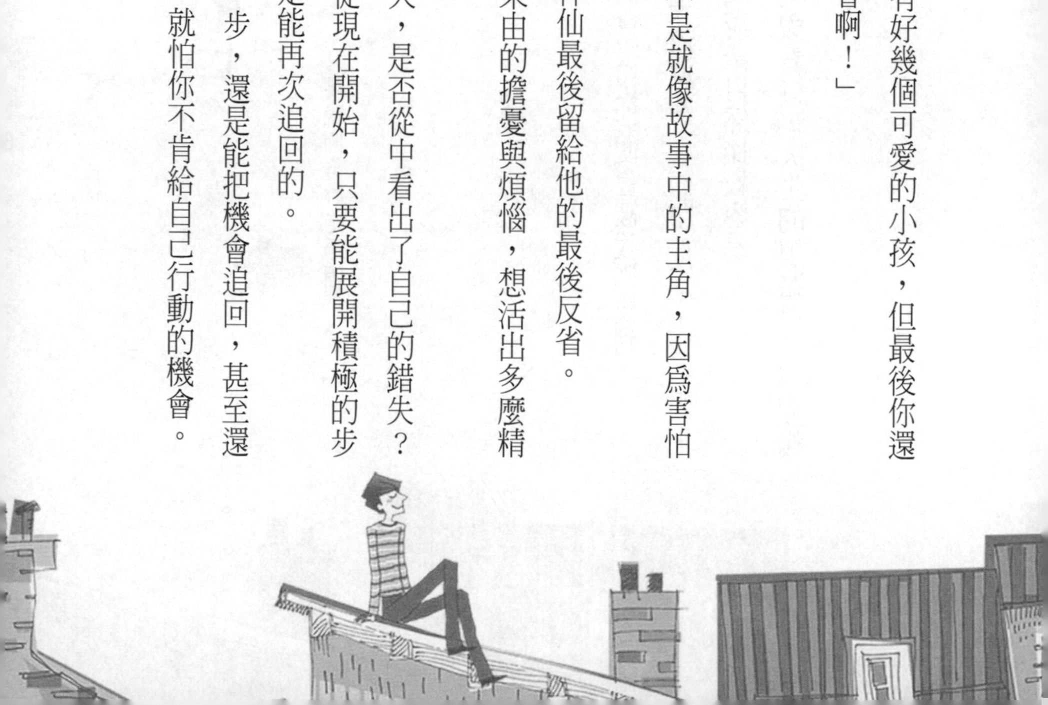

不要把希望寄託在別人身上

多用一分心思考問題，多一點耐心尋找解答，只要我們勇敢走過困境，便能看見等在困難後的希望與機運。

等待天賜良機不易，但若能積極找尋，機會很快地便會被我們找到。求老天爺，我們得排隊等待，還要防備老天爺遺漏、忘記，反之，求自己，我們只需要鞭策自己積極、樂觀，要尋找解決辦法自然比較容易。只要我們願意積極進取，只要我們願意樂觀看待，人生的道路自然平順暢快，不會因爲仰賴上蒼而困頓煩憂。

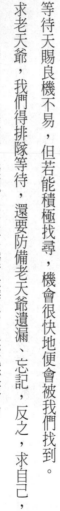

❖

有一天，老虎對著天神神情激動地說：「神啊，感謝您賜給我如此威武又強壯的體魄，讓我有足夠的能力統治這座森林。」

天神點了點頭，不過這時祂似乎另有發現，微笑地問老虎：「這應該不會你來找我的目的吧？你看起來似乎有些困擾。」

老虎吼叫了一聲，回答說：「神啊，您眞是太了解我了，我今天來找您的確是有事相求。因爲，不管我的能力多強大，每當公雞鳴叫時，我總是會被牠的叫聲嚇醒。神啊！我想麻煩您一件事，您能不能再賜給我一種力量，讓我不再被公雞的叫聲嚇醒呢？」

天神笑著說：「你去找大象吧！我相信牠會給你一個滿意的答覆。」

「是嗎？好！」

老虎一聽，興沖沖地跑到湖邊尋找大象，就在這個時候，卻看見大象正氣憤地跺腳，所有動物遠遠地便聽見大象跺腳時「砰砰」的巨大聲響。老虎加速

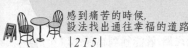

跑到大象身邊，只見大象情緒十分煩躁。

牠好奇地問：「你爲什麼要發這麼大的脾氣？」

只見大象拚命搖晃著大耳朵，怒吼著：「啊！有一隻很討厭的蚊子老是愛鑽進我的耳朵裡，害我快癢死了。」

老虎一聽，呆了片刻，尋思著：「體型如此巨大的大象居然會怕那麼瘦小的蚊子？那我還有什麼好抱怨的呢？這雞鳴不過一天一次，可是蚊子卻無時無刻地騷擾大象啊！嗯，這樣看來我比牠幸運多了。」

於是，老虎沒向大象提問，便快步走開了，還邊走邊回頭看著不停跺腳的大象，喃喃說道：「天神要我來看看大象的情況，應該是想告訴我，任何人都會遇上麻煩，老天爺不可能幫助所有的人。既然如此，那我何不靠自己呢？嗯，以後聽到雞鳴，就當做是公雞在提醒我起床吧！這麼一想，這雞叫聲對我來說還挺有助益呢！」

❖

連寓言故事裡的老虎都明白「凡事靠自己」的道理，聰明的你是否也從中得到啓發，不再把希望寄託在別人身上？

生活豈能盡如人意，凡事好壞難定，只是聰明人懂得時時轉念，把負面的觀感轉爲正面積極的方向，從生活中的挫折或惱人事情領略鞭策自己的思維。

每個人各有要面對的麻煩和困難，除了自己，沒有人可以幫我們解決問題，這也正是天神希望老虎認清的現實，更是你我必須明白的人生道理。

其實，往上比，我們始終看不見滿足，往下比，也很難得到生活的領悟，與其四處比較與尋找協助，不如從我們自己身上體悟。多用一分心思考問題，多一點耐心尋找解答，只要我們勇敢走過困境，便能看見等在困難後的希望與機運，和等著我們去開創未來的新地。

愛是生命最絢麗的光彩

懂得珍愛別人，知道去關愛他人，自然能獲得紮實的生命感受，也得到人人渴求的幸福人生。

多數人生活能得到充實、富足的原因，是因爲心中有「愛」。生命中，唯有愛是跟著時間一同成長，不同於財富、名聲的短暫，若愛不能紮實累積，我們便看不見它的絢麗光彩。

一如在我們生活中傳說的故事，有多少人記得哪些人擁有財富、名聲時的光彩？真正能被人長久傳唱的，從來都是那些在人生道路上不經意的一個愛的小動作，以及特別讓別人謹記心田的關懷啊！

❖

在一個小小島上，住著快樂、悲哀、知識與愛等各類情感的小神仙，有一天他們發現小島竟不斷地往下沉，於是大家準備好船隻，準備離開小島。

但是，唯有愛之神不願意離開，她說：「不，我要堅持到最後一刻！」

不久，小島開始下沉，從前攀不著的山頂，如今愛之神已經可以輕易地坐到頂端，或者應該這麼說，那是她僅存的活命空間。

「不行了，這島眞要沉沒海底了，我得找人幫忙才行。」愛之神著急地四處張望著，盼望這時有人能即時伸出援手。

就在這時，富裕之神乘著一艘大船經過，愛之神連忙呼叫著：「富裕之神啊！你能帶我走嗎？」

富裕之神連忙拒絕：「不行，我的船上已裝滿各式金銀財寶，根本沒有多餘的位子容納妳。」

愛之神失望地看著另一方，卻見虛榮之神正乘著一艘華麗的小船出現，她

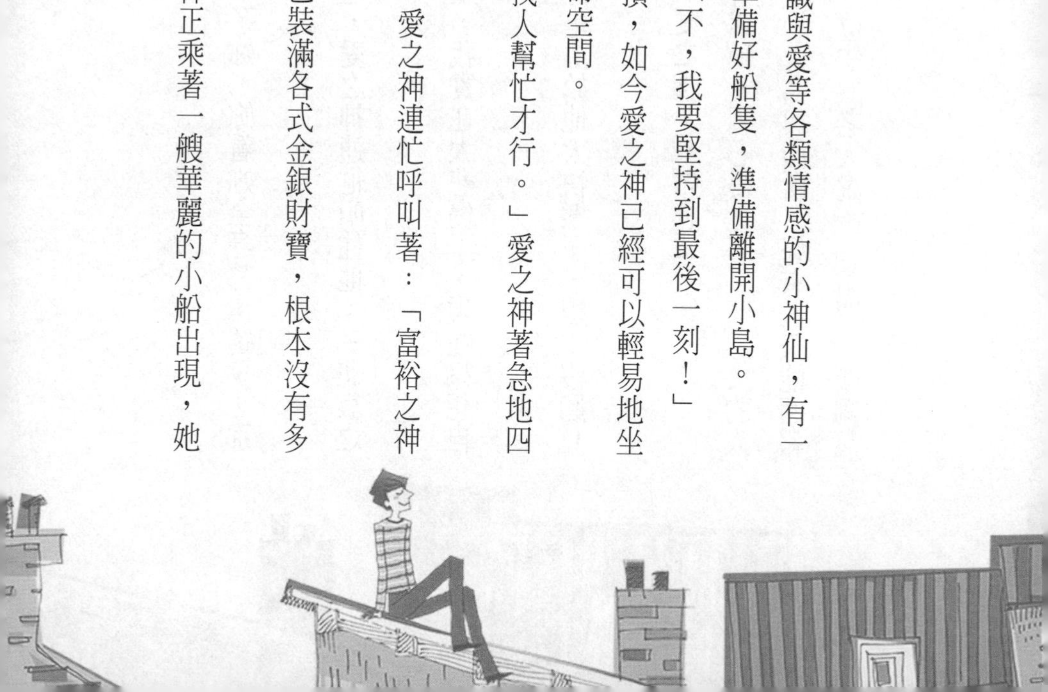

連忙招呼著：「虛榮之神啊！幫幫我好嗎？」

沒想到虛榮之神卻說：「對不起，我幫不了妳，妳看妳全身都濕透了，那可會弄髒了這艘漂亮的小船。」

這時，悲哀之神忽然從愛之神的身邊通過，愛之神連忙叫住他：「悲哀之神，讓我跟你走吧！」

「喔……是愛之神啊！關於這個問題，唉，我實在太悲傷了，現在只想自己一個人待一會兒！」悲哀之神說。

這時，快樂之神也走過愛之神的身邊，但是由於他太快樂了，根本沒聽見愛之神在呼叫她。

突然，有個聲音從遠方傳來：「過來吧！愛之神，我帶你走。」

那是一位白髮長者，愛之神聽見十分欣喜感動，開心得竟忘了問恩人的大名。愛之神登陸上地之後，這才想起要問恩人的大名與居所，好有一天能回報他，但白髮長者早已不見了，便問同船的另一位知識老人說：「請問，剛剛幫助我的那個人是誰？」

「他是時間。」知識老人答道。

「時間？爲什麼他要幫助我？」愛之神不解地問。

知識老人笑道：「孩子，因爲只有時間才知道『愛』有多麼偉大啊！」

❖

這個簡單的寓言故事點出愛的重要性，同時也間接地提醒我們，財富和虛榮是短暫與現實。

因爲現實，在最重要的時刻，與財富、虛榮有關的人事物將會各自逃竄，是最經不起「時間」考驗的，在最危急的一刻，這些人事物只會帶來災禍，而不是希望與扶持。

所以故事中，知識老人清楚說明：「名利是短暫，只有愛是長久的。」

我們被愛的同時也要懂得愛人。懂得珍愛別人，知道去關愛他人，自然能獲得紮實的生命感受，也得到人人渴求的幸福人生。有了這樣充實心之後，生活自然隨時都能擁抱快樂與圓滿。

從別人的缺點了解自己的不足

許多人看得見別人的缺點，卻察覺不到自己的盲點，嘲笑別人看不見危險，卻不知道自己原來也身陷危機之中。

不要老愛嘲笑別人的缺點，如果仔細比較一下，我們不難發現自己的缺點其實也不比別人少，那麼，與其浪費力氣大聲嘲笑別人的不足，何不保留力氣，小聲清點並積極補強自己的缺點呢？

老天爺給你機會看見別人的不足，不是要我們看別人笑話，而是要提醒我們：「如果不想被人嘲笑，也不想發生類似的窘態，就快好好反省自己是不是也有相似的缺點吧！」

❖

豬圈裡，有一群剛吃飽喝足的豬隻正躺在地上聊天、曬太陽。就在這個時候，原本平靜安詳的氣氛，因爲四個壯漢突然闖入而完全被破壞了。

「哪一隻？」

被驚醒的肥豬們這會兒也發現人們手上的繩子、棍棒和一把大刀，沒錯，主人們將在牠們之中選出最肥美的一隻來宰殺。

「就這隻！」

他們選定的目標是一隻又白又嫩的大肥豬，只見主人們一湧而上，很快地便將這隻大肥豬緊緊地綑綁起來。

「救命啊！兄弟們，救命啊！」大肥豬對著朋友們哀嚎著。

「哈！」其他的豬兄弟眼看著肥豬的倒楣相，竟冷眼嘲笑了起來。

「誰叫你要吃得那麼肥？每次在你大快朵頤時，怎麼都沒想到會被人們優先看中？你這不叫倒楣而是活該啊！笨豬！」有隻瘦不拉嘰的豬冷冷說道。

肥豬被殺後的第三天，壯漢再次出現，不過他們手上的工具似乎變少了，繩子比之前的短，手上的棍棒也沒有帶來。

「呵，今天不知道要輪到哪隻大肥豬倒楣了，喂，你們小心哪！」瘦豬冷笑道。因爲，牠從來都不認爲自己會被宰殺：「吃少一點，就不會被宰了。」

但今天主人們的選擇目標似乎改變了，正朝這隻瘦豬方向走來。

主人說：「唉，上次那隻豬太肥了，渾身是油，根本賣不到什麼好價錢，你們看，這隻豬一身瘦肉，想必可以賣得好價格了吧！」

瘦豬一聽，竟嚇得連求救聲都忘了，隱約間，朋友們聽見牠說：「沒想到我餓了一輩子，竟然換得這樣的結果，天哪！早知道我就該多吃一點，至少不會變成餓死鬼啊！」

❖ 許多人不也像瘦豬一樣，看得見別人的缺點，卻察覺不到自己的盲點，嘲笑別人看不見危險，卻不知道自己原來也身陷危機之中？

從另一個角度來看，從牠冷眼看待別人的態度中，我們不難窺見牠悲觀又自卑的心，那就像現實生活中，習慣以嘲諷別人來掩飾自己不足的人一樣，只懂得用否定別人的方式來肯定自己，卻不知道這個方法只安慰得了一時。

瘦豬臨死之前，心中必然充滿懊悔：「怎麼我只知道笑別人蠢，卻不知道自己比他們還笨，自以爲聰明地讓自己天天過著挨餓的日子，唉，看來最笨的人是我自己，至少肥豬生前的日子都過得比我快樂！」

聽見了瘦豬的最後心聲，下一次當你想嘲笑別人的不足前，何不寬容一點提醒自己：「我是不是也有相同的缺點啊？或者，我也該仔細看看自己哪裡不足，然後好好充實，才不會和他一樣犯下難以彌補的錯誤。」

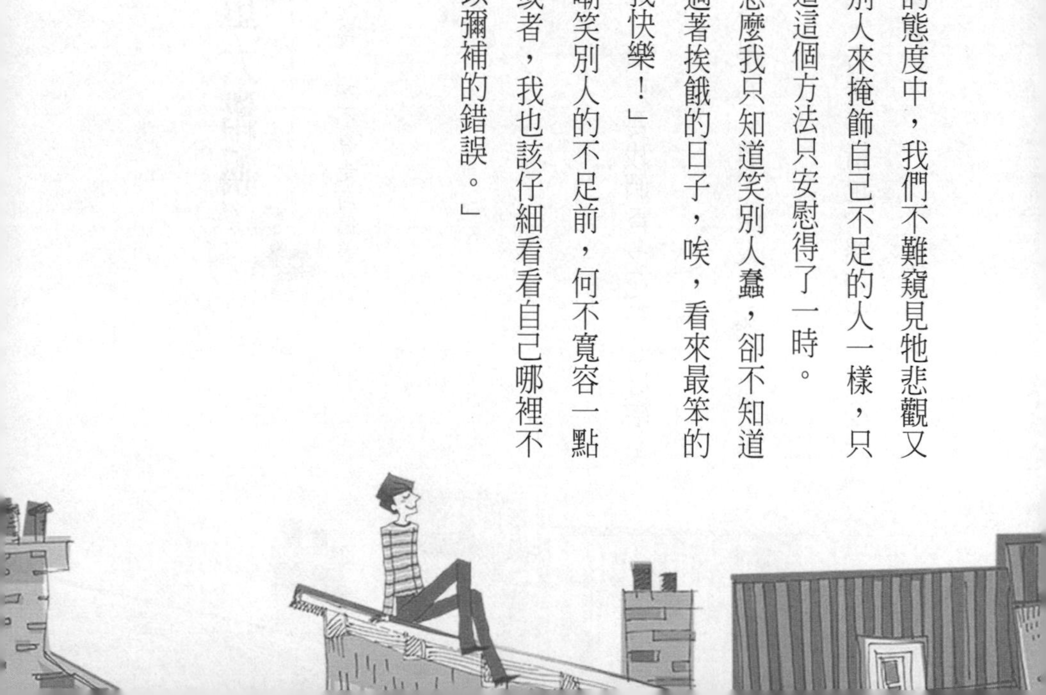

審慎評估，才不會犯下重大錯誤

面對人生與世事時，要將前因後果仔細深究後，才不會走向偏差的道路，讓自己後悔莫及。

人心、人性不是我們想像中那麼容易理解，但只要我們肯多花點心思觀察與深究，總會發現人們的眞心。

相同的道理，待人處世時，我們若能用心、費心，與人深入地交往，對事不輕淺看待，結果總會照著我們的希望走。

凡事都要做到功夫紮實，爲人處事是這樣，看待事情也一樣如此，這麼一來便能避開諸多不必要的麻煩，減少犯錯的機會。

❖

在愛爾蘭的首府都柏林，有一對年輕的夫婦婚後不久便傳出喜訊，然而等了十個月後，等到的卻是一喜一悲。喜的是孩子如期出生，但讓人悲傷痛苦的是，母親卻因此難產死去。

從此，男子父兼母職，但爲了一家人的生活，天天忙進忙出，家裡根本無人看顧，就連孩子也沒有能力照顧。年輕的爸爸心想：「唉，怎麼辦，孩子沒有人照顧怎行，這個家也要有人看顧才是啊！」

年輕爸爸找了很久，始終找不到願意配合的褓母，最後不得已，只好買來一隻狗加以訓練。沒想到這隻狗非常有靈性，很快便學會照顧小孩，知道要叨著奶瓶給孩子喝奶，還知要守護這個沒有大人的家。

這天，男主人出門前叮嚀特別愛犬：「好狗兒，你要好好看家，好好照顧寶寶啊！」隨即便到另一個村莊處理事情。

他原本可以如期回到家中，但很不巧的，回程途中卻遇上了大雪，因而被

阻攔在途中無法前進，不得已他只好再回到村莊，等第二天再趕回家。

第二天，男主人匆匆趕回家中。狗兒聽見熟悉的聲音立即大叫，興沖沖地跑到門口迎接主人，但就在男主人打開房門的那一刹那，差點沒嚇昏了過去。因爲他一打開門，竟見滿地血跡，地板上有血，床上也也沾滿了血，那孩子呢？爲何孩子不見了？

男主人這時發現站他身邊的愛犬，竟是滿口鮮血淋漓！男主人瞪大了眼，看著眼前的狗兒，心想：「該不會是牠獸性大發，把孩子吃了吧？」

一個轉念，想到孩子恐怕凶多吉少，而且凶手極有可能是他極爲信任且鍾愛的狗兒，男主人悲憤心起，一怒之下，立即拿起身邊的柴刀猛然對著朝他熱情搖尾的狗兒劈下，登時狗兒倒下死去。

「哇……哇……」就在這個時候，忽然傳來孩子的哭聲。不一會兒卻見小嬰兒從床底下爬出來，男主人連忙上前抱起孩子，但當他仔細檢查滿身是血的孩子，卻不見孩子身上有任何傷口。

「有血卻不見被咬的傷口，那麼這些血跡是怎麼來的？」男主人不解地四

處察看，不久才看見狗兒腿上的傷口竟深可見骨，「這……這怎麼一回事？到底發生了什麼事？」

再一個轉身，男主人看見有顆狼頭被咬下，嘴裡還咬著一片狗肉。原來，狗兒爲了保護小主人，曾與狼搏鬥，牠們滿屋子追逐，因而屋裡到處都是血跡。

「我怎麼這麼糊塗，竟錯殺了忠狗，天啊！」男主人悲痛欲絕，抱著孩子在忠狗屍體前跪下。

❖

這個結局想必觸動了不少人的心，讓不少易感的人傷心落淚吧，但仔細想想，這個無奈的結果其實是可以避免的。

因爲，男主人沒能認眞審察事情原委，僅就表面情況就下判斷，造成的「誤解」，結果不只讓小男孩失去了最佳褓母，也讓男主人從此深受良心的苛責。故事寫實地呈現我們在處理事情時最常犯的情況，那便是「猜疑」。

一旦事情發生，許多人常僅就表面情況判斷，僅從表面狀態來思考問題，

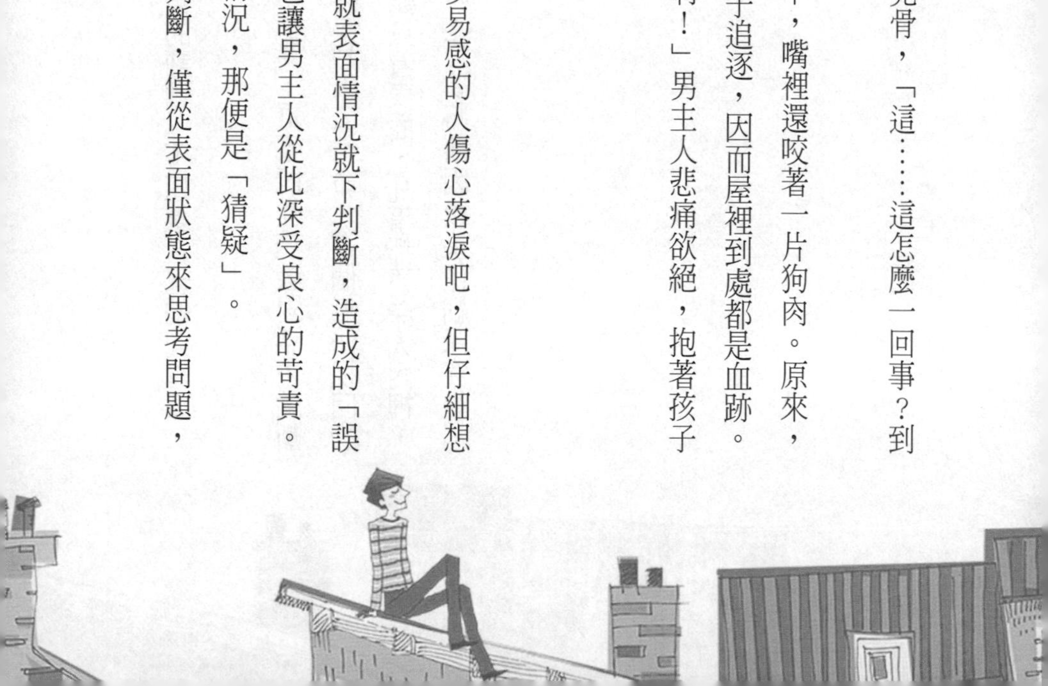

更多時候也只就表面現象下評論。殊不知，膚淺的評判，不僅讓自己偏向錯誤，也讓事實眞相越來越模糊，甚至使問題失焦。

與人交往時，我們不能單就表面情況論人是非，更不能從淺談對話中論斷一個人。故事中的男主人，因爲一時失察而讓忠狗失去性命，這個無法挽回的結局讓我們得到警惕，也讓我們明白，處世不能只看表面，凡事都要深入內裡，仔細評估、審察。相對的，面對人生與世事時，更要將前因後果仔細深究後，才不會走向偏差的道路，讓自己後悔莫及。

7.

無法改變環境，就設法轉換心境

所謂學習忍耐生活，是要我們從心靈徹底地覺悟，
當我們無法改變環境時，就改變自己，用微笑來轉換心境。

相信自己，未來就在你手中

回歸到最原始、最純淨、自然的心靈領域，就能聽見內心最深處的聲音。只要我們願意，隨時都可以達到這樣的境界。

電影人人愛看，然而若是在心靈中放映的「電影」呢？你是否會感到疑惑、害怕，甚至想逃避，不敢面對？

有人說，夢境反應著現實生活，夢中的景色、情節、人物等等，都和日常的生活經驗息息相關，只要我們正視它，就能發現其中的相關與奧妙。

但夢境畢竟是虛幻的，因此許多人選擇一笑置之。可是，內心的聲音，潛意識中出現的直覺呢？

人往往相信看得見的具像事物，卻不願意聆聽心靈給予我們的訊息。

我們的直覺有些是來自於本身的知識判斷，但是因爲我們對自己沒信心，而忽略了這個無窮的力量。殊不知，那些奇蹟都因爲直覺加上信心，才能創造出前所未有的局面。

❖

康拉薩·希爾頓曾是一名飯店經理，後來建立了聞名國際的希爾頓帝國。他認爲自己能擁有如此的成績，是因爲相信直覺，相信自己擁有靈活且敏感的預知能力。

就像某次，他打算買下一間芝加哥的老旅館來改裝經營，拍賣會決定由出價最高的人得標，而投標的數字將在開標當天公布。

開標的前幾天，希爾頓設定了一個數目，十六萬五千美元。但就在投標的前一天晚上，他在睡夢中感到一陣心煩，似乎有什麼事不對勁，強烈的感覺到這次的投標會失敗。

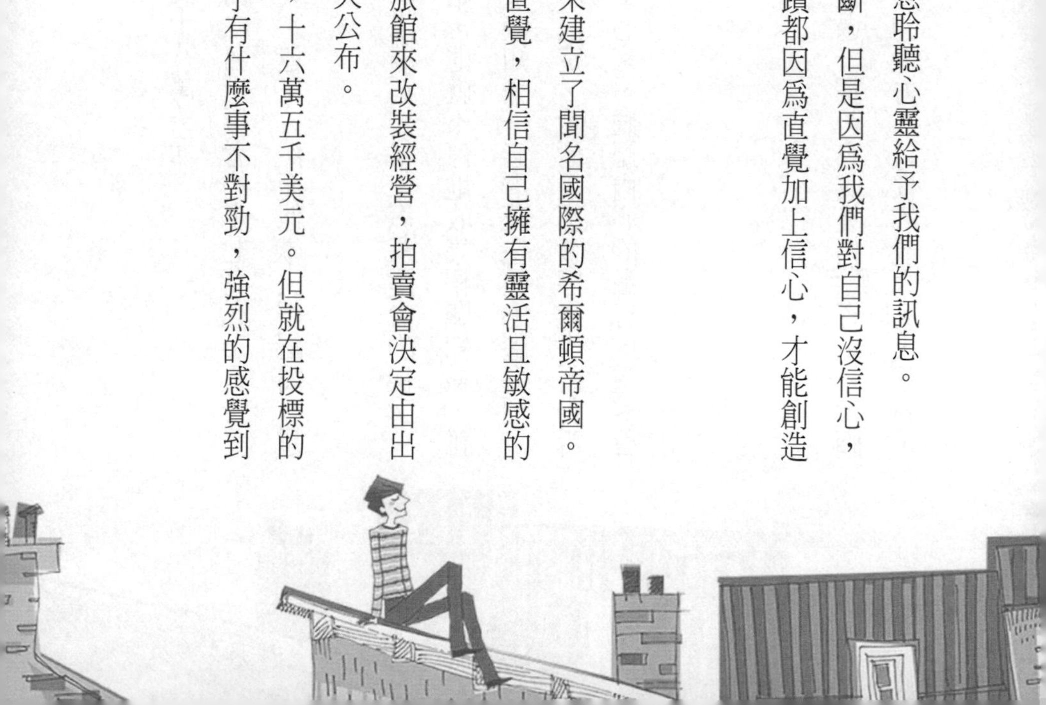

再三考慮後，希爾頓決定再將價錢提升到十八萬美元。

開標後，希爾頓果然順利得標，而且比第二名投標者的十七萬九千八百美元只多出兩百美元。大家都覺得希爾頓眞是太幸運了，然而他本人卻認爲，這全是因爲聽從內心的聲音。

由於預感總是在關鍵時刻提醒了他，因此希爾頓相當重視心靈深處的探索。從年輕時，在德克薩斯州買下第一間旅館開始，他就不停地收集相關知識，雖然他並未仔細地研究、整理這些資料，但是這些知識一直潛藏在他的腦海裡，並整合成一個巨大且隱密的資料庫。每一次的決定，希爾頓都會聽從大腦告訴他的指令，當他覺得哪裡有問題時，便會靜下心來，聽聽內心的聲音，這些聲音也從沒有辜負他的期待。

❖

希爾頓的直覺並非僥倖的碰運氣，他曾花過一翻苦心收集相關資訊，大腦也會在適當的時候提供他意見，提醒他該注意的地方。這樣的能力人人都有，

可是能充分運用的卻沒幾個。

每一個人都是不平凡的，不過大多數人卻不明瞭自己的能力，庸庸碌碌過一輩子。根據統計，人的一生到臨終之前，只運用了百分之三至四的腦力，因爲缺乏對遠景、對心靈的再開發，所以沒有傲人的成就。

現代許多熱門的禪修課程主張的就是回歸到最原始、最純淨、最自然的心靈領域，如此才能聽見內心最深處的聲音。只要我們願意，隨時都可以訓練自己達到這樣的境界，留意每一個來自心裡的感覺，面對它，重視它，更重要的是，要相信成功和信心是一體兩面。

發揮創意便會湧現商機

看起來似乎不起眼的東西，也會帶來商機。生活中處處充滿商機，只要仔細留意，一定會有發現。

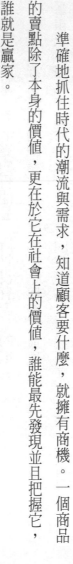

準確地抓住時代的潮流與需求，知道顧客要什麼，就擁有商機。一個商品的賣點除了本身的價值，更在於它在社會上的價值，誰能最先發現並且把握它，誰就是贏家。

人的一生中，有許許多多的機會在等待著我們，不論是大是小，我們都要謹慎地面對它。或許今天錯過了，還會有其他的機會，但是如果我們一直沒有去察覺機會的本質與內涵，並加以運用，那麼即使機會抓在手中，也無法好好

將它發揮。

❖

冰淇淋剛出現時，只能盛在盤子上吃，並不像現在有各式各樣的吃法。一九四〇年的夏天，世界博覽會在美國的一個城市舉辦，短時間內，大批的觀光人潮湧入主辦城市，將會場擠得水洩不通。

哈姆威廉當時是個糕點小販，在主辦單位允許下，在會場外出售甜脆薄餅，隔鄰攤位則是一個冰淇淋小販。由於天氣炎熱，購買冰淇淋的客人也特別多，但是盛裝冰淇淋的小碟子不夠用，所以很多客人得排隊等其他人吃完，退回碟子，才能再盛上冰淇淋，趕緊吃上一口消暑解熱。

哈姆威廉看到這種情況，突然靈機一動，心想可以把自己的薄餅捲成一個小圓錐形，再將「錐子」倒過來，用來代替碟子裝冰淇淋，而且薄餅還可以當點心吃。當他一提出這個建議，很多顧客便群起效尤，並且吃得津津有味，後來所有客人都指名要用薄餅代替碟子裝冰淇淋。這種新奇的吃法，吸引了更多

人前來品嚐，兩家攤子的生意因此絡繹不絕。

後來，甜脆薄餅經過多次改良，就成爲我們現在常見的甜筒。

相同的創意發想，也發生在格林伍德身上。

格林伍德十五歲那年收到一份特別的聖誕禮物——一雙冰鞋。他從小就渴望有一天能在冰上滑冰，如今這個願望終於實現了。

格林伍德來到離家很遠的小河上，穿上滑冰鞋溜了起來，當時河水早已凍成厚厚的冰層，由於天氣太冷，溫度又不斷下降，風吹過耳朵，就像刀割般疼痛。他溜了一會兒，再也忍不住，就戴上罩住整個頭的皮帽子。可是這帽子把他的頭包得緊緊實實，不留一絲空隙，時間一長，汗水全悶在裡面，讓他覺得很不舒服。

伍德心想，要是有一個專門遮住耳朵的套子，一定會更舒適。回到家，他和媽媽討論過後，媽媽就按照他述說的形狀縫製一雙棉耳套。

格林伍德戴上棉耳套再度溜冰時，果然起了保暖的作用，很多人看見了，紛紛上前詢問，也希望能擁有一雙耳套。

後來經過多次改良，耳套做得更加舒適、美觀且實用，於是他們向美國專利局申請了專利權，稱它爲「綠林好漢式耳套」。

❖

美國作家庫爾特·馮尼古特在《第五號屠宰場》裡寫道：「生活是美好的，每個人都有過相當多機會，無論你是否利用過。」

不管是甜筒或耳套，這些看起來似乎不起眼的東西，也會帶來商機，甚至擁有智慧財產權，可見創意的背後利潤相當龐大。

生活中處處充滿商機，只要仔細留意，一定會有發現。

無論古今中外，成功的人通常具備一種特質，那就是「精益求精」。只要對自己的工作投入、充滿熱忱，我們就會從過程中發現問題，並且設法處理。把這樣的精神運用在生活中，成功的機會自然也比別人多。

把握機會，善用機遇，別讓它從你手中悄悄溜掉。

以貌取人，吃虧就是自己

第一印象常常由外表開始。但是，相由心生，就算沒有出眾的外貌，只要整齊、乾淨，充滿笑容，就能給人舒服的感覺。

散文詩名家紀伯倫曾經說過一個寓言故事：

有一天美和醜在海邊相遇，便一起在海裡洗澡。它們各自脫下衣衫，在海裡盡情游泳，但是沒多久，醜就上岸，穿上美的衣服離開了。

等到美從海裡出來後，由於找不到自己的衣服，又不敢赤身裸體，不得已只好穿上了醜的衣服。

直到今天，許多人仍然常常分不清美醜的定義，尤其在愛情的路上。以外

貌來評斷人事物，往往最不客觀，但卻是人們最容易犯的錯誤。

其實，一個高貴、勇敢、美麗的靈魂，要從內在來發覺，不是嗎？

❖

從前，某位皇帝的皇宮有一座雄偉又美麗的花園，裡面有各式各樣的花、草、樹木，蜜蜂、蝴蝶和小鳥都喜歡到花園裡玩耍。

當人們經過花園外的圍牆時，常會被一陣悅耳又迷人的鳥兒歌聲所迷住，有人就寫了一篇文章讚美那隻唱歌的小鳥，並且稱牠爲「夜鶯」。

這事傳到皇帝的耳中，令他大感訝異，他從不曉得自己的花園裡住著這樣一隻神奇的鳥兒。於是，皇帝就命令一位侍衛，非要找到這隻夜鶯不可，否則就要砍掉他的腦袋。

接到命令後，侍衛在花園裡不斷地尋找，可是就是看不到夜鶯的身影，到了傍晚，他失望地停下腳步，坐在大石頭上休息。

這時，來了一個小姑娘，看到侍衛垂頭喪氣的模樣，就問他發生了什麼事，

了解情況後，小姑娘微笑說：「我有辦法帶你找到夜鶯，不過要等到天黑之後。今天是月圓，夜鶯會在楊柳樹上唱歌。」

果然月亮出來後，侍衛在楊柳樹下看到了夜鶯，便懇求夜鶯跟他回宮去，否則自己的小命就不保了。

夜鶯答應侍衛的要求，跟著他一起進宮。

皇帝跟臣子們聽完夜鶯的歌聲後，都忍不住流下感動的淚水來。皇帝問夜鶯想要什麼獎賞，夜鶯回答他：「您的眼淚，就是我最好的獎賞。」

皇帝因爲太喜歡那美妙的歌聲，深怕夜鶯會離開，便用十二條絲線綁在夜鶯的腳上，並要十二個僕人牽著線跟隨牠。

夜鶯雖然過著很好的生活，卻失去了自由。

有一天，外國使者送來一個盒子，裡面裝的是一隻用金子和寶石做成的夜鶯。使者告訴皇帝：「我國獻上的這隻金夜鶯，比那隻灰色的夜鶯漂亮多了，只要把它肚子下的螺絲旋緊，它就會唱歌給你聽。而且它會唱著同一首歌，不像夜鶯那麼沒規矩的亂唱。」

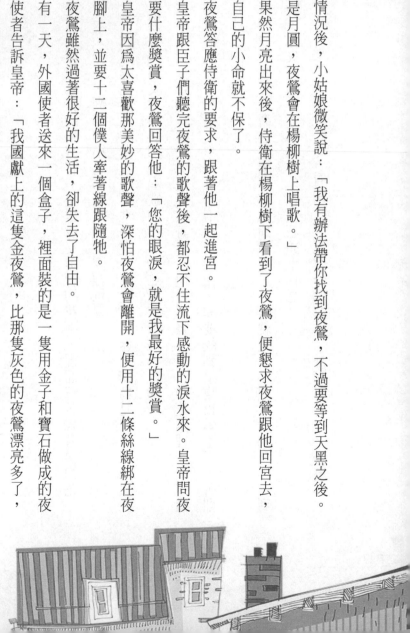

皇帝從此迷上了金夜鶯，忘了夜鶯，不久之後，夜鶯扯斷腳上的絲線，悄悄離開了皇宮。

日子一天天過去，宮裡傳來皇帝病重的消息。有一天晚上，死神來到皇帝的床邊要將他帶走，皇帝害怕地大叫：「金夜鶯，趕快唱歌啊！」但是因爲沒有人替它上發條，所以金夜鶯一動也不動。

這時候，寢宮裡突然傳來一陣清脆的歌聲，原來是夜鶯回來了，死神聽到歌聲後流下了眼淚：「我好久沒聽到這麼動人的歌聲了，謝謝你，小夜鶯。」說完就離開了。

❖

灰黑不起眼的夜鶯，雖然沒有亮眼的外表，卻有自主的意識和天賦，牠的歌聲甚至能感動死神，可是和故事中的皇帝一樣，人們常被事物的外表迷惑，往往要等最後關頭才有所覺悟。

不可諱言，我們至今仍然生活在以貌取人的社會，第一印象常常由外表開

始。但是，相由心生，就算沒有出眾的外貌，只要整齊、乾淨，充滿笑容，就能給人舒服的感覺。

相反的，即使外表再美麗，若是沒有內涵，又常苦著一張臉，久而久之，還是會讓人識破那只是個包裝過後的空殼子。

做人寬容，做事才會圓融；凡事不要以貌取人，否則吃虧的將會是自己。馬不用駿馬，只要會跑就行，不管是白貓、黑貓，能抓住老鼠的，就是能夠幫助自己解決問題的好貓！

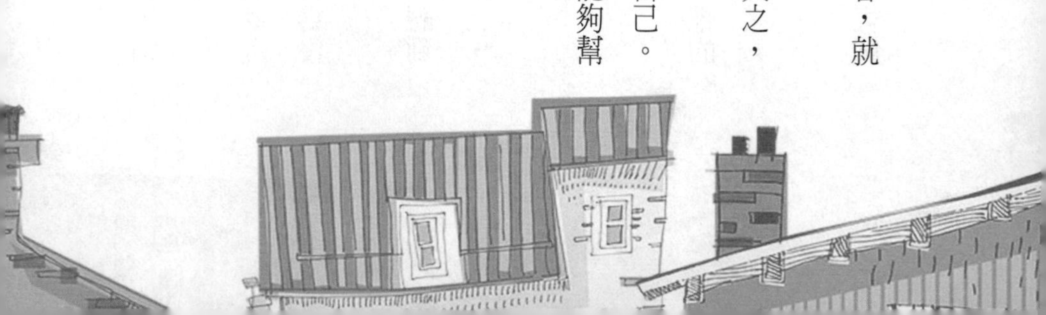

無法改變環境，就設法轉換心境

所謂學習忍耐生活，是要我們從心靈徹底地覺悟，當我們無法改變環境時，就改變自己，用微笑來轉換心境。

人是群居的動物，只有學會與他人和諧相處，才能生活愉快。想要事事如己所願是個天方夜譚，因此，學習容忍生活中的不便之處，並泰然處之，是處世的重要法則。

就像我們常常見到許多愛子心切的父母，爲了讓孩子有良好的讀書環境，極盡所能地營造一個安靜的空間，全家小心翼翼，就怕弄出一點噪音來，但是在這樣環境下苦讀的孩子，卻不一定會有好成績。

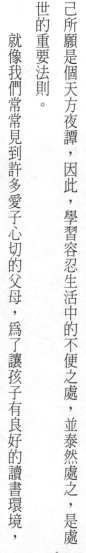

因爲，週遭太過安靜的情況下，反而容易因爲一丁點小聲音就受到嚴重的干擾。保護過度，只會造成反效果。

❖

有一個男人，個性內向不多言，獨自一人經營著農場。他細心照顧牲口，整理週遭環境，過著日出而作、日落而息的規律生活。一天的辛勞過後，他喜歡端著一杯茶，坐在庭院裡享受大自然的寧靜。

日子一天天過去，年紀越來越大的他覺得應該是成家的時候了，於是娶了一個可愛的女人，並生下幾個孩子。可是，他的妻子天性活潑，又是一個大嗓門，忙完一天的家事後，似乎仍有用不完的精神，總是嘰哩呱啦地說個不停。此外，孩子個個都是母親的翻版，整天衝來衝去、大叫大笑，玩得渾然忘我，沒有一刻靜得下來。

喜歡安靜的他再也受不了了，無助地跑去找上帝，希望能得到解決的方法。當他走進教堂時，發現上帝正面對牆上的自己，低頭祈禱著。

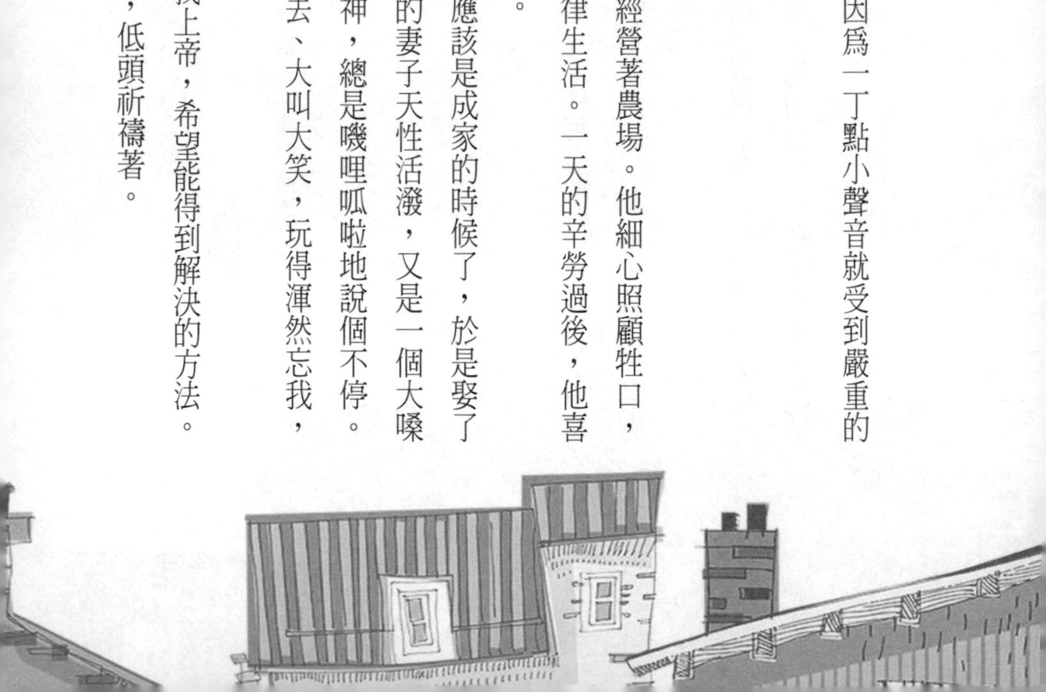

男人見了，十分納悶地問：「親愛的主啊！爲什麼您也在禱告呢？您不是萬能的嗎？」

上帝在胸前畫完十字架才回頭對他說：「孩子，自己的問題必須自己解決，我能做的只是傾聽並給予建議。你看，我也要對自己傾訴煩惱呢！」

男人聽完並沒有離開，不放棄地懇求：「萬能的天父啊！您再不救我，我可能永遠看不到您了，我快被家人的噪音淹沒了……」

上帝嘆了口氣說：「你回家後，把家裡所有的牲口全部關到屋內，一週後問題就解決了。」

男人半信半疑地回家了。

一個禮拜過去，男人面容更憔悴了，不滿地告訴上帝：「家裡更吵了。人聲、牲畜叫聲、彼此嬉鬧聲……快把我搞瘋了！我寧可下地獄和撒旦相處，也不想待在家裡！」

上帝滿臉微笑，不慌不忙的回應：「現在，你回家把所有牲畜趕出屋內，打掃一下房間，一個禮拜後再來見我。」

還不到一週，男人便迫不及待來到上帝面前，滿臉興奮地說：「親愛的天父啊！感謝您！我現在覺得世間是如此的安寧和幸福。」

❖

男子感謝上帝重新賜予他安寧和幸福日子，可是他的生活與一週前並無差別，會有改變的感覺是出自於有所比較。

但不是每一個問題，在比較過後都有重來過的機會，因此，改變自己的心態來適應生活，就變成一件重要的事。

所謂學習忍耐生活，並非如同字面上的意義，只是要求人忽視不愉快的地方，而是要我們從心靈徹底地覺悟，當我們無法改變環境時，就改變自己，用微笑來轉換心境。

當然，每一個人的身體機能不同，感受度亦不同，不能用同樣的標準來要求，這時候只能寬容地對待，從兩個極端中求出最佳的平衡點。

別讓傳統成為前進的沉重包袱

傳統不是枷鎖，是讓自己更進步的基石。不管對傳統或者新知，都必須給予尊重，這些都是經驗與知識的來源。

在二十一世紀的社會裡，科技的發展大大改變了人類原有的生活型態，其中影響最大的就是大眾傳播媒體。雖然它帶給人們更多獲得知識的機會，但是就另一面來說，它又像一種無形的催眠，讓我們生活在被動而不自知的環境下，忘了用腦思考，只是盲目接受。

再看到集幾千年智慧結晶而成的傳統。傳統之所以形成，必定有它的道理，但是不一定適用於不斷改變的環境，因此在吸取傳統經驗的同時，也要設法超

越它，才能得到眞正的智慧。

倘若只知緊抓著傳統的衣角，卻不了解傳統的內涵，還自以爲是地以短淺的認知來規範他人，不僅害人也害己。

❖

一隻與人類共同生活多年的花貓，年歲大了之後身染重病，已經回天乏術。牠知道自己快要離開人世，便命令身邊的小花貓們趕快將女主人請來見最後一面。女主人取消原訂的約會，匆匆忙忙趕了過來，手上捧著一束花，神情哀戚地走到老花貓的病榻旁。

「親愛的主人，我再也無法陪伴在妳身旁了……」老花貓勉強地開口。

原本想伸出手撫摸老花貓的女主人，一看到床邊掛著的病歷表，以及上面列出的一行行病狀時，手便又縮了回去，只說了一句：「你安心休養吧！我已經向菩薩祈求讓你早日康復。」

「不行！來不及了！」老花貓用盡全身的力氣說著：「我已經快要死了，

趁還有一口氣在，我有一個小小的心願，希望妳能看在我忠心耿耿陪伴妳多年的份上，無論如何都要答應我的請求。」

「說吧！我的小寶貝。只要我做得到的，我一定盡力去做。」女主人看到老花貓的情況，忍不住哭了起來。

「那麼……當我離開這個世界之後，請妳不要把我的身體掛在樹枝上。」

「原來是這件事啊！這個簡單，我不但照做，而且還會爲你訂製一個小棺材，再請裁縫爲你縫一套壽衣，讓你安安心心地離開。」

老花貓聽完，就帶著微笑離開了。

然而，就在當天下午，老花貓的屍體竟然被懸掛在附近草叢中一棵檜木的樹枝上，旁邊還坐著主人養的那隻以善盡職責出名的老黃狗。

小花貓們看到老花貓的屍體被掛在樹上，紛紛表示抗議，責怪主人不守承諾。牠們群聚在樹旁，準備將屍體解下來，這時候老黃狗突然露出尖牙，惡狠狠地將小花貓趕離樹旁，並且擺出備戰姿態說：「老花貓的屍體一定得掛在這裡，這是幾千年來的老傳統，不遵守不行。」

「傳統？」小花貓們懂的不多，擔心觸碰禁忌，於是緩和了態度。

「我就是傳統，而且是傳統的象徵和代表。」老黃狗得意地大笑。

小花貓們聽完，只能不滿地離開了。

❖

古羅馬思想家塞涅卡曾經諷刺地說：「堅持傳統有什麼用呢？這是老婦人，甚至是無知老婦人的哲學。」

老黃狗眞的了解什麼是傳統嗎？或許花貓們不了解傳統，只是懾於牠的威力而無力反抗，但這並不代表牠們願意接受這樣的規範。反而是可悲的老黃狗，口口聲聲都是傳統，卻不了解爲什麼要這麼做。如果牠知道哪天自己也必須遵照傳統，隨波逐流「放水」而去，就不會得意地坐在那裡了。

傳統不是枷鎖，而是讓自己更進步的基石。不管待人或者處世，都必須提醒自己寬容以待，生命才會更加圓融。

貪戀小利會讓人失去機運

忍耐不等於消極忍受，人要了解自己的能耐，勇敢主宰自己，不能光依賴一份小小的利益，便忘了所遭受到的不平等待遇。

雖說人生而平等，但這只是個崇高的理想，現實環境裡，仍無可避免地會遇上許多不公平的事。

不管是誰，遇到了不合理的待遇，很少能無動於衷，只怕在「習慣」的催眠下，痲痺了自己的感覺而不自知，這才最讓人擔心。

有些人可以咬著牙，忍受不公平的待遇，因爲他們很清楚，這只是一時的情況，不會是一輩子。他們精打細算並期待著在這樣的環境中可以得到額外的

利益，一旦時機來臨，就能馬上做出一番創舉。

年輕人較容易衝動，可能無法耐著性子忍受這樣的磨練，因此他們會挺身抗爭，說出自己的不滿，或許會跌得鼻青臉腫，但這也沒什麼不好，有時候就是需要一些不同的聲音來平衡時局。而且，年輕就是本錢，跑累了，休息一下，又可以重新出發。

❖

楚國有一個靠養猴維生的人，大家都叫他狙公。他每天訓練猴子雜耍，到市場表演給外地人觀賞，賺取一些費用。

除此之外，每天早上他都會將所有的猴子集中在庭院裡，分成幾小隊，並且讓年紀大的猴子帶領年紀小的猴子進入山中採果實。

採下來的果實，他只把十分之一分給猴子當一天的所得，剩餘的除了留下來自己享用之外，還拿到市集販賣。如果有猴子不肯交果子，或者果子的數量不足，狙公就會拿起竹子狠狠鞭打牠們。所有的猴子都很害怕狙公，覺得日子過得很痛苦，可是又不敢違逆。

有一天摘完果實，又被帶到市集表演過後，所有的猴子都累得躺在地上。一隻年輕的猴子拿著手上分到的水果，疑惑地問起年長的猴子：「山裡面的水果都是狙公種的嗎？」

老猴子說：「當然不是狙公種的，是原本就生長在那兒的。」

年輕的猴子又問：「除了狙公外，其他人都不可以摘那些果子嗎？」

老猴子遲疑了一下，回答道：「不，只要想要的，大家都可以去摘。」

年輕的猴子說：「既然如此，那我們爲什麼還要辛辛苦苦爲他工作，然後領取那一點點的果實呢？爲什麼不爲自己摘取就好？」

所有的猴子聽到這番話，都突然頓悟了。那天晚上，趁著狙公熟睡的時候，牠們悄悄破壞籠子，並把狙公放在倉庫裡的果實統統拿走，逃往山中，不再回來，狙公失去賴以維生的猴群，就這樣餓死了。

❖

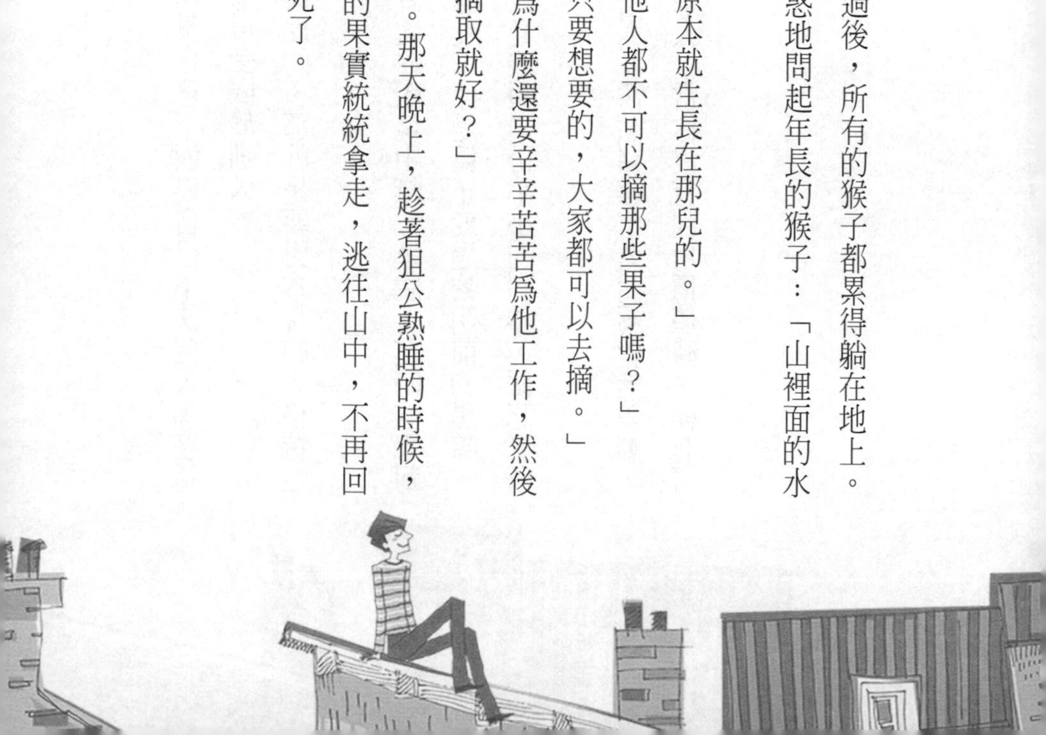

人生最重要的，就是做自己的主人，如果自己不能爲自己下決定，那麼這個社會陷入混亂是遲早的事，因爲每個人都得受限於別人。

當然，要當自己的主人，也是有先決條件的，那就是要對本身的人格特性清楚了解，而且不自私。

一生中，難免會遇到挫折與打擊，或者處於困境中無法逃脫，這時候忍耐的功夫就很重要了，但是忍耐不等於消極忍受，而是爲了度過黎明前的黑暗。人要了解自己的能耐，勇敢主宰自己，不能光依賴一份小小的利益，便忘了所遭受到的不平等待遇。

或許忍受能換得生活無虞，但是這就像由沙雕成的城堡，看起來雖然美麗，一旦大浪打來，終將化爲烏有。一味依賴別人，當你沒有利用價値時，極有可能被一腳踢開，一切成空。

不發揮天賦，便是對自己的辜負

任何一個有天賦的人，如果不能發揮自己的特長，不管擁有多好的能力，都只能留在原地踏步。

春風得意時，旁人恭維的話必定少不了，難免會讓人產生得意滿足的心理，日子過久了，就以爲可以高枕無憂而鬆懈了兢兢業業的精神，甚至因爲過於自滿而得意忘形。

這時候，只要隨便一個打擊，都很有可能讓人慘敗收場。因爲，忘卻了最初的堅持與努力，習於安樂之中，很容易讓一個人喪失鬥志。

勝不驕、敗不餒，別因一帆風順而放鬆了綁住帆布的線，否則大浪打來，

隨時都要面臨翻船的危機。至於身處逆境也不必萬念俱灰，要知道條條大路通羅馬，只要懂得發揮天賦，人生的道路就不止那麼一條。

❖

在一間理髮店裡，有一把非常漂亮的剃頭刀，光滑銳利的刀刃、雕刻花紋的木柄，顯得十分出色。

客人們都喜歡讓這把剃頭刀服務，不管是頭髮或鬍鬚，只要三兩下，就可以刮得清潔溜溜，舒服得像一雙巧手在臉上按摩。

有一天，主人出門辦事，剃頭刀突然興起一股念頭：自己工作那麼久了，每天望著玻璃窗外的街道，卻從來沒有到外面的世界冒險，一定得出去闖蕩一番。因此，剃頭刀將自己鋒利的刀刃抽出刀框，抬頭挺胸，昂首闊步地走出理髮店。才到了門口，燦爛的太陽光射來，照得刀刃閃閃發光，亮光折射到牆上，形成一幅動人的畫面，剃頭刀看得有些癡迷了。

「我是如此的光彩迷人，難道一輩子就只能待在那間小小的理髮店？」剃

頭刀大聲地告訴自己：「不，我絕對不回去！我受夠了整天埋在一堆泡沫中，爲粗魯的傢伙刮著滿臉骯髒的鬍鬚和一頭雜亂的頭髮。像我這樣的高貴，怎麼可以繼續做那些粗俗的事呢？」

於是，剃頭刀找了一個偏僻的地方，將自己藏起來。

幾個月過後，進入了陰雨綿綿潮溼的秋天，躲起來的剃頭刀開始感到寂寞了，最後決定從隱居的地方出來透透氣。當它站起身子，離開陰暗的角落時，突然大叫一聲：「哎呀！不得了了！」

原來剃頭刀的刀刃變鈍了，而且還長滿紅色的鐵銹，連漂亮的刀柄都被蛀蟲給咬出一個一個的洞，太陽再也無法在刀刃上映出光芒了。

剃頭刀跌坐在地上，難過地放聲大哭：「爲什麼我那麼愛慕虛榮呢？我的主人是如此珍惜我啊！他那麼肯定我的工作能力，每天把我照顧得好好的，但是，看看現在的我成了什麼樣子啊！」

❖

詩人歌德曾說：「即使是最偉大的天才，如果他把一切都歸功於自身，那麼他將無法再前進一步。」

任何一個有天賦的人，如果不能發揮自己的特長，不管擁有多好的能力，都只能留在原地踏步。自滿的剃頭刀沾沾自喜於自己的才能，不再往前求進步，最後只能長出斑斑鐵銹，能力也枯竭了。

有時候，平淡也是一種絢爛的表現，不因高人一等而洋洋得意，反而能展現出成熟之美。每一個人都是塊美玉，唯有保持柔軟的心態，經過多次的磨製，才能散發出光彩來。

別讓智慧成為紙上談兵

智慧是從生活中一點一滴累積而來，並且也是不斷成長的。如果滿足於現狀而不求進步，那麼這個寶庫只會慢慢地流逝。

有個巧妙的比喻是這樣說的：「書本就像降落傘，打不開也沒有用。」

知識是開啓人生旅程的鑰匙，書本則是走向智慧殿堂的道路。具備豐富的知識，可以讓觀察力更敏銳，處理事情也能更有效率；閱讀書籍則能增廣見聞，讓自己的學識更加淵博。

但是知識是死的，人是活的，如果不會思考、運用，再多的知識也只是「打不開的降落傘」。

並非所有的書籍或知識都是正確的，所謂「盡信書不如無書」，吸收學習的過程也要學會判斷，做到眞正的「開卷有益」。

❖

從前有一隻烏龜認爲世界上最長壽的動物非自己莫屬，因此必須讓自己更加偉大。於是牠左思右想，要怎樣做才能達成願望呢？做一件轟轟烈烈的大事？征服世界上最高的山？還是賺很多很多的錢？

後來牠終於想到了，只有智慧才能戰勝一切，因此牠要當世界上最有智慧的動物。從那天起，烏龜開始周遊列國，到處尋找智慧，並將收集來的智慧全都裝在葫蘆裡。

牠希望能獨佔全部的智慧，這樣一來，不管是誰，不管遇上多麼小的問題，大家都必須請教牠，甚至可以收費做生意，順便賺上一大筆錢，讓自己不但聰明，還很富有。

每當烏龜又找到一個智慧時，便就將樹葉捲成的蓋子小心翼翼地打開，深

怕智慧一不注意就從葫蘆裡溜出來。就這樣過了好多年，有一天，牠覺得自己已經收集完世界上所有的智慧，便決定要將這個葫蘆藏到所有人都找不到的地方去。於是牠將葫蘆抱在胸前，往海底游去，打算將葫蘆藏在海底最深處。當牠游到海底，好不容易挖出一個洞時，突然一陣激烈水流沖來，葫蘆又被帶回到水面上。

烏龜覺得藏在海底不安全，於是便帶著葫蘆回到陸地，坐在石頭上沉思。微風吹過，一片葉子落在牠身上，牠突然大叫了一聲：「就將葫蘆藏在全世界最高的山上，這樣誰也拿不到了！」

說完烏龜馬上提起精神，往山的方向走去。牠來到山腳下，看著一塊塊大岩石，就用一根繩子將葫蘆綁起來，掛在脖子上，然後開始往上爬。當牠努力地想跨出第一步時，葫蘆卻垂到肚子前面，妨礙牠爬山，就這樣試了很多次，連一塊大石頭都爬不上去。

這時候，有一位坐在路邊休息的旅人開口了：「你爲什麼不把葫蘆掛在背上呢？這樣不就好爬多了。」

原來他已經在那兒看了好一陣子，終於忍不住開口建議烏龜。

烏龜一聽，才驚覺到世界上還遺留著好多的智慧，這樣辛苦地蒐集，只是白費力氣，因此牠就把葫蘆往地上一摔，智慧也碎成一小片一小片，隨著風飛向了全世界。

❖

德國哲學家費爾巴哈說：「沒有智慧的人就會受人欺騙，被人迷惑，任人剝削。只有充滿智慧的人，才是自由和獨立的人。」

智慧是從生活中一點一滴累積而來，並且也是不斷成長的，就像有生命的植物，只要用心照顧，勤於灌溉，也會開花結果。如果滿足於現狀，而不求進步，那麼這個寶庫只會慢慢地流逝。

囤積智慧，要適度開封使用，最少要知道東西放在哪裡，否則就會像烏龜一樣，花費許多時間收集，卻不知適時應用，最終只換來一場空。當然，牠的努力並非完全白費，至少從中學到了：「智慧是無窮盡的。」

8.

多用一點心，就多一點機運

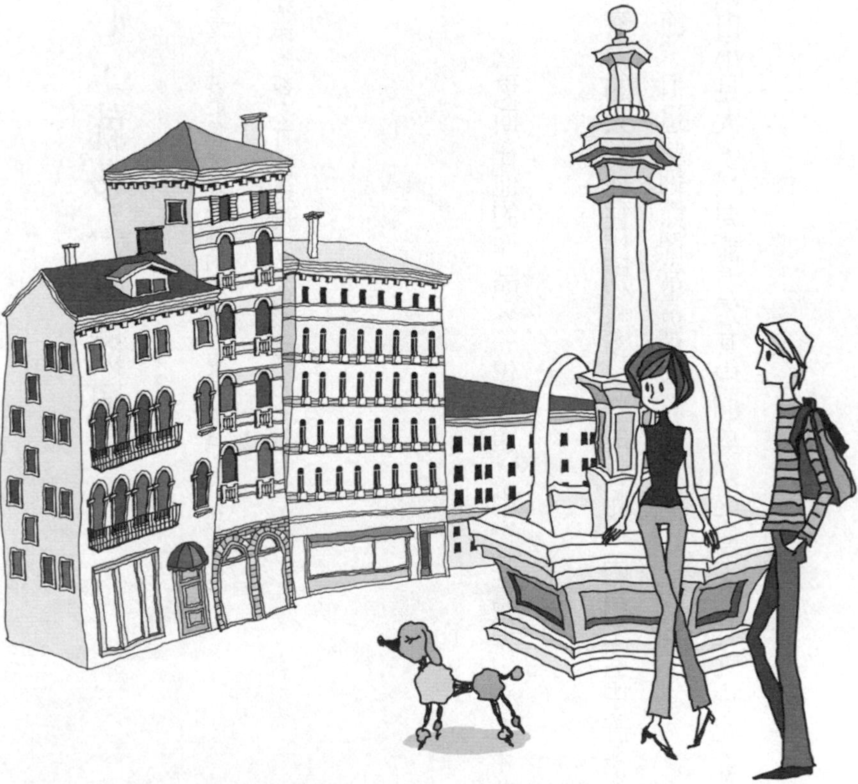

只要多一點留意，就能免除掉很多的麻煩，

更可能為自己帶來好處。

一個小小的細節，都有可能造成大大的影響。

多用一點心，就多一點機運

只要多一點留意，就能免除掉很多的麻煩，更可能為自己帶來好處。
一個小小的細節，都有可能造成大大的影響。

英國作家查爾斯．狄更斯在他的作品《一年到頭》中曾經寫道：「天才就是注意細節的人。」

爲何擁有敏銳觀察力的人，往往比別人多一些成就呢？因爲生活中許多的發現都是出自於小細節，但這些細節卻常常被人忽視。

很多東西都可以由小見大，只要能看透其中的奧妙之處，平凡之中也能造就出不平凡。

曾經有人發願，要找出所有物品可用的極限，也真的給人類帶來不少福利。他們所採用的方法就是仔細觀察，找出事物本質外的功用，進而將這些功用完全發揮出來。

❖

雷奈克生來就很瘦弱，而且有遺傳性結核病的症狀。他從小被父親送到從醫的叔叔家寄養，十四歲時進入南特大學附設醫院學習，後來又到巴黎最有名的慈善醫院進修。

成績優秀的他，二十三歲就通過嚴格的資格考試，獲得了一名法國醫學生所能獲得的最高榮譽，但是，卻沒有一家醫院願意聘用他，直到三十五歲那年，才在一次機緣下進入了內克醫院任職。

也就是在那時候，一件意想不到的事改變了醫學界的歷史，也改變了他的一生，那就是聽診器的發明。

一天早上，雷奈克在羅浮宮廣場前散步時，看到幾個孩子正在玩一種遊戲：

一個孩子將耳朵貼在木頭的一端，另一個孩子在另一端用大頭針刮出代號，用這種方法來猜測對方說些什麼。雷奈克興致勃勃的加入他們的遊戲，當他在木頭的一端聽見聲音時，眼睛爲之一亮，忽然想起一名女病患，於是立即招來一輛馬車，奔回醫院。

進入病房後，他將一本筆記本緊緊地捲起來，緊密地貼在女病患左邊豐滿的乳房下，長期困擾著他的問題終於解決了。原來這名女病患久爲心臟病所苦，但是由於她太胖了，無法以手敲診或觸診來做判斷，當時的民風又不允許醫生將耳朵貼於胸口做診斷，因此，當他看到孩子們玩遊戲，仔細觀察後就想出這個方法。

後來他繼續嘗試和思考，終於發明了世界上第一個木質聽診器。聽診器不僅可以聽到心跳聲，也可以收到胸腔內器官運動所發出來的聲音，可說是人類的一大福祉。

❖

只是一個小遊戲，看在有心人眼裡就可以帶出偉大的發明。

同樣的道理運用在生活和人際關係上，只要多一點留意，就能免除掉很多的麻煩，更可能爲自己帶來好處。

比方看見一個臉色不好或者異常沉默的人，只要一點小小的關心，或者避開敏感話題，就能讓對方感受到善意，也爲自己加分。

一個小小的細節，就有可能造成大大的影響。注意細節就是細心的開始，只要多一點用心，其實並不難。

讀懂人心是成就事業的第一步

若是光從自己的角度思考，而不站在客戶的立場考慮，那麼將不會得到對方的信任，更無法成功。

任何工作，只要和販賣商品扯上關係，不管是實質的貨物，或者抽象的知識，都少不了「攻心」之計，廣告的氾濫，就是最好的見證。

在公司所有的部門中，業務部門的辛酸大概是數一數二的。要如何讓別人心甘情願掏出錢來購買自己的商品，實在是一大學問。他們常常得低聲下氣看人臉色，有時還要裝出一副可憐樣博取同情，當然不乏有更惡劣的恐嚇、暴力手段，但是不管是哪一種，都非長久之計。

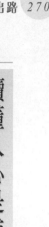

❖

范伯先生是電力公司的員工，有一次在賓夕法尼亞進行業務考察，發現當地用電的人數不多，不禁好奇地問區代表爲什麼會有這樣的情況發生呢？

「他們全是一群守財奴，而且無法接受新的事物。」區代表以厭煩的語氣回答這個問題：「你不可能讓他們花錢買下任何東西，相信我，我已經試過很多次了。」

范伯先生聽完後並沒有因此感到灰心，當他經過一家整齊的農舍時，決定要上前推薦用電的好處，這時區代表在旁好心的提醒：「你確定要這樣做？他們對電力公司沒什麼好感喔！」

一陣敲門聲過後，農舍的主人羅根夫人將門打開了一小條縫隙，卻沒有邀請他們進去的意思。當她一聽對方來自電力公司，便當著他們的面將門「碰」一聲地關上。

范伯先生不放棄，再度敲門，過了許久，羅根夫人再次打開門來，她這一

次嚴肅地告訴范伯先生：「不用說了，我絕對不會買你們的電！」

「我發現妳養的是一群很棒的都敏克雞。」范伯先生沒有提及有關電力的事，本來想關門的羅根夫人聽到這句話愣了一下。

「我從未見過比牠們更好的雞，我想買一籃雞蛋。」范伯繼續說著。

羅根夫人驕傲地走出門來，態度也溫和了許多：「當然囉！這些雞都是我親手養大的，牠們是最好的。」

接著羅根夫人帶著大家去參觀她的雞舍，並一一做介紹。范伯先生發現旁邊還有一個牛棚，就對羅根夫人說：「我敢打賭，妳一定可以用妳的雞賺錢，甚至賺得比你先生的牛還要多。」羅根夫人高興地點了點頭，不過她告訴范伯先生，自己的丈夫並不承認這一點。

之後范伯先生告訴羅根夫人在雞舍裝電的好處，介紹了幾種飼料及溫度調節後可以增加雞蛋產量的例子。在兩人開心的討論下，兩個禮拜後，羅根夫人的雞舍裝上了電燈，而雞群也不負眾望產下更多的雞蛋，鄰居們見了，也跟著裝上電燈。

就這樣，不僅羅根夫人的訂單增加，范伯先生也得到更多的顧客。

❖

做生意最重要的一點並不是商品的優劣，而是必須給予消費者好感。只要是想做生意賺錢，就不能少了關懷和幫助別人的心。先了解別人的需求，再對症下藥給予建議，自然而然可以卸下對方的心防，完成交易。

范伯先生並沒有開門見山推銷商品，也沒有批評對方是守財奴、食古不化、不肯接受新知，他的方式是認同對方的成績，讚美他的優點並給予鼓勵。只要讓人感受到，你是出自眞心的關懷，對方的態度就有軟化的空間。

當然，還有另一類賺錢的方法，那就是施以小利。就像直銷盛行的現代，明明知道這一行必定要看人臉色，可是還是有許多人一窩蜂地往裡面跳，因爲它標榜的是「消費者也能當老闆，邊使用邊賺錢」。

抓住人性，才是成功之道。若是光從自己的角度思考，而不站在客戶的立場考慮，不僅不會得到對方的信任，更無法得到成功。

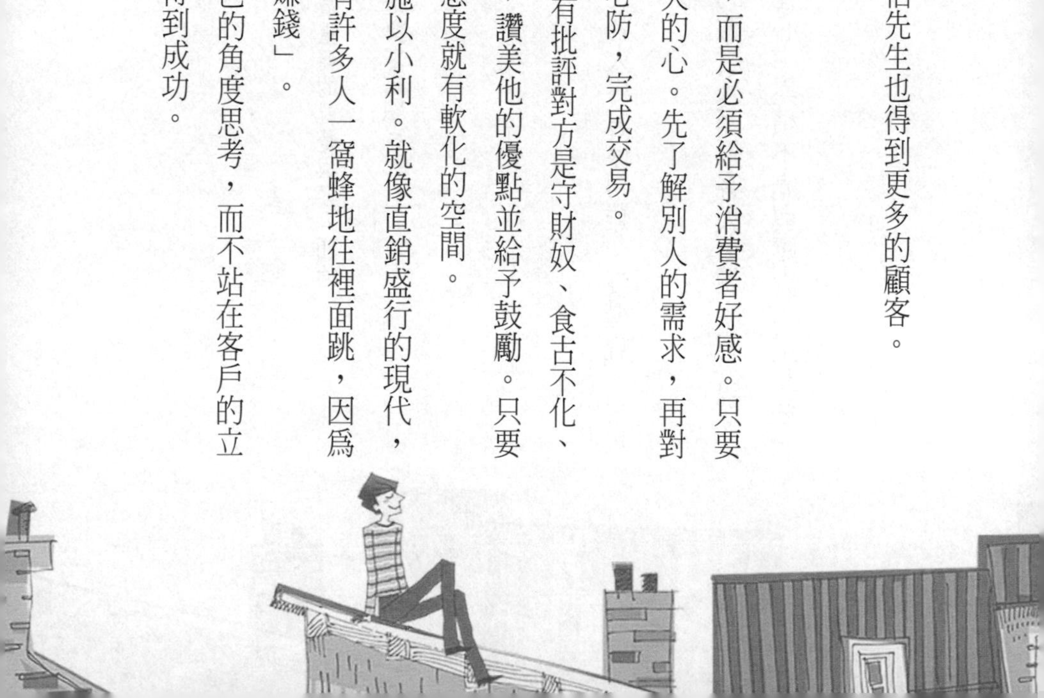

用微笑迎接你的顧客

除了錢財方面的信任感之外，開門做生意最重要的就是與客人間的互動。每個人都需要適當的尊重，不管你是商家或顧客。

所有行業的服務宗旨都是顧客至上，即使客人再怎樣刁難、沒禮貌、沒水準，都要保持微笑面對。

只要從事商業行爲，你就必須用最禮貌的態度來面對客人，做生意當然一定會碰到無禮、故意找碴的客人，也必然會在心中累積不滿與壓力，這時候一定要有紓解的方法和管道。

❖

黃昏市場上，傳來一陣陣小販賣力的叫賣聲，剛下班的男男女女，手提著公事包在攤販間穿梭，尋找晚餐的食材。

賣水果的攤位前，站著一個皺著眉頭的客人，用挑剔的眼光左看右看，換來換去，就是沒有他想要的。

「這水果的色澤一點也不新鮮，而且還有點爛，一斤還要賣到五十元啊？」客人的表情看起來相當不滿意。

小販笑笑地說：「我們的水果保證新鮮，又甜又好吃，和別家比較看看，就知道我沒騙你。」

「一斤算四十元，不然我不買。」客人堅持道。

「先生，如果我一斤賣你四十元，那要怎麼跟剛剛買的人交代呢？」小販還是面帶笑容。

「可是你的水果那麼爛……」客人仍然不放棄殺價。

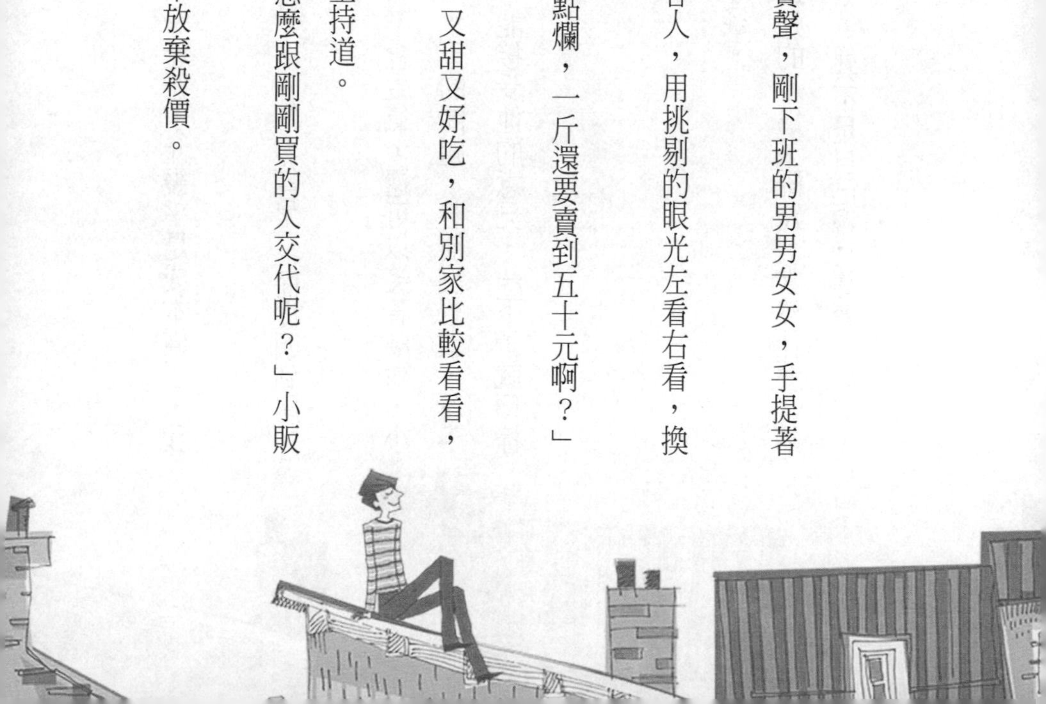

「如果水果很完美，一斤就要一百元啦！一斤五十元幾乎是成本價了，我們只賺工錢啊！」小販仍是笑著回答。

不論客人如何刁難，嫌東嫌西，最後還是以一斤五十元買了，而從頭到尾，小販沒有露出絲毫不耐的神色，一直保持笑容。

有人佩服地問小販，遇到這種情況爲何都不會生氣，還可以笑著應對，小販告訴他：「只有眞正想買的人才會一再指出水果的問題，若他沒意願，殺不成價大可馬上走人，不會拖那麼久。如果我不能接受他的意見，一下子就頂撞回去，那他永遠都不會成爲我的顧客。」

❖

經商之道就在小販這短短幾句話中表露無疑。

相信每個老闆，都會希望自己的生意是最好的，爲了賺錢，當然什麼苦都得忍受。可是並非人人都能有如此的工作態度，尤其不是自己親身經營的店家，員工的服務態度更是重要的大事。

除了錢財方面的信任感之外，開門做生意最重要的就是與客人間的互動，以及給人好感。小本生意靠的是用勞力來換取金錢，有些物品的利潤只有幾塊不到，錢財全靠累積而來。強調「花錢的是大爺」，卻不尊重做生意的人，那帶給小販的將是難以形容的辛酸和壓力啊！

有時候當你因爲同理心而當個客氣的消費者，卻發現收錢的人比你的臉還臭時，只好安慰自己，或許他也曾是個受害者。

如果你想成爲一個成功的服務業者，相信你知道該怎麼做。每個人都需要適當的尊重，不管你是商家或顧客。

小心脫口而出的話成為傷人的利刃

劈頭亂罵不僅會造成雙方的不愉快，甚至會在對方心靈上留下傷痕，
即使結痂的傷口也會留下痕跡。

是否曾經感覺過，聽了某些人說話之後，總是讓人特別不舒服呢？

其實，仔細想想，這些人的出發點並非惡意，只是他們表現的方式常常讓人無法接受。

說話的口氣，能表現出一個人的情緒與修養。有些人說話的語調總是特別重，像是在罵人，誤會也就因此產生。

也有些人，總是以刻薄的眼光來看事物，以批評代替溝通，如果再配上聲

量和語氣，就會有潑婦罵街的情況出現。

❖

古時候，有一個脾氣非常差的人，常常動不動就對人破口大罵，而且罵得非常難聽，絲毫不給對方留一點面子。

他有一個很特別的習慣，就是在吃東西時罵得最兇，邊吃邊吼，嘴裡的食物和著口水四處橫飛。僕人們最討厭服侍主人吃飯，只要他一吃東西，必定把僕人罵得狗血淋頭，甚至摔破碗盤、亂丟湯匙跟筷子，讓僕人疲於奔命地清掃，一天三餐，沒有一天不是這樣。

所有飯館的老闆都討厭他，但是來者是客，又不能把他趕出去，只好一再忍讓。有一天，一家酒店的老闆再也忍不住了，就在這個人酒足飯飽要離開之際叫住他：「我有一隻很優秀的狗想送給你，這隻狗跑得很快，而且擅長追捕獵物，把牠送給你真是再適合不過啊！」

那人帶著狗，就這樣一路走回家。回到家後，他又覺得肚子餓了，就要僕

人準備飯菜。當他拿起筷子準備吃飯時，突然心血來潮要僕人把狗也帶過來餐桌旁，要狗兒陪他一起吃。

當碗放到狗面前時，狗並不急著吃，反而仰起頭，開始狂吠，叫過一陣子後，才低下頭吃飯，吃不了幾口，又開始亂叫。就這樣一邊吃一邊吠，只見食物噴得滿地都是，吃完後，這狗竟然還一腳把碗給踢翻。

從此，主人坐在上面邊吃邊罵人，狗也在腳下亂叫，每一頓飯都會有這樣的畫面。直到有一天，僕人忍不住笑了出來，他才發現原來酒館老闆用一隻狗來譏諷他，但自己卻始終沒有發現，白白成了大家口中的笑話。

❖

當故事中的主人看著那隻亂叫的狗，是自傲於牠得到自己的眞傳，還是感到是種對自己的侮辱呢？

這個故事除了告誡我們要注意自己的脾氣外，更要隨時反省自己，以旁觀者的角度來了解別人如何看待自己，並從中找出需要改進的地方。

有些人習慣於用責罵來處理生活中的大小事，甚至沒有搞清楚狀況就劈頭亂罵，這樣不僅造成雙方的不愉快，甚至會在對方心靈上留下傷痕。

尤其是許多長輩對待晚輩，因爲有著濃厚的血緣關係，所以責罵起來更是不留情面。對晚輩而言，別人的辱罵尚可不予理會，但若連親人都如此對待自己，所造成的心靈上的傷痛必然很深，這個傷害絕對不是事後稍加關懷就可以輕易彌補的。

我們都知道，結痂的傷口也會留下痕跡，所以我們更注意自己的言行，別在不自覺中，讓出口的話成爲一道利刃，要知道即使不是有意，也可能會深深地傷害了對方。

要先了解自己，才能贏過別人

當別人請你做一件事，但超出你的能力範圍時，要衡量狀況提出防護措施，切莫為了義氣或者急於表現而因此受傷。

崇拜，可以是一種很好的學習。在讚美、佩服對方之際，若能學習背後所付出的努力和毅力，會更有價值。

欣賞與崇拜，基本上都會有幾分求好與上進的渴望，但是每一個人的才能不同，有些人就是擁有特殊的天賦、體質，或者其他不爲人知的技巧，因此，電視節目播出某些高難度的表演時，才會標明「請勿模仿」的字眼。

認清能耐是一種保護自己的方法。就算在某方面不如人，也不要認爲可恥，

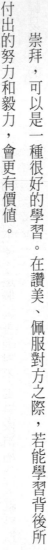

因爲，每個人都有自己的優點，以及可以盡情揮灑的地方。

❖

生活在紅樹林或出海口沼澤地的彈塗魚，除了在水中，也能上陸地生活。有一天，牠們正在沙灘上悠閒地吹著風、欣賞風景，一條路過的鯽魚在水中看見了，羨慕地停下來觀望著，心想：「牠們是魚，我也是魚，爲什麼我就不能到陸地上呢？我也來試試好了。」

鯽魚觀察一下周遭的環境後，就往岸邊游了過去。牠努力擺動身體，想讓自己離開水面，跳了幾次，終於在第四次成功上岸。

上岸後，鯽魚拚命揮動尾巴，沒想到才前進一小段距離，就喘不過氣了。牠拚命鼓動著鰓，想要呼吸多一點空氣，可是無論怎麼掙扎，就是無法獲得更多氧氣，眼看就要窒息了。

這時，沙灘上的彈塗魚們發現躺在地上一動也不動的鯽魚，趕緊一起出力把牠推入水中，鯽魚一碰到水，總算能重新呼吸了。

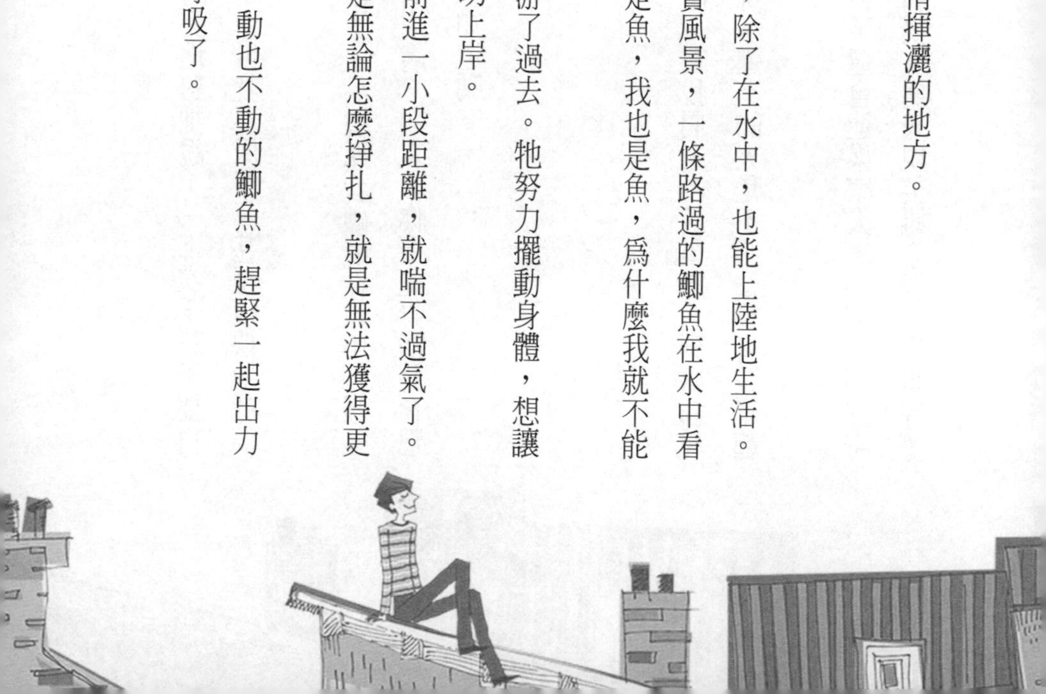

彈塗魚看著逐漸恢復意識的鯽魚，語重心長地對牠說：「下次千萬不要再做那麼笨的事，還好碰到我們，要不然你的小命可就不保了，甚至很快地就要被太陽曬成魚乾啊！」

看著難過的鯽魚，彈塗魚又忍不住叮嚀幾句：「你雖然有鰓能在水中呼吸，卻沒有我們彈塗魚特有的，能在陸地上呼吸的皮膚。朋友，你要先弄清楚自己有多少能耐，要知道什麼可行，什麼不可行，知道嗎？」

聽了這話，鯽魚只能感激的點點頭。

❖

鯽魚不自量力的結果，讓牠差點送了性命，在我們的生活周遭，到處都有這樣的人。有些人是出自於無知，有的是好奇，還有的人是不服輸或者禁不起別人的「激將法」。

這樣莽撞的下場，受傷的通常是自己，甚至還會連累家人。小朋友因好奇心而拿著雨傘從樓上一躍而下；青少年逞兇鬥狠，爲表現英雄心態而飆車等等

事件時有所聞，往往在傷痕累累之後徒留後悔。

除了這些瘋狂行爲外，日常生活中，當別人請你做一件事，但超出你的能力範圍時，也要衡量狀況適時提出防護措施。

比方說，告知對方需要人手幫忙，或者表明自己只能達到某一個程度，切莫爲了義氣或衝動而急於表現，否則把事情搞砸了還算小事，若是因此而受傷豈不是得不償失？

與其成就萬能，不如擁有萬人

宇宙萬物的力量是無限延伸的，是超乎我們想像的。當你的優勢比別人多時，真的就比較優秀嗎？

常有人感慨的說，進入研究所後才知道什麼叫做人外有人、天外有天。在高手環繞的環境中，無論當年在班上如何叱吒風雲，也只是小巫見大巫。

然而，研究所畢竟也只是學習的其中一個階段，在社會的大學、世界地球村中，還隱藏著更多不知名的高手。

人是需要比較的，在比較中我們能知道自己的優缺點，可是若因爲比別人優秀就沾沾自喜，那反倒成了愚昧的表現。

要知道一山還有一山高，懂得適度謙虛，才有更寬闊的迴旋空間，也較有機會得到別人的指導，讓自己更上一層樓。

❖

有一群商人出海做生意，當他們所乘的大船準備通過一個峽谷時，突然出現了一隻大魚，一口將他們連人帶船吞下了肚子。

這魚又稱爲鯤，當這隻鯤魚吃飽後快樂地在海裡游來游去時，剛好一隻大鵬鳥飛了過來，在空中盤旋了幾圈，突然俯衝下來，用爪子一把捉住鯤魚，兩三下鯤魚就消失在大鵬鳥的口中，進入牠的五臟廟裡。

大鵬鳥離開了大海，飛越高山，來到一個大人國。牠在巨人的身旁飛來飛去，翅膀拍得嗡嗡作響，熟睡中的巨人被大鵬鳥吵醒，以爲是一隻蒼蠅停在臉上，一巴掌揮了過去，把大鵬鳥打死在崑崙山頂上。

過了好長一段時間，經過日曬雨淋，大鵬鳥和鯤魚的屍體腐爛了，大船才有機會脫離困境，再度見到天日，但是船擱在山岩上，根本沒辦法移動，商人

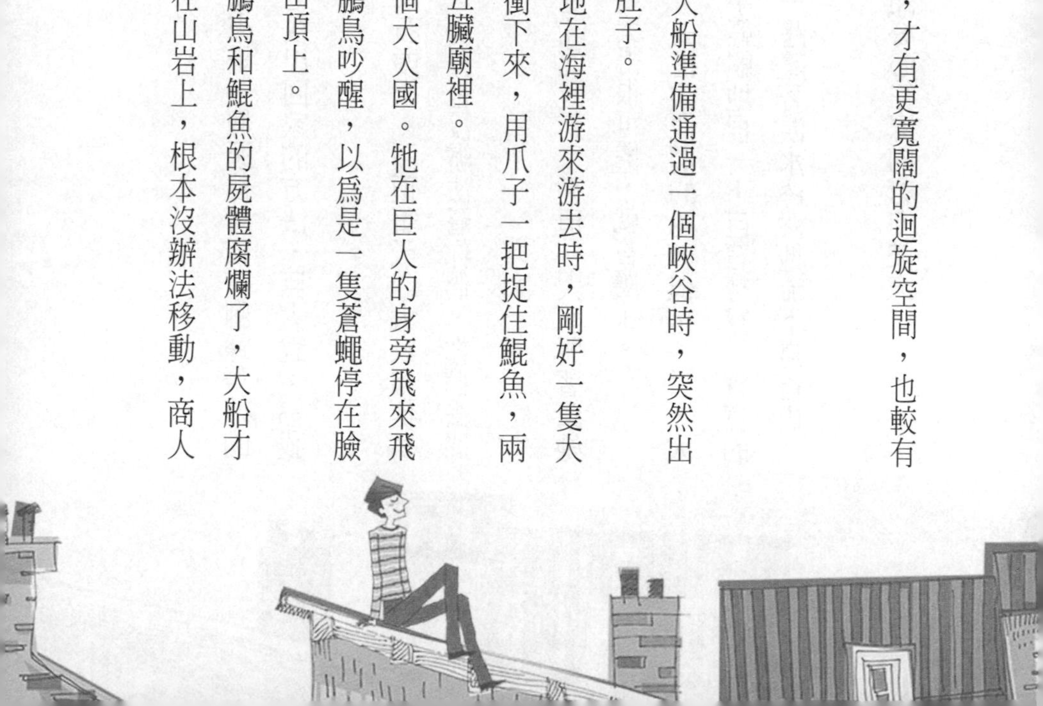

們只能苦惱地坐在石頭上嘆氣。

這時候，一陣驚人的腳步聲傳了過來，原來是一個頭頂著天、腳踩著地的巨人經過。商人們趕緊向巨人求救，請他幫忙找出回家的方法，巨人說：「我沒辦法幫你們，但是你們可以去問巨石大人。」

商人們找到了巨石大人，他正坐在一塊大石頭上，頭頂著天。大家向他哀求，請他幫忙解決困難，巨石大人爲難的說：「我也沒辦法幫你們，你們去問問看眠石王姥姥有沒有辦法好了。」

只見王姥姥躺在石頭上睡覺，光是她的雙乳就碰到了天頂。大家哭著跟她請求，請她幫忙大家重回家園。王姥姥看他們哭得很可憐，就答應了。

她抱起巨石寶寶領著商人慢慢走上山頂，去搭乘他們的船，但是一看，大海還在千里之外，於是王姥姥就坐在船邊用手輕輕地捏一下巨石寶寶，寶寶的淚水立刻源源不絕地湧了出來，大船就這樣一路隨著淚水涔涔地流下崑崙山，一路衝到千里外的大海。

商人們豎起船桅，掛好帆布，順著風開開心心往家的方向駛去。

光是巨石寶寶的眼淚就足以載著大船游向大海，那麼抱著寶寶的王姥姥又是何等巨大呢？

在一層層的求助下，我們了解了天地之大，相對之下，人類是何等藐小，宇宙萬物的力量是無限延伸的，是超乎我們想像的。

沒有人能十全十美，當你的優勢比別人多時，眞的就是比較優秀嗎？男人眞的比較強壯嗎？大人眞的比較有能力嗎？

相信這些都沒有絕對肯定的答案。與其跟別人比較，不如跟昨天的自己比，認眞想想今天是不是又比昨天更進步了呢？

相信自己，你也可以改變世界

不要害怕與眾不同，只要相信自己的信念，立場穩當，聲音堅定，言之有理，你也可以扭轉局勢。

當人們面對污濁的環境卻又不能離開時，往往只有兩條路可以選擇：第一，改造它；第二，與它同流合污。第一條路往往有很高的難度，第二條路則是墮落的開始。這個時候，你會選擇哪一個？

有一部電影叫〈金髮尤物２〉，當主角艾兒看到爲人民喉舌的國會議員們在處理事情上竟然採取忽視的態度，試圖減少麻煩，她選擇點出這個事實，也改變了國會的陋習。

害怕成爲人群中的少數是情有可原的想法，但千萬不可爲了服從多數而違反自己的意願，成就不合理的事。視而不見或盲目跟從絕非好事，因爲，你可能就是下一個受害者。

❖

從前有一個國家，在一次水災過後發生了瘟疫，這場瘟疫很奇怪，沒有任何人或牲畜死亡，但卻出現越來越多發瘋的狂人。所有醫生聚集在一起研究之後，發現原來是河水受到了污染，舉凡喝過受到污水的人，全都會在一夜間發狂，找出了原因，卻沒有人能找出解藥來。

國君得知這個消息後，找來全國最聰明的大臣共同商量，猜想在地底下最深處的水，可能還沒受到污染，因此馬上派人開挖。

可是，地底下的水量有限，大多數的人民無法使用那裡的水，爲了活命，愈來愈多人喝下受污染的水而瘋狂。

不久，連地底下的水也枯竭了，國君再度和大臣商量，決定派人往山中尋

找尚未融化的冰雪和山泉水，帶回宮中儲存。

但是由於路途遙遠，搬運不便，帶回來的水量愈來愈少，發狂的人也愈來愈多。到最後，連國君身邊的人都染上了瘋病，全國的人統統發瘋，只剩下國君一個人還正常。

因此，所有的國人反而認為他們的君主生病了，急需要醫治。他們群聚在一起，商量要怎樣捕捉國君，治療他的狂病，接著，他們還準備了艾草、針灸、草藥等等藥材，說是要替國君治病。

國君看到宮外一群狂人要捉他，嚇得躲在床底下不敢出來，等到狂人們將皇宮的最後一道大門敲開後，國君再也無法躲藏，被五花大綁帶走了。

發瘋的醫生們開始用盡所有的方法來治療國君，每天不是針扎就是灌苦藥，只見國王一下子泡在冷水，一下子泡在滾水裡，有時候還被脫光衣服，身上被塗上一層臭氣沖天的雞屎、狗屎，然後被放在屋外曬上一整天，要不就整個人被埋在土裡，只露出一顆頭來。

有一天，國君再也忍受不了了，趁大家不注意，掙脫了束縛，衝到河邊大口大口地喝著受污染的河水，喝完後他就瘋了。這時候，全國老老少少大家一起歡呼，因爲在他們的眼裡，國君的病終於好了。

❖

從這個諷刺的故事，可以看出群集力量的可怕，唯一清醒之人，竟然落得如此下場，除了感嘆之外，也只能說是自作自受。

國君原本有機會挽救這個局面，只要對人民倡導河水有毒，改掘井來飲水，在問題解決前先擬好替代方案，也不會有後來的下場。

日本企業家稻盛和夫曾說：「人生的道路是由心來描繪的。所以，無論自己處於多麼嚴酷的境遇之中，心頭都不應任由悲觀消極的想法縈繞。」

不要害怕與眾不同，只要相信自己的信念，立場穩當，聲音堅定，言之有理，你也可以扭轉局勢。

別讓一時衝動帶來終生悔恨

很多夫妻間起爭執，加上誤會、不諒解、惡言相向以及負氣的言語和決定，事情就會走到無可挽回的地步。

不要寄出生氣時寫的信，不要在憤怒時做下決定，衝動時什麼都不要說，什麼都不要做……

諸如此類的忠告不勝枚舉，可見人類在情緒激昂的情況下，容易失去理智與判斷力，不管是快樂、悲傷或憤怒。

所有的動物，多多少少都會受到情緒的影響，就連植物也會因爲天氣或者其他因素而有所改變。正是因爲這些情緒，人生才會多采多姿。

情緒既然無法避免，那麼就需要修養的功夫來輔佐。修養，簡單來說，就是有容忍的氣量，當別人的行爲影響到自己時，可以控制自己的脾氣。

❖

從前有雌雄兩隻鴿子住在同一個鳥巢裡，每天一起飛行，到林子裡尋找食物，也一起玩耍嬉戲。

這樣愜意的日子一天天過去，當楓葉變紅，果實成熟時，秋天降臨了。雄鴿子對雌鴿子說：「冬天就快要來臨，到時候天氣變冷，不僅尋找食物困難，連要飛出巢外都會被凍個半死，我們必須盡早做好過冬的準備才行。」

雌鴿子溫順地說：「是啊！不如從今天起，我們吃飽後停止遊玩，將那些時間用來收集果實，這樣冬天到來時，我們就有足夠的存糧了。」

從那天起，兩隻鴿子每天除了休息時間外，都會到處努力找尋果實，來來回回飛著，好不容易終於收集到滿滿一巢。

有一天，雄鴿子比平常晚回來，一回到巢中發現原本滿滿的果實竟然只剩

下一半。惱怒之餘，雄鴿大聲斥罵雌鴿子：「這是我們用來過冬的糧食，妳怎麼可以獨自偷吃？妳難道不知道採集果實很辛苦，沒有果實我們就無法度過冬天，妳想害我們兩個都沒命啊！」

雌鴿子委屈地說：「我眞的沒有偷吃啊！是果實自己減少的。」

雄鴿子不相信，繼續罵著雌鴿子：「不是你偷吃的，難不成果實會自己長腳跑掉嗎？」說完就憤怒地用嘴把雌鴿子啄死了。

過了幾天，天空下起大雨，果實得到了濕潤，又恢復成滿滿一巢的份量。原來是因爲之前天氣乾燥，果實失去水分，因而紛紛縮水，看起來才像少了一半。這時雄鴿子才明白原來牠誤解了雌鴿，儘管悔恨不已，但雌鴿子卻再也不會回來了。最後只剩雄鴿子孤單單地在雨中哭喊著：「你到哪裡去了？趕快回來吧！」

❖

誤解、懷疑與衝動，造成悲劇發生。就算之後雄鴿子再怎樣傷心後悔，對

雌鴿子也沒有任何意義了。

很多夫妻或情侶間起爭執，最後鬧到分手、離婚，追究到最初的導火線，往往是一件雞毛蒜皮的小事，可是再加上誤會、不諒解、衝動、惡言相向以及負氣的言語和決定，事情就會走到無可挽回的地步。

當然，將一口氣悶在心裡，長期壓抑下來也不是個好方法，但如果眞要出一口氣，切記避免人身攻擊。

生氣的時候，可以試著找出適合自己的宣洩管道，比方聽聽音樂、打打球、吃個東西、看看電視……等等。

學習修養的功夫，不要讓一時的情緒毀了自己的人生。

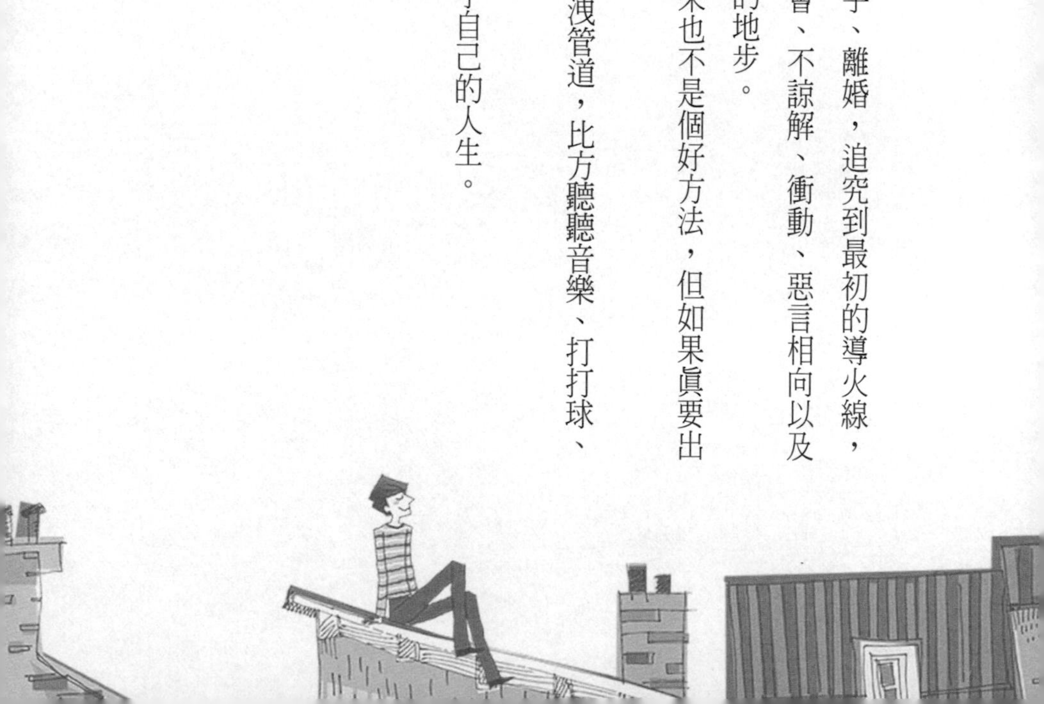

9.

打開心，就無處不開心

少了「真實的感情」，人與人之間便很容易出現裂縫，
也很容易造成不必要的緊張關係，
而讓人失去了生存的自信。

多用腦袋，才不會受到傷害

只要在不違背道德良心的範圍內，適當的「心機」可以保護自己，還能爭得成就事業的機會。

在戰場中時常得用到一些「奇謀」，比如緩兵之計、空城計等等，而日常生活雖然沒有眞實戰場中的煙硝味，一些奇謀妙計有時也能派上用場。

生活中，總會碰到一些令自己討厭的人、事、物，有人對此選擇走避，有人直接發生衝突，有些則用智慧來面對。

對付討厭的人，吵鬧、謾罵，或者直接攻擊，通常效果不大，如此行爲不僅傷身傷心，還可能壯大對方的威勢。

最輕鬆的解決方法，莫過於寬容地對待。

❖

從前，有個樵夫和美麗的妻子住在小村外的一片森林裡。每天天剛亮，樵夫就出門砍柴，一直忙到傍晚，才會結束工作返回家中，享受妻子爲他準備好的熱騰騰飯菜。

有一天，樵夫因爲斧柄鬆動，無法繼續工作，便提早收工回家休息。走近家門時，卻意外發現窗戶映出兩個人影。他悄悄從縫細中偷看，原來老婆正和村裡當舖的老闆在家裡偷情。

樵夫不動聲色，若無其事地打開門來，當舖的老闆聽到聲音，嚇得趕緊躲進房間的衣櫃裡。

樵夫天生是個機智的人，並不當場點破，一進門就給妻子一個擁抱，並告訴她：「今天我在工作時，遇到了森林之神，他告訴我，由於我非常勤奮工作，所以賜給我一對千里眼，不僅可以看見幾里之外任何細小的東西，也可以見到

常人所不能見到的。」說完就往房間走去。

「現在，我看到房裡藏著一件非常値錢而且奇怪的東西。」樵夫邊說，邊把櫃子上鎖。

他告訴妻子，要將這件寶物拿去賣掉，今後就可以輕鬆過日子，然後他扛著櫃子，便往村子的方向走去。不久，他走進當舖，一把將櫃子丟在地上，把躲在裡面的當舖老闆摔得七葷八素。

樵夫對夥計說：「這個櫃子跟裡面的東西都非常値錢，我用兩百個金幣出售，你可以考慮一下要不要買。」說完，樵夫就走到門外，悠閒的抽起水煙，等待夥計慢慢考慮。

這時候，在櫃子裡悶到快窒息的當舖老闆對夥計高聲喊叫，要他趕快把錢付清，好放他出來，於是，樵夫就帶著兩百個金幣快樂地回家了。

❖

這是一則日本的古老寓言，當舖老闆最後爲自己的行爲付出代價，並被另

類的方法狠狠修理了一頓，對樵夫而言，則不僅報復了戴綠帽的恥辱，還得到了一筆賠償金。

如果樵夫當下動怒，勢必會出現難堪的局面，甚至會發生毆鬥的可能，既然事情都已發生，何不轉個念頭，換個軌道去想，將傷害化到最小呢？

有句阿拉伯諺語說：「越是面對對不起你的人，越是要寬大為懷。」一味剛強處事，只會斷送自己的前途，因爲有時將敵人逼到絕境，反撲的力量反而更大。

多用腦袋才不會讓自己受到傷害，適度的「寬容」可以保護自己，也可以掌握成就事業的契機。

打開心，就無處不開心

少了「真實的感情」，人與人之間便很容易出現裂縫，也很容易造成不必要的緊張關係，而讓人失去了生存的自信。

有人說，生命本身原本是一張空白的畫布，任由你在上面怎麼塗畫；你可以充滿怨懟地將不幸的痛苦畫上去，也可以帶著微笑將完美的幸福畫上去，當然，所有的後果都必須由你自己承擔。

你的心境反應著你的人生，就算是失意挫折的時候，也不要只顧著耽溺於眼前的不如意，而忘了眺望即將出現的快樂遠景，試著體貼自己，也試著關心別人，多給自己和別人幾抹微笑吧！

關心別人很容易，小小的微笑便足以溫暖人心，換個角度說，想被人愛不難，困難的是我們是否願意先去愛人？

與人相交並非難事，只要付出的情意眞切，任何人都能感受得到其中眞情，只要我們願意敞開心與人相交，任何人都會感應到我們心的溫度，並以更熱烈的溫度來溫熱我們的心。

❖

居住在動物王國裡的大黑熊，是當地最受人們尊重的長老之一，就連最愛挑剔的老狐狸也對牠推崇備至，萬分佩服。

「大黑熊實在太好了，我在牠身上根本挑不出什麼毛病。」老狐狸說。

有一天，刺蝟便問黑熊：「黑熊大哥，爲什麼大家會這樣尊敬您？您是不是有什麼秘訣？可不可以教教大家啊！」

「秘訣？這沒有什麼秘訣啊！」黑熊很坦白地說。

「沒有秘訣？這怎麼可能！」刺蝟懷疑地追問。

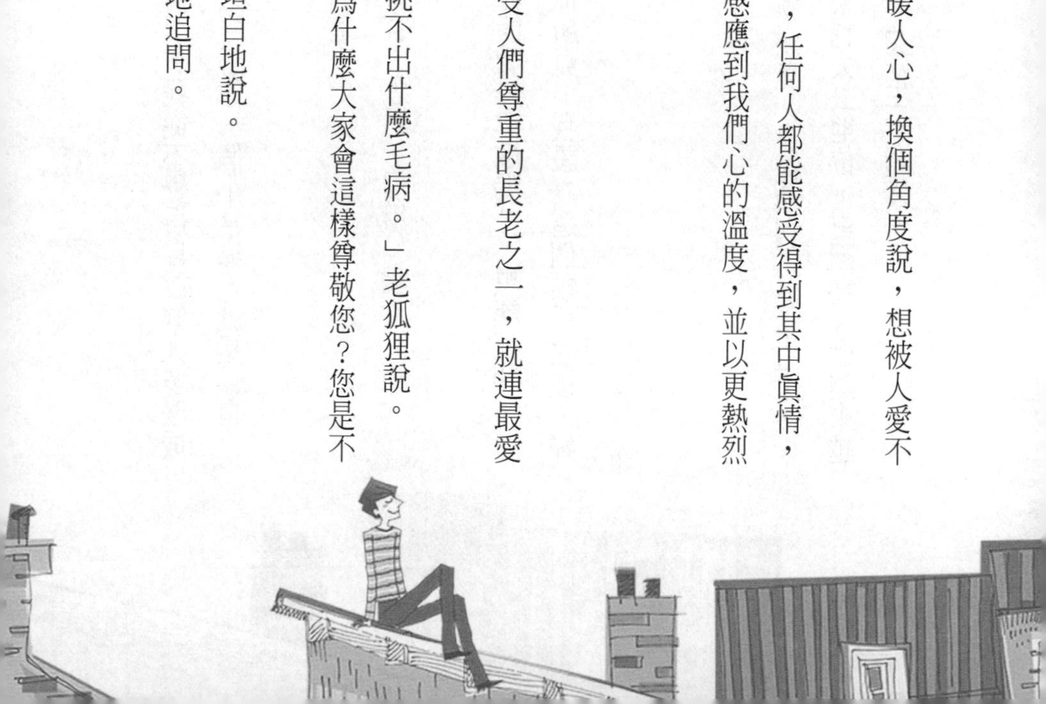

黑熊點了點頭，說道：「的確沒有，更何況，我從不覺得自己做人多麼成功，如果你非得問出個所以然來，那麼我可以告訴你一個小常識，就是爲自己開設一個感情帳戶。」

「感情帳戶？裡面要存放什麼？」刺蝟問道。

黑熊笑著說：「你得在裡面存放禮貌、寬容、感恩、信用、誠實等等。」

「這感情帳戶有什麼用途？」刺蝟問。

「用途可多了，你不是一直追問要怎樣才能受人尊敬嗎？」黑熊反問。

刺蝟點了點頭，大黑熊溫柔地說：「如你所見，我設立這個帳戶之後，好處便一一出現了。」

❖

「感情帳戶」這個名詞相信許多人是第一次聽見，自從功利主義當道之後，那些著重於人際交流的傳統生存方法，也越來越失去地位，更因爲人們越來越偏執於急功近利，而漸漸忽略了人與人之間的「共生」關係。

情感不只是人類的互動模式，也是萬物與其他生命共謀生活的憑藉，少了「眞實的感情」，人與人之間便很容易出現裂縫，也很容易造成不必要的緊張關係，甚至還會因爲孤立無援，而讓人失去了生存的自信。

所以，大黑熊想告訴我們：「為自己設立一個儲存感情的帳戶，時時提醒自己要記得把真情投入，用包容的心容納更多的朋友，並累積建立更具信心的自己，只要心打開了，就能無處不開心，只要對自己有了肯定，那麼別人自然也沒有理由否定你！」

其實，再換個角度想一想，我們最盼望遇見的不正是像大黑熊一樣的眞情人嗎？那麼，與其等待別人伸出熱情的手，何不先由我們自己張開手臂，給對方一個熱情的擁抱呢！

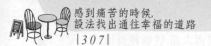

給別人機會，就等於給自己機會

再給別人一次機會，等於再給自己一次扭轉乾坤的機會！只要能推己及人，也懂得將心比心，凡事總能圓滿解決的！

生活要從我們自身開始，在要求別人尊重我們之前，自己應當先反省：「我是否也懂得尊重別人？」

因爲，人際關係的建立若能從我們自己出發，要別人付出之前，我們便積極付出，希望別人能爲我們著想前，我們便能先付出關懷，那麼我們很快地就能盼到心中所期望的結果。

❖

動物王國鬧飢荒，動物們即便有大把鈔票，也不一定能買東西吃，直到紅十字會的成員千里迢迢地從外地送來一袋玉米後情況才稍有改善。

不過，這袋玉米並不是人人都能配得，因爲這袋玉米限用於拯救老弱病殘的動物們，而分配的工作則交由公正不阿的猴先生處理。

只見猴先生背起了玉米，挨家挨戶地分發，來到一個叫古古的老猩猩家時，正巧碰見已餓得發慌的老猩猩，因無力抓住樹枝而從床上跌落下來，正痛苦地在地上哀嚎。

猴先生連忙上前扶持，並從口袋裡捧出一些玉米給老猩猩。老猩猩一看，感激地說：「謝謝你，可是我現在好渴啊！你能不能幫我取些水來？」

猴先生點點頭，並將玉米袋放在猩猩家的凳子上，然後拿起水桶往屋外走去，不久之後提了滿滿一桶水回到猩猩家中，竟發現老猩猩已經睡著了。

「玉米袋呢？」猴先生回頭看見凳子上的玉米袋不見了。

只見牠萬分著急地叫著老猩猩：「古古，古古，你快醒醒啊！那袋玉米怎麼不見了，那關係很多動物的性命啊！還有很多人等著它救命啊！古古……」

「吵什麼吵！誰把我吵醒了？」老猩猩睜開雙眼，然後看了看猴先生，不過似乎忘記了許多事，開口問：「老猴，你來幹什麼？」

「你清醒一下，我剛才帶來的那袋玉米到哪兒去了？」猴先生著急地問。

「什麼玉米？我連個鬼影子都沒有見過啊！如果有的話，我還不大口吞下？」老猩猩說完後，還拍了拍牠那乾癟的肚皮給猴先生看。

「兄弟，我知道你的生活很辛苦，再加上受傷，根本無法外出尋找食物，但是請你想一想，現在想找到食物真的很不容易啊！像牛奶奶、馬大叔牠們也很清楚現在的情況，但是當我帶玉米去時，牠們卻全都拒絕了施捨，牛奶奶甚至還對我說：『留給更需要的人吧！』牠們現在只靠著樹葉和泉水支持，都快撐不住了，不過仍然堅持著。」

「我……我真的不知道啦！」

老猩猩的眼神似乎有些不自在，猴先生也發現，老猩猩甚至還低下了頭，

看得出來似乎有所隱瞞。

「古古，我很了解你的情況，不過我還是很希望你能再想一想，在我走後到底有誰來過你家？又或者無論你做過什麼，我都不會責怪你，畢竟在這樣的非常時期，任誰都會出錯的。」猴先生眞誠地說。

老猩猩沉默了一會兒後，說道：「沒錯，我趁你去提水時將那袋玉米藏起來了，就在我的床底下，對不起！」

老猩猩拉開床罩時，鼓鼓的玉米袋也立即現身。

其實，猴先生進門時便已發現從凳子到床之間有好幾粒玉米掉在地上，心裡很清楚這是怎麼一回事。不過，牠很明白，在這樣困難的時候，有些動物爲了生存難免會失去理智，做出錯誤決定，所以決定不揭穿猩猩，在顧及牠的自尊爲前提下，盼望能以誠意勸服，讓猩猩自己承認錯誤，並主動交出玉米。

❖

仔細想想，如果你也遇到相同的情況，是否會像猴子一樣願意耐心包容，

循循善誘?還是根本不給對方機會，只想以最強硬的態度和方式懲處他？

無論哪一種情況，不妨再聽聽猴子先生的生活建言：「再給別人一次機會，等於再給自己一次扭轉乾坤的機會！」

的確，把人逼得沒有退路，最後結果往往是兩敗俱傷！

換句話說，能爲別人著想，其實也等於爲自己著想啊！就像故事中的猴先生一樣，因爲考量到猩猩的自尊，更體諒牠在這非常時期的心情恐慌，所以最後才能有這樣美好的結局。

體諒與寬容能讓人感受到生命的珍貴，從這個擬人化的寓言故事中，我們更能體會到「愛的力量」，因爲猴子的包容和寬恕，讓我們領悟了：「只要能推己及人，也懂得將心比心，凡事總能圓滿解決的！」

傷害別人等於傷害自己

有心害人往往只會害慘自己，試想，每天防著別人也想著怎麼害人，生活怎麼能快樂得起來呢？

爲什麼我們不能一笑泯恩仇呢？

「笑」、「怨」都是由我們自己決定，若是心中有「怨」，只是爲自己徒增鬱悶，苦的人還不是我們自己！

聰明的人都知道，給人一拳，別人頂多痛了一下，可是我們自己卻是火冒三丈、怒不可遏，然後再費盡力氣給人一擊，最後還要揉著紅通通的拳頭喊聲「苦」。仔細想想，到底誰才是眞正的「冤大頭」？

❖

有隻蜂后正從海米德斯山飛向夏林比斯山，因爲她要親自將剛釀好的蜜汁，送去給天神。天神見蜂后不辭辛苦送來蜜汁相當高興，於是說：「妳許個願吧，我一定會答應妳的要求！」

蜂后想了想，便說：「神哪！請您賜與我一支隨身寶劍，這樣一來，我就能對付想偷我蜂蜜的人了！」

天神一聽，臉上登時出現了不悅的神情，因爲祂很不想看見殺戮或傷亡，但礙於信譽，說出的話已不能收回。因此，天神只得答應蜂后：「好，妳可以得到一個保護自己的東西，但寶劍對妳來說太不方便了，所以我想賜予妳一根有毒的小刺，但妳別小看了這毒刺，因爲它也有致命的危險！」

「眞的嗎？那太好了！」蜂后開心地說。

「等等，妳先別太高興，這根刺可不能輕易使用，因爲這根針將是妳的命根！一旦決定『拔針』，那麼妳也會因爲失去它而死亡。」天神補充道。

蜂后一聽，當場呆住。

❖

故事中的蜂后以「保護自己」做爲傷人的合理藉口，對天神來說實在有些荒謬，因此爲了避免牠濫用武器，在賜予寶物的同時，還多加了一個「傷人傷己」的因果關係。

人與人之間眞有什麼仇恨，也應當試著用寬容的心來化解，畢竟生命眞正要追求的，不是製造一個充滿傷害的環境，而是創造一個活力四射、生機蓬勃的世界，不是嗎？

有心害人往往只會害慘自己，試想，每天防著別人也想著怎麼害人，生活怎麼能快樂得起來呢？大世界中有許多生活道理可尋，就像天天帶著蜂針出門的蜜蜂，只要我們不去招惹牠們，牠們並不會輕易拔針，除非有人惡意攻擊，讓牠們有失去家園、性命之虞，小蜜蜂們才會決定用生命拼搏。

那人們呢？老是爲了一些小事情打打殺殺，會不會覺得自己很可笑呢？

小心，別讓好心變成壞事

好心也會成就壞事，看似美麗的畫面其實正潛藏著可怕的黑暗危機。

當我們分享愛的時候，要學會調控愛的溫度！

愛人也會害人，很多時候愛得太深，反而會讓「愛」成了一種生活阻礙，阻礙人們繼續前進的企圖心，或阻礙了我們重新開始的勇氣。

所以，想對別人付出愛的關懷時，要小心觀察，偶爾伸手幫忙的確有益，但過度干涉，不僅會造成別人的不便，還有可能會讓自己承載更多不必要的壓力和負擔。

❖

東海有座小島，住著一位老漁翁和他的妻子，平時夫妻倆的生活是，漁翁在海上捕魚，妻子則在島上餵養雞鴨。

他們的活動範圍都在小島附近，視線也很少離開這座小島，除了年節時期會到對岸去添購新衣或補齊油鹽外，極少與外界連絡。

不過，今年秋天，有一大群天鵝來到這座島上。牠們從遙遠的北方飛來，正準備到南方過冬，只是路程實在太遙遠了，逼得牠們降落在小島休息。

老夫婦看見這群意外訪客非常開心，因爲他們已經在這兒住了幾十年了，從未有人來拜訪他們。爲了表示他們的熱情和喜悅，老夫婦倆連忙拿出餵養雞鴨的飼料，和剛捉到的小魚來招待天鵝。

經過幾次餵食與接觸之後，天鵝與這對夫婦越來越熟悉了，在島上，牠們不僅敢大搖大擺地走動，甚至當老漁翁出海捕魚時，還會緊緊地跟在船的身邊，陪伴他捕魚。

轉眼冬天來了，這群天鵝竟沒有繼續南飛，一直陪伴著老漁翁夫婦，白天在海上覓食，晚上則在小島上棲息。

不久，湖面漸漸封凍，天鵝們也出現了生存危機，就在這個時候，老夫婦打開大門，讓天鵝們進屋取暖，並且提供牠們所需的食物。這個關懷與照顧一直延續到春天來臨，湖面解凍。

這樣的日子並沒有就此結束，因爲天鵝們越來越依賴老夫妻，再也不隨著季節的變化遷移。日復一日，年復一年，天鵝們在老夫婦細心呵護下，再也離不開這座小島了！

直到有一年，老夫妻因年事已高，逼不得已得離開小島到岸上養老；他們離開了天鵝，天鵝們不久後也消失了。不過，牠們不是飛往南方，而是失去了求生的本能，沒等到湖面封凍，便活活地餓死了。

❖

所有事都有一體兩面，正面是好，反面變壞，就像天鵝群遇到老漁夫的情

況一般，原本是件美事，後來卻成了壞事。這無論是從老夫婦的角度，還是從天鵝群的角度來思考，都有很多値得討論的地方。

對老夫婦來說，或許只是一個簡單的熱情心意，但是卻不知道，自己的熱情竟成了可怕的「引誘」動作。天鵝群在老夫婦細心照料下，不只慢慢地失去了求生存的本能，也漸漸地遺忘了要跟隨季節移動的自然規律。

因爲善心大發，老夫婦只顧著一味救助，反而讓天鵝們依賴成性，也失去了原來敏銳的「未雨綢繆」的天賦本領。

我們常說的「愛他適足以害他」，正可以用來作爲這故事的旨意，好心也會成就壞事，看似美麗的畫面其實正潛藏著可怕的黑暗危機。

因此，當我們分享愛的時候，不要只偏重在如何讓愛的溫度持續升高，而是要學會調控愛的溫度。畢竟，不是每個人都適合相同的溫度，也不是所有情況都適宜用相同溫度來取暖！

人生的舞台上，每個人都是要角

只要我們不否定自己，懂得肯定自己當下扮演的角色，也相信自己這個角色的影響力，那麼我們都能給予自己恰當的評價。

「在你心中，誰才是最重要的？」

這個問題，從我們小的時候就經常被問及，或者連我們自己也都曾提出這樣的疑問，至於答案不是「你是最重要的」，便是「你們都是我最重要的心肝寶貝」。

有些人會認爲這樣的答案太籠統，不夠明確，但換個角度想，這個答案不正是我們想要的嗎？

❖

蛇頭與蛇尾又在吵架了，它們經常爲了「誰是重要的」或是「誰是最沒用的傢伙」爭論不休！現在，它們正爲了「誰應該在前，誰又應該在後」的位置問題，爭執不下。

只見蛇頭、蛇尾越吵越兇，蛇頭忿忿地說：「我才是最重要的，如果不是我守在前面，並積極地探測前方的危險，又大口地將食物吞下，你怎能那麼健康、安全！我走在前面爲你開路，你敢說我不是最重要的？」

蛇尾頗不以爲然地說：「你最偉大？要不是我讓你，你哪能走在我的前面？如果我繞到樹幹上，然後再在上面纏繞個兩三圈，我看你還能怎麼走！假如我三天都不鬆開，你還能尋找食物嗎？哼，到那時候你還能這樣得意嗎？現在你再說說看，到底是誰最重要啊？」

蛇頭聽見蛇尾這麼說，想想也有道理，接著竟無奈地對蛇尾巴說：「好吧！你就別再往樹上爬了，算你重要，一切都讓你來做主好嗎？不過，你既然想當

『頭』，那便得走在前面，以後我就跟在你後面！」

蛇尾巴一聽高興得不得了，只見它挺起了腰桿，然後精神抖擻地超越蛇頭往前爬去。可是，走不到一百公尺，忽然聽見「啊」的一聲慘叫！

原來，不知道是誰堆起了一個火坑，正巧在蛇尾巴當頭時點燃。可憐這沒長眼睛的蛇尾，才享受幾分鐘當「頭兒」的滋味，轉眼間便又失去了「當家做主」的機會，更慘的是，它還害死了原本情同手足的好兄弟。

❖

看見蛇尾與蛇頭的爭執，甚至蛇尾還孩子氣地耍賴要求蛇頭退讓，讓人想起了生活中的人際爭執，其實不也像蛇尾一樣經常忘了自己應盡的本分，同時忘了自己的重要性。

看看好大喜功的蛇尾，原本能用尾警示的重要功能，它不予以肯定，而能置敵於死地的纏繞力量，它不用來對付敵人，卻反過來對付自己人，目的竟只爲了一圓「當頭兒」的夢想，是不是太笨了些？

我們不也如此，無論是蛇尾或蛇頭的角色，每個人原本就各有所長，無論是誰走在前面都沒有特意義，因爲人生並不會因此變得更加順暢，該走的難關我們始終都要遇上。只要我們不否定自己，懂得肯定自己當下扮演的角色，也相信自己這個角色的影響力，那麼不論誰在前誰在後，不論誰才是最重要的，我們都能給予自己恰當的評價。

還在計較誰該當頭嗎？就算別你處在「尾巴」的位置，何不這麼想：「是啊！我守在後面，因爲我是壓軸的！」

每個人都有自己所屬的角色，只要能盡本分努力做好自己的工作，不論位在哪個「位置」，都將是最閃耀的一顆星！

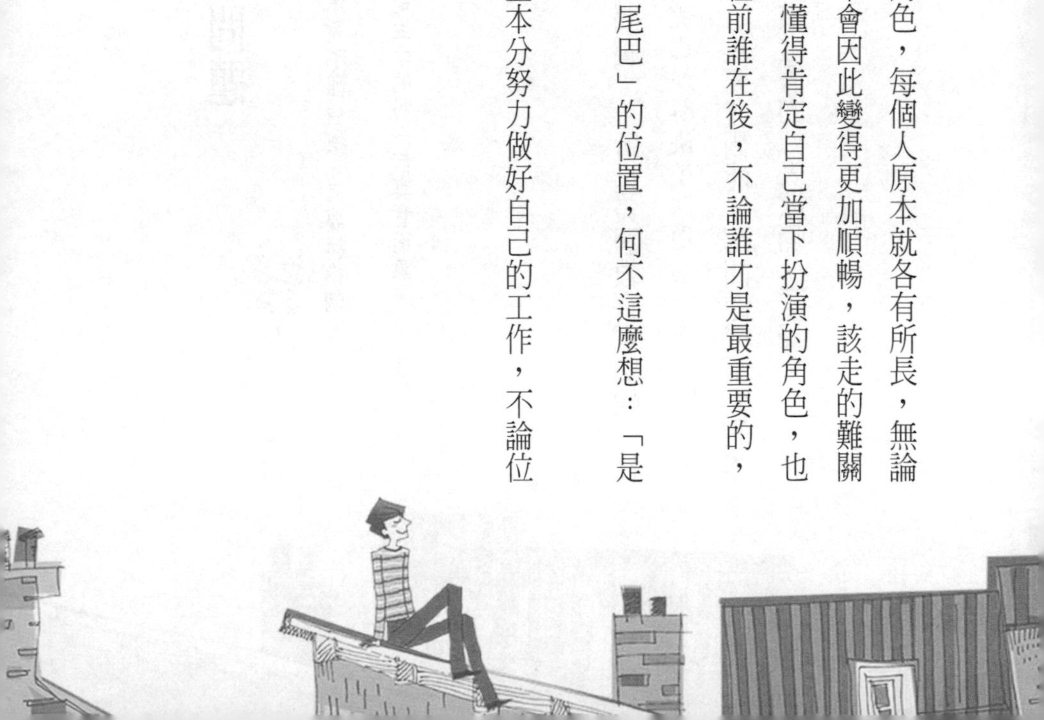

想解決問題，要先了解問題

不要被美麗的外表遮住了心眼，事物的本質不難發現，只要轉換個角度，再仔細地觀察一次，自然能看清楚生命的另一個真實面象。

大多數人看得見「問題」，卻不了解「問題」，所以美國教育家約翰·杜威便提醒我們說：「能將問題明確地指出，便已經解決了問題的一半。」

所有問題皆具外在的表象與內在的實情，只要我們能了解問題或事件的本質、狀況，問題自然會迎刃而解，也才不會被虛假的外表欺瞞、矇騙。

❖

小亞倫在花園裡發現一朵剛剛綻放的玫瑰花，遠遠地便聞到誘人的花香，忍不住走到花朵旁邊，將鼻子湊近花朵仔細品味它的芳香。

「眞的好香哪！」小亞倫很享受地讚美道。

芬芳非凡的花朵令人著迷，他邊聞邊想著：「這花朵眞是迷人，美麗的玫瑰好香哪！我猜這花朵的滋味一定也甘甜非凡吧！」

念頭一轉，小亞倫竟毫不猶豫地將花瓣摘下，接著便往嘴裡一塞。

「噁……天哪！這是什麼東西？怎麼會這麼難吃？」沒想到這馨香花朵的滋味竟是如此苦澀，小亞倫連忙將花瓣吐了出來。接著，他生氣地將花瓣扔到地上，然後很不客氣地指著玫瑰花罵道：「你這壞東西居然欺騙我！」

「是我的錯嗎？」玫瑰花反問道。

小亞倫回答：「當然是！」

玫瑰嘆了口氣說：「眞是我嗎？還是你自己欺騙自己呢？」

❖

是花迷人，還是心癡迷？大凡人們的心中只要一出現了「迷」字，多數人都會像小亞倫一樣，很容易被事物的表象誘騙上當，並進而偏頗地擷取事物的表面來做全面的判斷，然後也和小亞倫一般，一再地做錯誤的選擇及判斷讓自己受騙上當。

花香不一定等於味美，生活要能學習看清事物的本質，更要學會克制自己的貪念慾望，如此我們的生活才能輕鬆自在的一關走過一關，也才能一次又次地超越自己。現在，我們不妨再聽一次玫瑰的提醒：「沒有什麼事物能欺騙得了人，也沒有所謂的外在力量能操控我們，生活中的一切全掌握在自己手中，除非你自己放棄了主控權！」

不要被美麗的外表遮住了心眼，事物內在的本質我們不難發現，一切只要轉換個角度，再仔細地觀察一次，自然能看清楚生命的另一個眞實面象。

生活中的阻礙不也如此，所謂的難關其實並非我們想像中的那樣麻煩，只要了解困難的本質，小心翼翼地弄清楚問題的因果關係，並了解自己的解決能力，任誰都能夠關照自己，並自在地享受生活的樂趣。

與其保護，不如教導正確的態度

孩子們真正需要的不是保護，而是教會他們怎麼樣面對困難，學會如何辨識生活中的危機，並教導他們，要有謙虛學習的人生態度。

我們可以指引孩子們生活的方向，但不能牽著他們的手前進。雖然適度的呵護能爲孩子帶來勇氣，但是，過度的保護只會讓孩子越來越缺乏信心，也越來越害怕遇到挫折。

孩子們總有一天都要離開父母的屏障，如果能早一點教會孩子做自己的靠山，才能讓孩子勇於面對挫折，減少危機。

❖

有一頭受盡寵愛的小野豬，一出生就被關在一座山洞裡餵養。疼愛孩子的母豬平常都捨不得讓牠出門鍛鍊身體，一直等到小野豬長大後，這才決定讓牠出洞，自謀生路。

年輕的野豬終於有機會到外面的世界看一看了，但從不曾走出山洞的牠，根本不知道外面的世界還有哪些動物，自己又應該培養什麼生存本事。

所幸，剛出道的年輕野豬，一開始都只碰到一些力氣比牠小的動物，都能很輕鬆地應付。牠甚至還自負地說：「原來外面的世界根本沒有我想像中的難嘛！這世上的動物看來沒一個比得上我的。」

又過了幾天，野豬碰巧遇見了一隻野狼，毫不考慮地撲上去，一口便將人野狼給咬死了，這下子讓野豬更爲得意自滿了，行爲也越來越加大膽。

幾天之後，牠又輕輕鬆鬆地解決了一頭大鹿，這讓野豬對自己越發得意，暗下決定：「我要憑著自己的本領雄霸天下。」

這天，野豬正在森林散步，忽然有隻大象朝著牠的方向走過來。

野豬一看，心想：「這傢伙的塊頭眞大，不過，看樣子並不怎麼靈活，我想我可以在牠面前好好表現一下，讓牠佩服我，聽從我的指揮。」

野豬帶著必勝的信心，毫不猶豫朝大象衝了過去。與此同時，大象也發了敵人，毫不驚慌地舉起了長長的鼻子，迅速地將野豬捲了起來，接著高高舉起，然後狠狠摔到地面上。這隻狂妄自大的野豬還來不及反應，便被大象那「力大無窮」的長鼻制服了。

❖

在這故事中，年輕的野豬有錯，母親也有錯，前者錯在太過自負、自大，錯在不知天高地厚，讓自己深陷危險之中。

至於母親的錯，則錯在太過於寵愛孩子，因爲過度的保護，讓孩子沒能學會求生的本事。

現代社會中，這樣的情況屢見不鮮，因爲大人們的過分呵護，害孩子們連

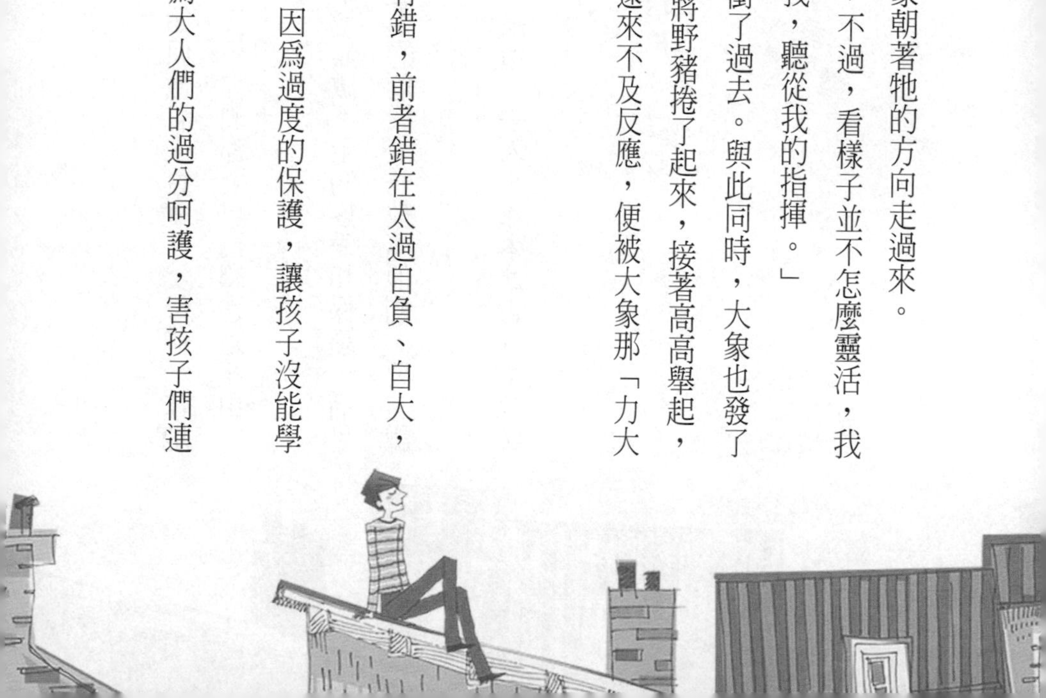

一點小挫折也無法承受，面對錯誤也不知道該如何檢討、負責。父母們一味地要當孩子的靠山，卻忘了告訴孩子：「總有一天，你們都要自己爬過這座山，到外面的世界尋找自己的未來。」

從教育的角度來看，孩子們眞正需要的不是無微不至的疼愛和保護，而是教會他們怎麼樣面對困難，學會如何辨識生活中的危機，並教導他們，要有謙虛學習的人生態度。

如此一來，他們不僅能勇敢面對磨難，更知道：「人生原本就由許多挫折所組成，能克服它們，我的人生自然會海闊天空。」

10.

自以爲是，只會做出錯誤的事

當我們以為自己才是標準時，就不會有寬容的心胸，
因為一個裝滿水的杯子，是無法再接受任何液體的。

卸下重物，輕快面對未知的路

沒有人可以預測人生的下一段路程是崎嶇還是平坦，但是我們可以選擇的是自己想怎麼走，是快樂前進，還是背著沉重的竹筏？

人類最大的痛苦來自於心靈，只要心靈無法輕鬆，精神上的負擔便不會解脫，自然會影響到生活、健康，事業等，讓人一蹶不振。

人往往只會將重量往心裡堆積，卻不懂得如何卸下來，久而久之，心靈就會因爲負擔不了而哭泣。甚至有時候，我們還嫌外物的重量不夠，硬要自尋煩惱，徒增心靈的負擔。

要知道，一個連自己的困擾都克服不了的人，是不可能成就大事業的。

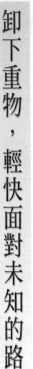

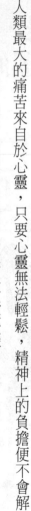

❖

從前有一個樵夫，想要到遠方的某個村莊參加好朋友的婚禮，這段路程非常遙遠，當時的交通不方便，他又沒有馬匹，只能徒步行走。

樵夫才走完三分之一的路程，眼前卻出現一條河流，樵夫不記得有這條河，後來想想可能是前幾個月的連續大雨所形成的。

這條河說大不大，說小不小，無法徒步跋涉，若要改道，就得繞過另一座山，但這樣一來時間恐怕會來不及。

樵夫於是決定在太陽下山之前替自己做一艘簡單的竹筏，只見他拿著隨身攜帶的斧頭走入附近的竹林開始砍竹子，然後將砍好的竹子排在一起，又找一些草搓成麻繩，謹慎地將竹子捆好。等到竹筏做好，天色也晚了，樵夫只好在荒野過了一晚。

第二天一早，樵夫扛著竹筏來到河邊，撐著竹竿划到對岸。順利上岸後，樵夫對自己的成品很滿意，覺得竹筏很實用，也因此陷入兩難之中，到底該不

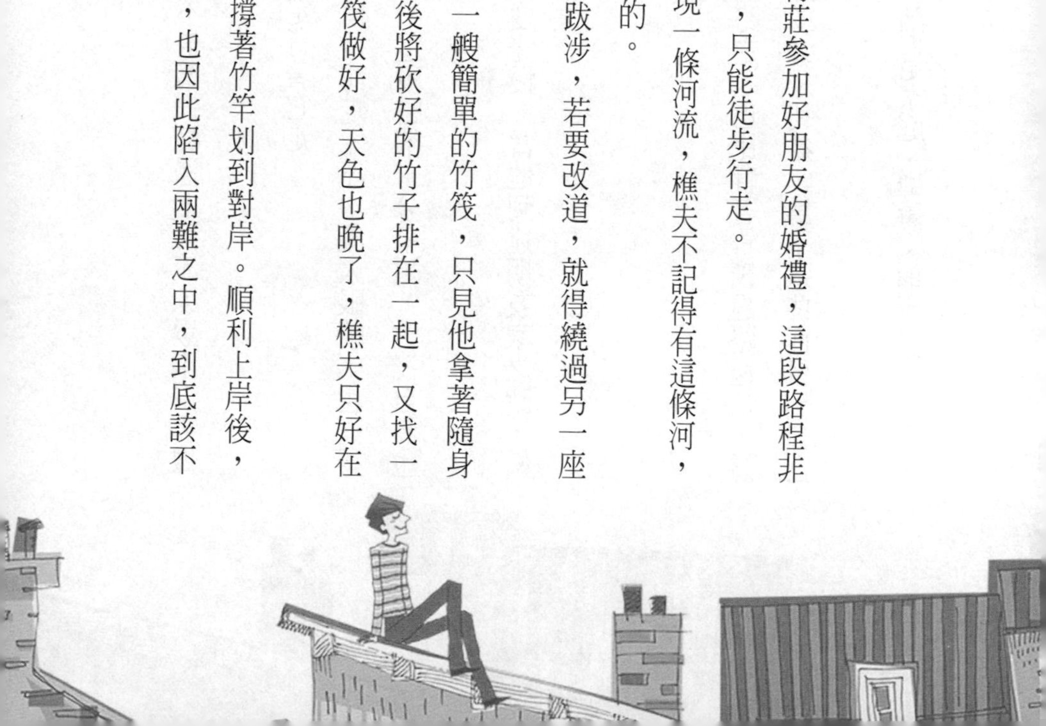

該帶著竹筏走呢？帶著走的話實在很累人，不帶萬一又遇上河流，豈不得再做一艘，費時費力。

樵夫不捨地看著竹筏，仔細衡量後，決定背著它走。

就這樣，他一路背著竹筏踏著沉重的步伐往前走，汗水流入眼睛，也溼透了全身，走走停停，直到到達目的地。然而，這段路卻十分平順，竹筏自然也沒有派上用場。

結果卻是，竹筏的重量讓樵夫前進的速度變慢，當他到達朋友家之時，婚禮早已結束了。

❖

如果算一下時間，即使翻過一座山換條路走，也比背著竹筏趕路還快，這就像人生中許多放不下的牽掛，不管是名聲或者是利益，爲了這些而付出自己的一輩子的心力，眞的值得嗎？

有一種說法是，每個人一生有四顆球，分別是家庭、健康、朋友以及事業，其中前三顆是玻璃做成的，只要一摔就破了，只有事業是橡皮製的，丟下去還會回彈。但諷刺的是，我們卻常常把事業這顆橡皮球小心地捧著，而忽略保護其他三顆玻璃球。

寬容地對待自己和周遭的人，幽默作家蕭伯納提醒我們：「想要擁有圓融和諧的人生，就必須保持心情舒暢，滿懷信心地大步向前。」

沒有人可以預測人生的下一段路程是崎嶇還是平坦，但是我們可以選擇的是自己想怎麼走，是快樂前進，還是背著沉重的竹筏？

態度決定命運，一個人的悲或喜、樂或憂，都會影響自己的人生際遇。

選擇逃避，就是對未來放棄

老是選擇逃避的人，永遠都無法跳脫這個框架，即使有一個全新的開始，一旦碰到挫折，還是會選擇逃避。

世界上有許多痛苦與幸福同時存在的故事，我們看到這些故事時，常常感動不已，但若是同樣的事情發生在自已身上，大概只剩難過的部分了。

有些人面對沮喪，選擇繼續走下去，終於找到出路；有些人則是失去自我，甚至放棄生命。很多時候只是一個念頭的轉換，人生就會大大不同。

塔羅牌中有一張「命運之輪」，當它在正面時，是最幸運的一張牌，但是輪子終究會轉動，就像人生沒有永遠的順境，當事情不如預期時，只要能把它

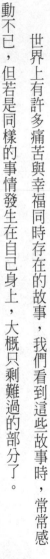

當成一項能夠克服的挑戰，就有辦法勇往直前。

❖

深夜，一個男人獨自在一座五十公尺高的橋上徘徊。他來來回回漫步走著，終於停了下來，站在護欄旁，看著橋下湍急的河水，接著點燃一根煙，小火花一閃一滅地映出一張漠然的臉。

他決定離開這個世界。一生中，他努力、奮鬥過，但是命運回報的卻是不斷的挫折與失敗。他也曾有過幸福美滿的小家庭，有溫柔的老婆和一對可愛的兒女，然而生活的現實卻讓家人選擇離開他。

於是，他縱情於感官的享受，讓自己沉淪在聲光酒色中，四處遊蕩，尋找刺激，酗酒、吸毒就像呼吸一樣的自然。儘管許多朋友勸他回頭，卻徒勞無功，到最後，他終於什麼也沒有了。

當煙快抽完時，一道聲音從黑暗中傳了過來：「先生，給一塊錢喝杯咖啡吧！」他望向陰暗處，原來是一個衣衫破舊的流浪漢。

他突然笑了起來，丟掉煙蒂，打開皮夾對流浪漢說：「一塊錢，一塊錢怎麼夠呢？我這裡錢還不少，全部給你吧！」

他把皮夾裡約一百塊的零錢統統塞給流浪漢。

「爲什麼？」流浪漢不解地問

「哈哈！沒什麼，你儘管拿去用吧！因爲我要去的地方，用不著這些了。」說完他看了一眼河水。

流浪漢突然臉色一變，厲聲對男子說：「這樣不行，先生，你不能這樣做。我雖然是個乞丐，但我不是個懦夫。帶著你的錢一起跳河去吧！」

「再見了，懦夫。」流浪漢說完把錢往河下一丟，轉頭就走。

一張張的鈔票慢慢地消失在漆黑的河中，男子愣住了。

他突然省悟，自我了斷只是逃避問題，他一直在逃避自己的人生。他朝河水看了最後一眼，然後離開那座橋頭……

❖

最近網路上出現徵求夥伴一起自殺的訊息，自殺已經是一種懦弱的行爲，竟然還可以找人陪伴？

這樣的人不僅是懦弱，還沒用到要別人一起逃避人生。

老是選擇逃避的人，永遠都無法跳脫這個框架，即使有一個全新的開始，一旦碰到挫折，還是會選擇逃避。

只會逃避，根本無法擺脫問題，反而得永遠背負著問題，其實，越想逃避，越是容易被逼得面對現實，與其如此，倒不如主動承受，反而更能握住人生的主控權。痛苦和快樂的距離，其實只有一線之隔，只要轉個念頭，明天就會是全新的開始。

充滿希望，才能達成願望

想要成功，絕對不是空想就能實現的，靠著機巧只求不勞而獲，得到的也只是短暫的，甚至會付出更慘重的代價。

哲學家羅素曾說過：「希望是堅韌的枴杖，忍耐是旅行袋。攜帶它們，人可以走完世界，登上永恆之旅。」

希望雖然是個抽象的詞句，卻是幾千年來人們維持生命的元素，沒有任何的東西可以限制我們對明天的希望。

希望的存在，可以鼓舞人們的勇氣和鬥志，爲每一個開始奮鬥和努力。希望，就是人生最大的財富。

❖

從前有一個農夫，每天辛勤地工作，但還是過著貧困的生活。

有一天他到遠方的小鎮買一把耙子，回家的路上，獨自一人在森林裡行走時，碰到一個駝著背的老婦人，她告訴農夫：「我知道你是一個勤奮的人，每天辛苦地工作還是無法改善生活，我要送給你一枚魔法戒指，只要轉動它並說出願望，你就能得到你所想要的一切。不過，這個戒指只能實現一個願望，所以你在許願前必須考慮清楚。」

農夫不可置信地拿著戒指繼續上路，不知不覺月亮悄悄升起，農夫只好停下腳步，投宿在小酒館裡。當他吃著晚餐時，跟同桌的商人聊起魔法戒指的事，商人聽得非常入迷，到了深夜便偷偷潛入農夫房間，神不知鬼不覺的用一枚假戒指換掉了真正的魔法戒指。

農夫完全沒有察覺，第二天一大早便起床離開了。

等到農夫離開之後，商人迫不及待地關緊房門，一邊說著：「我要一億兩

黃金。」一邊轉動戒指，結果無數的金子像傾盆大雨般不斷落下，商人就這樣被金子砸死了。

農夫回到家中，便將魔法戒指的事告訴妻子，妻子一聽馬上要農夫許願，希望能獲得一大片土地。

「我們必須仔細思考我們的願望，不要忘了，魔法戒指只能實現一個願望。」農夫勸妻子不要著急，並要她好好保管戒指。

夫婦倆商量後，決定再努力工作一年，先存到足夠的錢買他們想要的土地。一年後，他們真的買到一片土地，這時，農夫的妻子希望能擁有牛和馬來幫忙耕作，農夫說：「親愛的，讓我們再努力一年吧！」

這次，他們也沒有動用戒指。

就這樣一年一年過去，夫婦倆靠著自己的努力不斷實現願望。

「我們是最快樂且最富有的人了。」農夫摟著妻子，看著雙手建立起的家園：「我們不需要魔法戒指，就已經擁有所有的願望了！」

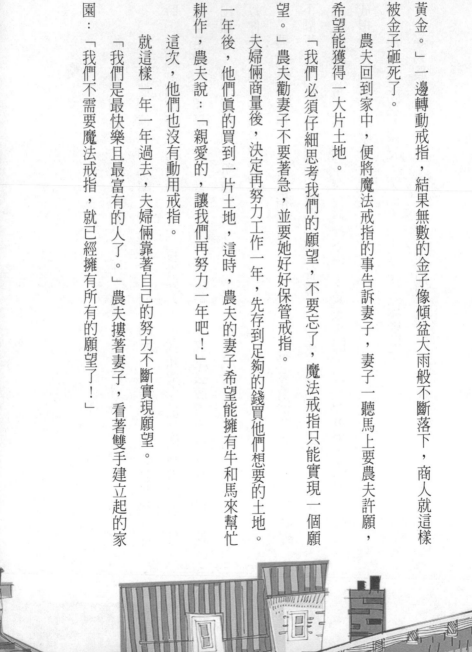

❖

故事中的魔法戒指，其實就是一個「希望」。

爲了謹愼使用這個希望，夫婦倆決定把它當成生活的後盾，他們想要這個「希望」能用在最需要的地方，因此先靠自己的力量，一件件完成願望，到最後，所有的願望都成眞了，而「希望」仍然存在，那就像一個支持的動力，好好地被保存下來。

想要成功，絕對不是空想就能實現的，靠著機巧只求不勞而獲，得到的也只是短暫的，甚至會付出更慘重的代價。

想要成功，就要有信心，而信心來自於充滿希望。讓希望刺激自己的腦力，化爲實踐的動力，你就能得到期望的一切。

自以為是，只會做出錯誤的事

當我們以為自己才是標準時，就不會有寬容的心胸，因為一個裝滿水的杯子，是無法再接受任何液體的。

很多時候，我們總以爲自己才是眞理，因而無法接受別人的看法或建議，更糟糕的是，還將自己的標準加諸別人身上。

任何人，不管教育水準如何，都會有自己的人生歷練，只要我們願意放下身段去接觸與了解，便會發現意料之外的收穫。

所以，有時候需要學著將自己放空，試著打開視野，開闊心胸，才會發現世界原來如此美麗。

❖

在澳洲大維多利亞沙漠的內部，一座岩山背後的小山陵上，住著一群與世隔絕、自給自足的原始部落——加達加敏族。他們的生活裡沒有所謂的種植、漁獵、農耕等產業，一切都非常的原始，也很簡單。

他們以天地爲家，身上只有簡單的遮蔽物，用來擋沙漠風沙，食物則完全取自大自然，通常是從土地裡挖出植物的球根或者蟲卵、蟲蛹等等。

加達加敏族的烹調方式也很簡單，他們找來一塊大石板，將蟲蛹等食材放在上面，並在石下挖一個坑，放上枯枝，點火烘烤，只要烤到香味四溢，便是美味豐富的一餐了。

有一天，一群來自文明世界的人前來探險。他們深入沙漠，尋找傳說中的原始人，這天剛好碰上加達加敏族，便表明想要與他們共處，好深入了解他們的生活。然而，當文明人見識到加達加敏族的「吃法」時，卻噁心得無法下嚥，直到第三天，文明人再也受不了，決定示範正常世界的飲食。

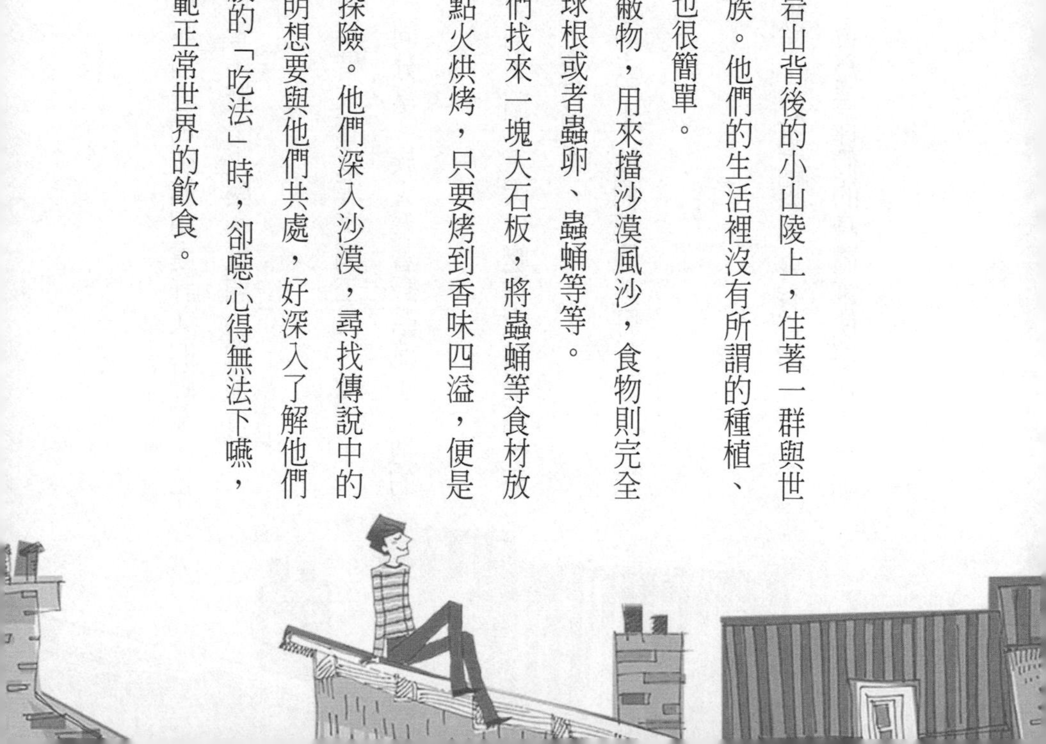

文明人觀察了地形後，發現不遠處一群與加達加敏族相處許久的野獸，正在水源旁優游自在地休息著。文明人擦好槍管，裝上火藥，就開始獵捕行動，一連射出好多發子彈，野獸們一隻隻倒下。

文明人清理完野獸的屍體，向加達加敏族借來石板等烹調工具，做出了一道又一道色香味俱全的美食來，並請族人一同分享。族人看著野獸流了一地的血和殘骸，怎樣也不肯吃上一口。

文明不但人吃得津津有味，還從行李中翻出酒來，大口吃肉大口喝酒，酒足飯飽之後，竟然發起酒瘋，彼此拳腳相向，大打出手。

「大家快來看啊！野獸通通跑到他們體內去了！他們都變成野獸了！」族人看著文明人驚奇地說著。

文明人大聲斥喝著：「你們在吵些什麼？」

「文明人先生，還是吃蟲吧！不要吃野獸了！吃蟲絕對不會有打架、爭吵、戰爭的犯罪行為發生，吃野獸，難保牠們不會藉著你們的身體來使壞啊！」加達加敏族誠懇地說著。

❖

所謂的文明人，展現出來的行爲卻與野獸沒有兩樣。可笑的是，這些文明人還存在著種族歧視，自認爲可以成爲這些「落後」原住民的導師，教導他們如何過「文明」的生活。

人們常常流於物慾和某些信念的牽絆而不自覺，沉迷於外在的光環，忽略了內涵比身外之物還重要。就算是學識淵博的人，也可能在自己的各項慾望中迷路，做出自以爲是的事。

當我們以爲自己才是標準時，就不會有寬容的心胸，因爲一個裝滿水的杯子，是無法再接受任何液體的。

善用謀略讓你的生活更有機會

思考，讓我們追求更高的生活層次，不管是心靈的或者物質的。我們該好好運用，不要只停在原地嘆氣。

生活中很多事實告訴我們，週遭環境帶給自己的優勢，往往可以提供成功所需的要素。只要我們懂得思考，懂得掌握地勢之利，就可以如魚得水，也比別人容易成功。

有「思」才有「謀」，有謀才有成就。空有機會，不去思考，停留在原地踏步、自怨自艾，一切都只是白費。

❖

從前，蒙古人都過著逐水草而居的游牧生活。有一個旅行僧，徒步行走各地，每天過著快活的日子。有一次，他路過一片草原區，看見一個牧民愁眉苦臉地坐在石頭上，手裡還拿著一條馬尾巴，便好奇地上前詢問。

「發生了什麼事？爲什麼你看起來如此悲傷？」

「天底下最不幸的事都發生在我身上了。」牧民傷心地說：「之前的怪病讓我的馬死到剩下一隻，但是，就在昨晚，我的最後一匹馬竟被狼給吃了，只剩下一條尾巴。沒了馬我要怎麼活下去啊？」

旅行僧聽了很同情，就告訴他：「把馬尾巴給我，我保證幫你換回一匹活生生且比原先更好的馬來。」

牧民雖然不太相信，但還是把馬尾巴給了他。

旅行僧拿著馬尾巴來到一個村子裡，那裡住著一個貪婪且無情的大地主。他在大地主的帳棚附近找了一個狐狸洞，將馬尾巴塞進洞裡，等大地主騎著快

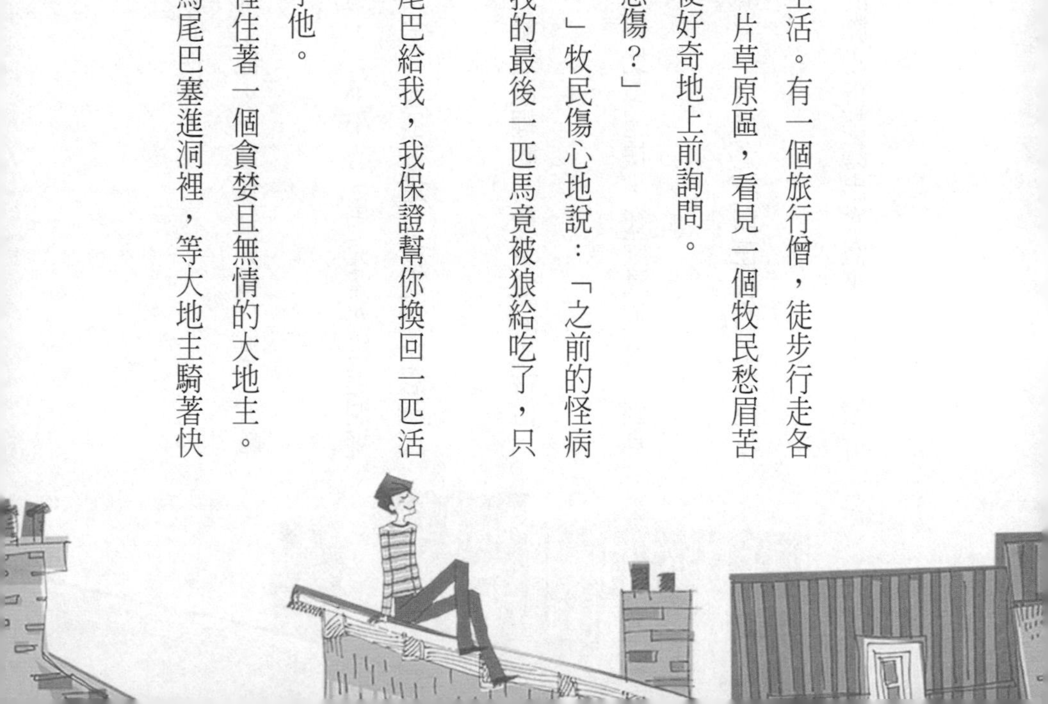

馬疾馳而來時，便緊緊抓著馬尾巴，裝出使勁的模樣。

大地主看到旅行僧奇怪的行爲，就停下來問他：「你在這兒做什麼？幹嘛抓著一條馬尾巴不放？」

旅行僧煞有其事地回答：「我在這兒牧馬，一不小心，馬兒竟然鑽進洞裡了，幸虧我動作快抓住了尾巴，否則就要白白丟掉一匹好馬。我現在正想辦法把牠拽出來呢！」

大地主心裡想著，是怎樣的一匹馬有辦法鑽進洞裡呢？於是他問旅行僧：「你那匹馬有多好？」

僧人說：「我這匹馬可是隻神馬啊！牠跑得比風還快，在雨點還沒打到身上之前，就能繞國土七圈。」

大地主頓時起了貪婪之心，馬上變臉斥喝：「是誰允許你在我的土地上牧馬的？馬上給我滾開。」

「好歹讓我拉出馬來，沒有馬代步，我的腳走得都磨出水泡來了！」旅行僧苦苦哀求著。

大地主急於得到神馬，便對旅行僧吼著：「你騎著我的馬趕快離開，以後不准出現在我眼前。」

旅行僧裝出一副不捨的模樣，將馬尾巴交給大地主，騎著馬離開了。

不久，旅行僧回到牧民面前，將馬交給他，隨即哼著歌走遠了，留下張大嘴巴不可置信的牧民。

❖

日本極具影響力的思想家，慶應大學的創辦者福澤諭吉曾說：「不道德者雖然能偽裝成有道德者，但是愚者卻不能偽裝成智者，這就是世上為什麼偽君子多而為智者少的緣故。」

想教訓貪婪的偽智者，有時候就必須投其所好。

旅行僧可以如此容易將大地主的馬騙到手，就是洞悉人性，利用地主的貪婪之心，讓他自己奉上良馬來。

同樣的道理，在職場上，如果能了解同事不同的個性、喜好和特長，熟悉

主管的作風、脾氣和好惡，然後採取不同的相處模式，不僅可以和諧地與人交往，工作也能穩定，進而受到歡迎。

只要受人歡迎，自然而然的，得到的幫助也會跟著增加。

人類之所以成爲萬物之靈，是因爲擁有思考的能力。思考，讓我們追求更高的生活層次，不管是心靈的或者物質的，既然如此，我們就該好好運用，不要只停在原地嘆氣。

善用謀略，會讓你的生活擁有更多機會。

信用一出賣，生活只剩債

人與人的交往中，信用是維繫彼此關係的重要條件，莫讓自己失去最寶貴的、難再買回的信用。

金錢在愚者手中是墮落的元素，在智者手裡則會成爲無法估算的力量。

人類生活中的煩惱有百分之八十與金錢有關，然而人們在處理金錢問題時，卻常常陷入盲目之中。的確，錢不是萬能，但是沒有了錢卻萬萬不能，所以理財的方法也是一大學問。財富可以是最好的朋友，也可能是最大的敵人，無法正確駕馭它，就會成爲金錢的奴隸。

不過，最重要的是，別因爲錢財而喪失了信用，因爲信用比黃金還要珍貴。

黃金易得，信用難求。

❖

阿曹與阿如是一對貧窮的夫妻，靠養豬維生。由於生活十分清苦，兩人將所有希望都寄託在豬群身上，每天阿如將豬隻餵得飽飽的，阿曹則天天幫小豬洗澡，希望牠們健健康康長大。

不負期望的，豬仔個個長得肥肥胖胖，奇怪的是，偏偏有一頭豬怎麼吃也吃不胖，乾乾瘦瘦的，看得兩人滿肚子氣。後來，阿曹不幫牠洗澡了，阿如也有一餐沒一餐地餵著，瘦豬就這樣可憐兮兮的躲在角落裡。

有一天，阿如正在餵豬時，來了一個外地的商人，看著豬群嘴裡不停唸著：「寶豬，眞是寶豬啊！」阿如聽了很得意，馬上說：「我養的豬又肥又胖，客人，你要買哪一隻？」

商人指著那隻瘦瘦髒髒的豬說：「我出五百兩買牠。」

阿如聽了不可置信，以爲那個人的腦筋有問題，就好奇詢問原因。商人要

阿如保證不反悔，才願意將原因告訴她，阿如答應了，反正能將瘦豬賣五百兩，阿曹一定會誇讚她。

商人告訴阿如，那頭豬有一條很粗的大腸，把它滴成油做成蠟燭在夜裡點燃，就會出現很多金銀財寶，燒得越短出現越多。之後商人表示身上沒帶那麼多錢，約定明天再拿錢來買豬。

阿曹回來知道這件事後，馬上罵阿如：「妳這個笨蛋，這麼好的豬怎麼可以賣給別人！」說完馬上跑到豬圈把瘦豬殺了，找出大腸，照著商人的話做成蠟燭。太陽下山後，他們在房裡點燃，空中果然出現一堆金銀財寶，夫婦倆伸手去抓，可是不管用什麼方式，就是拿不到。

後來蠟燭燒盡，金銀財寶也消失了，阿曹心急地又跑到豬圈，把剩下的豬全殺了，將豬大腸做成蠟燭，可是點燃後什麼也沒出現。

隔天一早，商人看到一片混亂，心裡大概有了底。阿曹一見商人馬上抓住他的領子大罵：「都是你，害我損失了所有的豬。」

商人推開阿曹，冷冷地說：「在蠟燭燒盡前要把火吹熄，這樣珠寶才會掉

下來。你們不守信用在先，白白浪費一頭寶豬啊！」

結果，阿曹夫婦倆不但沒賺到五百兩，還平白無故損失了所有的豬。

❖

人與人的交往，信用是維繫彼此關係的重要條件，一旦失去它，就失去做人的根本，也失去了再獲利的基礎，這就是爲什麼用不法手段賺來的錢，往往會快速流失的原因。失去了信任、人際關係和友誼等等，無異於失去金錢買不到的無價之寶。所以，別因爲一時的貪婪而鑄下大錯。

現代人習慣今天花明天的錢，造成了信用卡、現金卡的盛行。或許一卡在手，可以省掉很多麻煩，但是天下沒有白白送上門來的錢，該還的還是得還，如果不正確使用這些看似方便的塑膠貨幣，只會造成日後的悲劇。

金錢並不是最值得追求的東西，只能把它當成一種生活的工具，所以處理錢財問題務必小心，莫讓自己失去最寶貴的、難再買回的信用。

無須在意別人給你打的分數

我們必須學著尋找出自身的優點，建立自信心，活出燦爛的生命色彩，只有自己才是最忠實的價值判斷者。

法國的大思想家盧梭曾說過：「人的價值，是由人自己決定。」

沒有一個人可以獨自活在世上，都需要過著群體的生活，但是也因此自然而然會出現比較，會想要分出高下，然而判斷的標準又在哪裡？是學歷、事業還是錢財？或者是誰最有勇氣、愛心和智慧？

這些或具體或抽象的標準，都無法衡量人的價值，就算是造人的女媧，也無法分辨什麼樣才是最好的。

一個人的價值，絕對不是由他人或身外之物來決定，而是源於自己。只要我們活得自立自尊，自重自愛，就是一個有價值的人。

❖

有一天，所有的動物聚集在森林裡，爭論著誰最偉大，大家七嘴八舌地討論，甚至激烈爭執，還是無法分出高下。這時候，狗說話了：「我看，就請人類來為我們評定誰才是最偉大的動物，排出個名次吧！」

馬也附和著狗的意見：「這個決定不錯！人類沒有參與我們的爭論，應該可以公平下判斷。」

「人類行嗎？」花貓懷疑地說著，「這可是需要最仔細的洞察力，才有辦法看見我們內心的高貴。」

「我不相信人類有敏銳的觀察力。」田鼠不以為然地說著。

「大家統統閉嘴！」馬大吼了一聲，「只有沒有信心的傢伙才會對自己的能力懷疑，不敢接受評斷。」

於是，人類就被請到森林裡當裁判。

評斷開始之前，森林之王獅子威嚴地對人類說：「你可否告訴我們，你是以什麼標準來替我們下評論？」

「標準啊……」人類插著腰撫著下巴，說道：「當然是以你們對我們人類的貢獻來判斷囉！」

「吼！」獅子大叫了一聲，「這算什麼標準！如果這樣的話，我豈不是比一隻驢子還不如？你不配做個公正的裁判。」說完就生氣地離開了。

其他動物聽到獅子這樣說，也紛紛起鬨，人類只好攤攤手無所謂地離開了。這時候田鼠嘲諷說：「現在連獅子也認為人類不能成為公正的評斷者，看來牠跟我想的一樣。」

慢慢踱步回來的獅子聽了之後輕蔑地「哼」了一聲：「我的想法才不止這樣。」獅子繼續說：「在仔細考慮過後，我認為等級的高貴之爭是沒有意義的。不論是誰把我視為高貴還是低賤的動物，都和我無關，只要我清楚地知道自己的偉大，那就夠了。」

聽完這席話，充滿智慧的大象、勇猛的老虎、穩重的黑熊、聰明的狐狸等都知道了自己的價值何在，一個個都挺起胸膛，自信地離開。

❖

很多時候，我們常常會問別人：「你覺得我是一個怎樣的人？」

當我們這樣問時，通常希望聽到的答案是讚美，因爲人類的天性中，多多少少隱藏著自卑感，因此需要外在的鼓勵來建立自信，肯定自己，這不失爲一個幫助自己成長的好方法。

不過答案若不如預期，或者只是善意的謊言呢？聽在心裡必定會有些許的不愉快，可是假如能從中改進，就是一種助力。然而如果非但沒有得到自信，反而一蹶不振、自暴自棄，那豈不是弄巧成拙？

因此，我們必須學著尋找出自身的優點，建立自信心，收起自卑，不害怕別人的眼光或嘲笑，努力活出自己的生命特色，活出燦爛的生命色彩，讓自己成爲一個最忠實的價值判斷者。

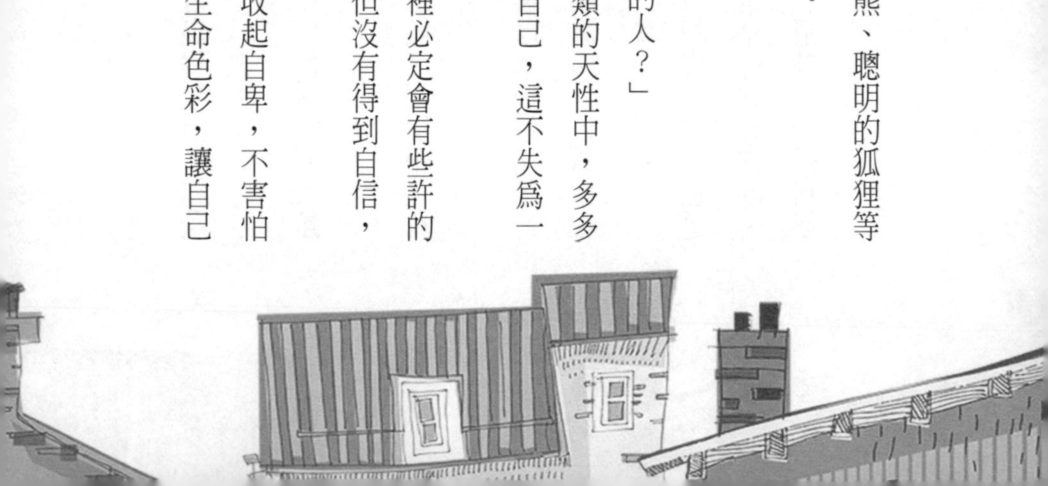

把頭埋起來，不代表問題不在

我們選擇用「善意謊言」來安慰自己犯下的錯誤，就像鴕鳥一樣，
以為將頭埋進沙子裡，看不見就等於不存在。

逃避得了別人，卻逃不過自己。

爲什麼困難與挫折總是不受人歡迎？因爲它們是苦澀的、難受的，除非不得已，沒有人會願意擁抱它。

因此在不如意時，總希望能將自己隱藏起來，最好能從空氣中蒸發，這樣就不用面對現實，也能落個輕鬆。這樣的行爲一次兩次還能被諒解，但是一輩子逃避，只會把人生也跟著逃掉了。

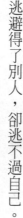

偶爾心煩時，做做白日夢，假裝自己已經隱形倒是可以，如果完全沉迷其中，受傷的將是自己。

❖

從前有一個楚國人好吃懶做，整天躺在床上，動也不想動，只會做著白日夢，希望光躺著，錢就能從天上掉下來。家裡的生活越來越困苦，祖先留下來的遺產一點一點地花光，全家人只好從大房子搬到小房子，再從小房子搬到破屋子，日子過得很困苦，可是他仍不知檢討。

有一天，他到街上閒晃，正巧聽到說書人講到：「螳螂爲了抓到蟬，就找了一片可以隱藏自己的葉子，將自己隱形起來。」他聽完後開心地往家裡跑，心裡想著：「如果我也可以找到一片讓自己隱形的葉子，那不就可以輕輕鬆鬆發大財了？」

於是他走到屋前的樹林裡，開始尋找螳螂，找了很久才看到一隻螳螂站在一片葉子上。他設法將葉子摘下來，結果葉子從樹上落下時，正好掉到地上的

一堆落葉上，他沒辦法判斷，只好將好幾斗的樹葉全掃回家中。

回到家後，他拿起葉子一片片放在身上，每放一片葉子就問妻子：「妳看得到我嗎？」

剛開始妻子還很有耐性的回答：「看得見。」幾次過後，妻子再也受不了了，敷衍地說：「看不見了啦！」

他一聽到妻子看不見自己，開心地把葉子插在頭髮上往大街走去，聞到包子傳來的香味，便從攤子上隨手拿起一個包子塞進口裡就離開。小販原本要喊住他，但是需要招呼的客人很多，又看這個人全身穿得破破爛爛的，以爲是瘋子，就隨他去了。

之後，他走進酒家，拿走客人擺在桌上的一瓶酒，客人忙著聽說書，也沒注意到，他高興極了，以爲自己眞的隱形了。

於是，他大搖大擺走進衙門，當著縣老爺的面將放在桌上的官印拿走，當然馬上被抓起來。縣老爺問清原因後雖然覺得很可笑，但還是得依規矩，賞了他二十個大板後才放他回去。

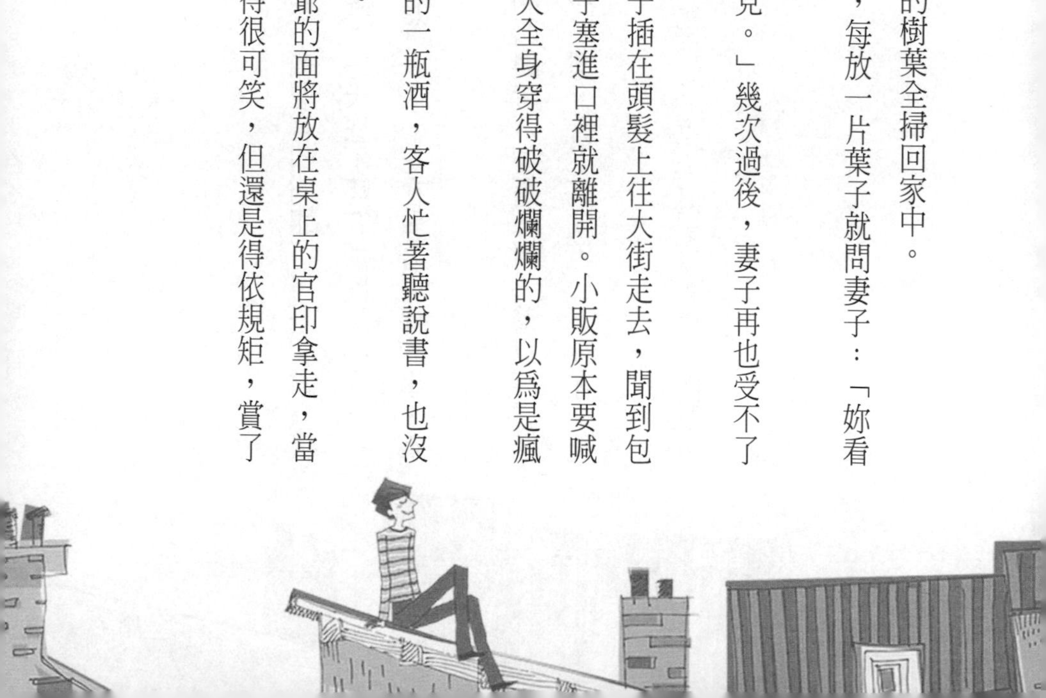

二十大板對楚人來說還算是很輕微的教訓，竊取官印的罪行可是相當重大的。這則故事看起來或許可笑，甚至有人會說：「天底下哪有那麼笨的人？」的確，楚人的行爲很愚蠢，但是，現實中就有許多人，正在做著同樣的事，那就是欺騙自己。

當我們不願意承認或者不想要面對自己的錯誤時，便選擇用「善意謊言」來安慰自己，就像鴕鳥一樣，以爲將頭埋進沙子裡，看不見就等於不存在。但誰都知道，那只是自欺欺人而已。

面對困難需要勇氣，或許路途中會受傷，會有所延誤，但是只要勇敢面對，最終會走到目的地。

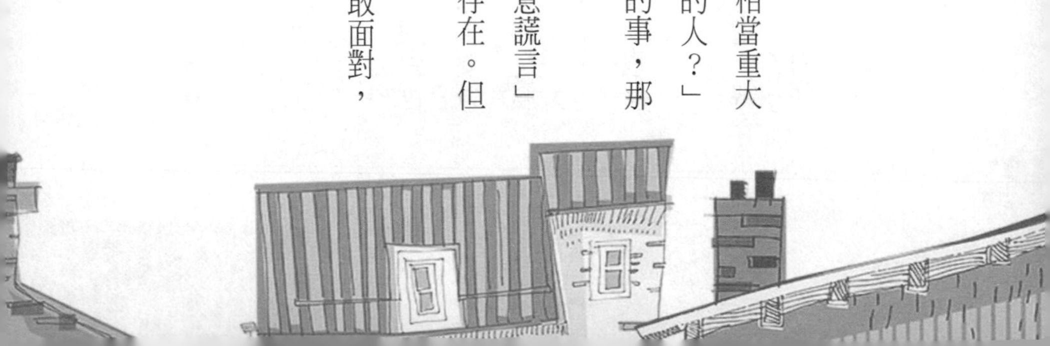

泰然自若
是身處困境必備的ＥＱ

用平常心面對困境

Face Difficulty With Calmness

普勞岡斯曾說：「泰然自若是應付困境的最好辦法。」
其實，人在身處困境時，適應環境的能力最為驚人，因為身處困境的人可以忍受不幸，也可以戰勝不幸，
因為，身處困境的人深知只要冷靜從容的面對困境，就一定可以度過難關。

連城紀彥 編著

改變態度，
才能開創造更寬闊的道路

態度，決定人生的高度

Attitude, determine the height of life

全集

江映雪 編著

詩人紀伯倫曾經寫道：

如果理想是人生大船的舵，那麼態度則是人生大船的帆。

確實，一個人面對生活的態度，將會決定自己的人生高度，就像如果一個人不肯改變將自己負面的態度，那麼就注定淪為任人踐踏的泥土。

面對生活中的逆境和困頓，如果仍然保持樂觀積極的態度，那麼眼前這些苦日子，

便是人生[illegible]力，不論日子再怎麼難過，

優秀的人，不會讓情緒控制自己

Manage your Emotions

培根曾經寫道：「**無論你怎樣表示憤怒，都不要做出任何無法挽回的**

一個人的負面情緒會改變週遭的氣場，讓事情朝負面的方向發展。
不管做任何決定，如果受到情緒波動的影響，行為便沒有自主權，
最後只能無奈地受命運的宰制和擺佈。

成功的人，懂得控制自己的情緒；失敗的人，則容易受到情緒左右，
不懂得管理自己的情緒。如果你想成為優秀的人，
首先就要戰勝自己的情緒，不要讓情緒操控自己。

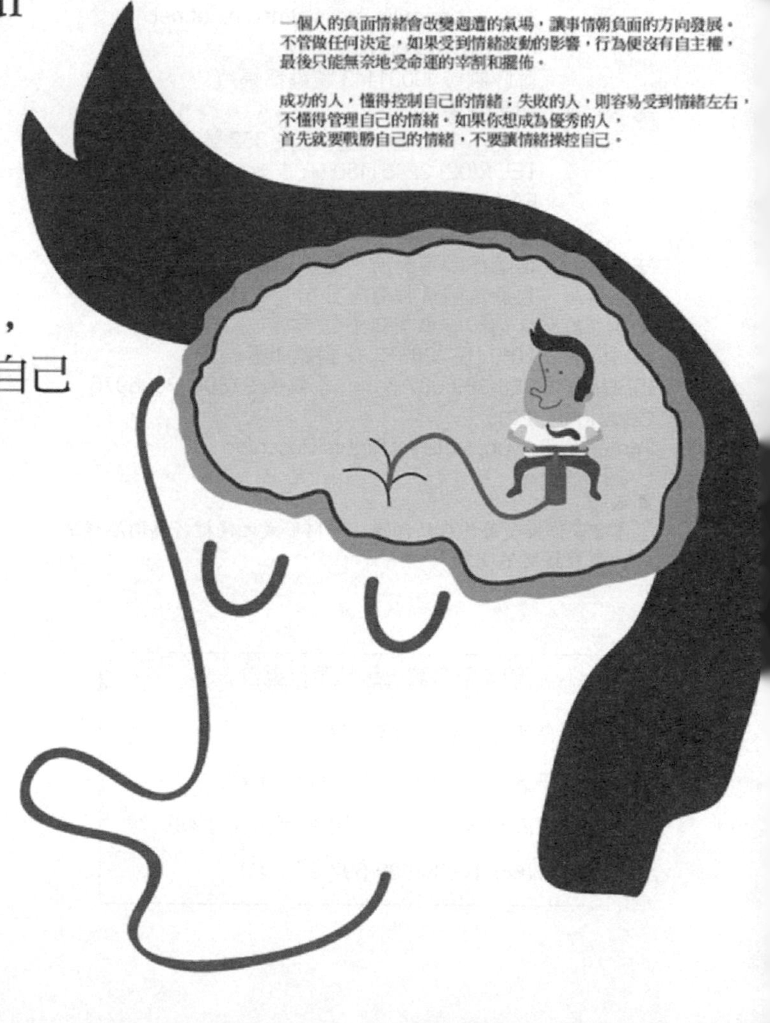

學會管理情緒，
別讓情緒左右自己

文蔚然——著

新生活大師

48

換個思路，就能找到出路

作　　者　楚映天
社　　長　陳維都
藝術總監　黃聖文
編輯總監　王　凌
出 版 者　普天出版社
新北市汐止區康寧街 169 巷 25 號 6 樓
TEL / (02) 26921935 (代表號)
FAX / (02) 26959332
E-mail：popular.press@msa.hinet.net
http://www.popu.com.tw/
郵政劃撥 19091443 陳維都帳戶
總 經 銷　旭昇圖書有限公司
新北市中和區中山路二段 352 號 2F
TEL / (02) 22451480 (代表號)
FAX / (02) 22451479
E-mail：s1686688@ms31.hinet.net
法律顧問　西華律師事務所・黃憲男律師
電腦排版　巨新電腦排版有限公司
印製裝訂　久裕印刷事業有限公司
出 版 日　2019 (民 108) 年 12 月第 1 版
ISBN◉978-986-389-697-5　　條碼 9789863896975

國家圖書館出版品預行編目資料

換個思路，就能找到出路／
楚映天著.一第 1 版.一：新北市,普天
民 108.12 面； 公分. - (新生活大師；48)
ISBN◉978-986-389-697-5 (平裝)

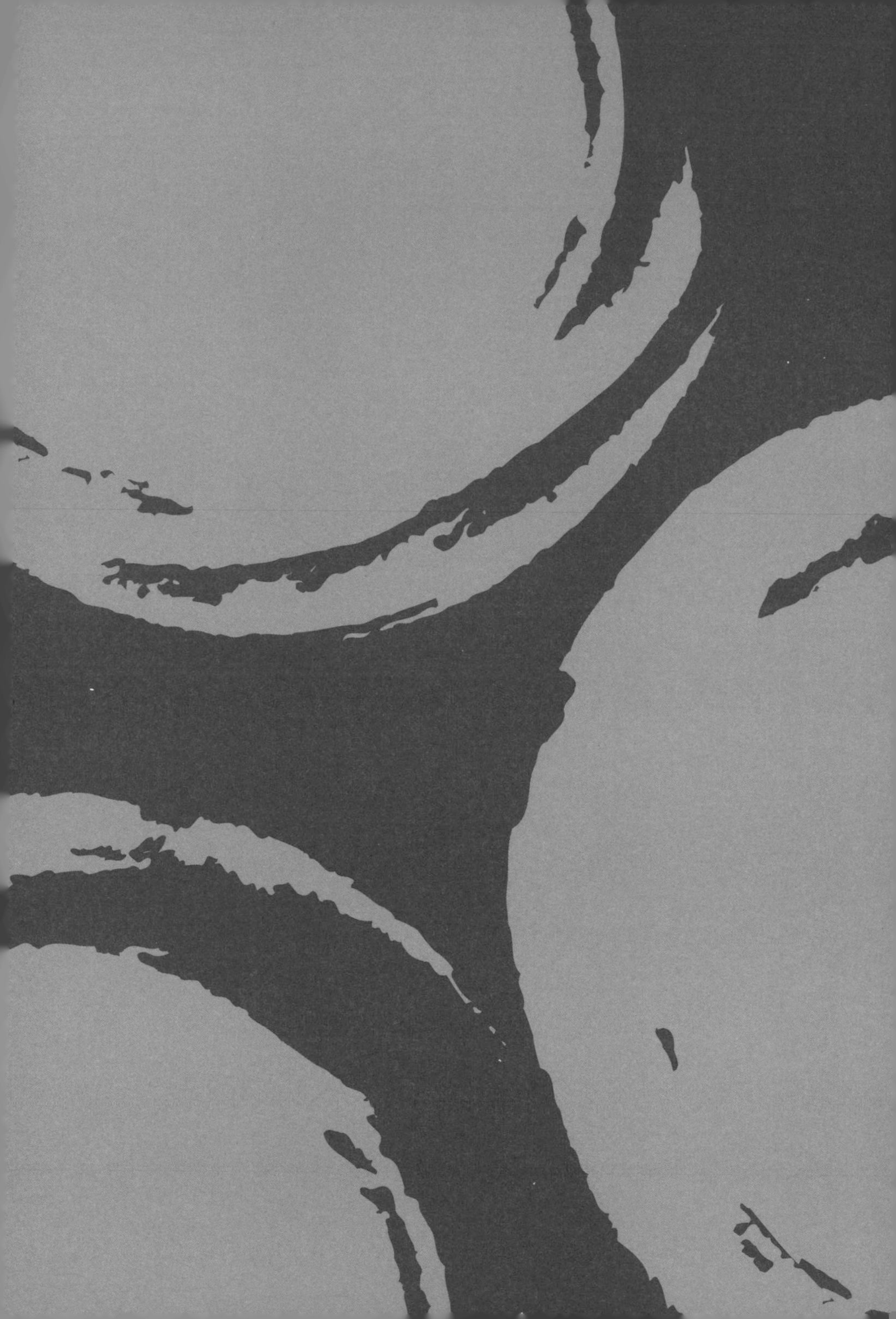

普天之下・盡是好書

普天出版家族
Popular Press Family

凌雲文創
A-Plus Creative Company